AUTOR INTERNACIONAL *BEST-SELLER do NEW YORK TIMES*

NICK VUJICIC

SEJA AS MÃOS E OS PÉS

Não há limite para o agir de Deus em sua vida

Tradução

VERA ELLERT OCHSENHOFER

THOMAS NELSON
BRASIL®

Rio de Janeiro, 2018

Título original: *Be the hands and feet*

As citações bíblicas são da *Nova Versão Internacional* (NVI), da Biblica, Inc., a menos que seja especificada outra versão da Bíblia Sagrada.

Os pontos de vista desta obra são de responsabilidade de seus autores, não refletindo necessariamente a posição da Thomas Nelson Brasil, da HarperCollins Christian Publishing ou de sua equipe editorial.

Publisher	*Omar de Souza*
Gerente editorial	*Samuel Coto*
Editor	*André Lodos Tangerino*
Assistente editorial	*Bruna Gomes*
Copidesque	*Davi Freitas*
Revisão	*Jean Carlos Alves Xavier*
Diagramação	*Sonia Peticov*
Adaptação de capa	*Rafael Brum*

CIP—BRASIL. CATALOGAÇÃO NA FONTE
SINDICATO NACIONAL DOS EDITORES DE LIVROS, RJ

V977s
Vujicic, Nick
Seja as mãos e os pés : não há limite para o agir de deus em sua vida / Nick Vujicic ; tradução Vera Ellert Oschsenhofer. - 1. ed. - Rio de Janeiro : Thomas Nelson Brasil, 2018.

240 p. ; 23 cm.
Tradução de: Be the hands and feet
ISBN 978-85-7860-623-7

. Vida cristã. 2. Deus. 3. Religião. I. Oschsenhofer, Vera Ellert. II. Título.

18-49213 CDD: 248.4
CDU: 27-584

Leandra Felix da Cruz - Bibliotecária - CRB-7/6135

20/04/2018 27/04/2018

Thomas Nelson Brasil é uma marca licenciada à Vida Melhor Editora, S. A.

Rua da Quitanda, 86, sala 218 — Centro
Rio de Janeiro — RJ — CEP 20091-005
Tel.: (21) 3175-1030
www.thomasnelson.com.br

Eu gostaria de dedicar este livro à memória de meu pai, que foi para Casa em 14 de maio de 2017.

Combati o bom combate, terminei a corrida, guardei a fé.
2Timóteo 4:7

Sumário

Se Deus é capaz de usar um homem sem braços nem pernas para ser suas mãos e seus pés, então ele com certeza pode usar qualquer coração disposto!

NICK VUJICIC

Introdução

> Cristo não tem outro corpo senão o seu,
> nem mãos, nem pés na terra senão os seus;
> seus são os olhos através dos quais ele olha
> compassivamente para o mundo.
> Seus são os pés com os quais ele anda para fazer o bem,
> suas são as mãos com as quais ele abençoa o mundo todo.
> Teresa de Ávila, "Cristo não tem outro corpo"

É provável que o primeiro pensamento de quem pega este livro seja: *Como alguém que nasceu sem seus membros pode se considerar as mãos e os pés de Jesus na terra?*

Admito que essa é uma pergunta muito boa. Eu me perguntei a mesma coisa muitas vezes quando estava crescendo. Que tipo de propósito Deus poderia ter para um homem sem membros?

A citação de Teresa de Ávila exerceu grande impacto em mim, como você pode imaginar. As palavras dela me ajudaram a dar o primeiro dos muitos passos que me conduziram ao encontro de meu propósito como palestrante motivacional e modelo de cristão que compartilha a fé com outros. Não posso fazer tudo, mas faço o que posso para compelir as pessoas a encherem a casa de Deus. É o que deveríamos fazer como cristãos — todos nós.

A verdade sobre quem somos está no modo como vivemos dia a dia. Se você quiser influenciar outras pessoas, o melhor que pode fazer é ser um exemplo vivo dos princípios, dos ideais e da fé que você defende, e isso se aplica especialmente aos cristãos. A melhor maneira de compartilhar suas crenças com outras pessoas é viver de acordo com a sua fé quando se sente pressionado, quando enfrenta desafios e mesmo quando a vida parece acumular uma adversidade após a outra sobre você.

As pessoas à sua volta observam e registram como você reage aos momentos mais difíceis da vida. Elas observam como você ama e trata os demais. Elas julgam sua autenticidade com base no modo como lida consigo mesmo e verificam se você corresponde ao que diz quando passa por dias tenebrosos.

Parte da sabedoria é saber quando reagir energicamente e quando deixar para lá. Não se trata de fazer cara de valente ou exibir um sorriso rígido, ou mesmo de ser positivo só na aparência. Trata-se de encontrar força dentro de si e, em vez de chafurdar no desespero, dar um passo de cada vez numa direção positiva.

Tenho escrito e falado muito sobre os desafios que enfrentei na vida pelo fato de ter nascido sem os membros. Ao descrever minha jornada, falei da minha primeira crise de fé, do desespero e da depressão que me levaram a uma tentativa de suicídio, e também de como finalmente entendi que eu não era um erro de Deus, e sim que ele tinha um plano e um propósito para seu “filho perfeitamente imperfeito”.

A história da minha vida já foi bem descrita em meus livros anteriores, no livro de meu pai, no qual contou como foi me criar, e em minhas muitas palestras e vídeos. Este livro trata de alguns acontecimentos recentes importantes — e de alguns sustos — na minha vida, mas é também sobre a *obra da minha vida*, como encontrei meu chamado para ser as mãos e os pés de Jesus na terra, como alguns desafios recentes confirmaram e reforçaram esse chamado, e como penso que você e eu podemos ampliar nossa influência e trazer mais filhos de Deus a ele se vivermos nossa fé e se inspirarmos, amarmos e servirmos.

Pensei em chamar este livro de *Aventuras no evangelismo*, mas infelizmente a palavra *evangelismo* adquiriu conotações negativas ao longo dos anos em algumas regiões do mundo. Compreensível.

Gente demais foi afastada por cristãos excessivamente zelosos que provavelmente tinham boas intenções, mas usaram estratégias erradas e deram a impressão de serem insistentes e agressivos, ou de estarem mais preocupados com sua agenda do que com os sentimentos e as crenças das pessoas abordadas.

Creio que todos os cristãos têm a responsabilidade de compartilhar sua fé e levar outras pessoas a Cristo, afinal, seus seguidores são "pescadores" de homens e mulheres. Sendo assim, não podemos ser apenas passageiros no barco, ou seja, precisamos lançar nossas linhas de pesca, pois há um oceano de gente lá fora que precisa do poder redentor do amor de Deus. Minha esperança é que este livro o inspire a encontrar seu próprio jeito de fazer isso do modo que melhor se adapte a você e que melhor sirva ao nosso Pai celestial.

Existe muita gente orando por *reavivamento* — outra palavra desgastada — sobretudo nos EUA e em outras regiões do mundo ocidental. Mas como identificar um reavivamento? Pessoalmente, só quero cumprir o mandamento de pregar o evangelho e ver pessoas virem a Jesus, começarem um relacionamento ativo com ele, serem transformadas diariamente por esse relacionamento e se tornarem seguidoras autênticas dele.

Muitos aguardam um movimento, quando na verdade a ordem mais básica que Deus nos deu — dizer aos outros que ele vive — quase sempre é deixada de lado. Dizemos: "Deus, mova-se". Deus diz: "Eu me moverei por meio de você quando você se mover".

« PARTE I »

DEIXANDO sua LUZ BRILHAR

« 1 »

Chamados para servir

Com certeza não comecei pensando que eu seria as mãos e os pés de Deus, um evangelista que proclama as boas novas. Na verdade, embora tenha crescido num lar cristão tradicional com um pai que era pastor leigo, confesso que estava entre aqueles adolescentes que evitavam "o esquadrão de Deus" na escola durante algum tempo. Eu queria ser popular, e falar sobre fé a outros adolescentes não era nem um pouco popular.

Precisei aprender a ficar à vontade comigo mesmo e com minhas crenças antes de poder me descontrair e ser eficiente ao compartilhar minha fé com outras pessoas. Mesmo depois de aceitar Jesus Cristo como meu Senhor e Salvador, não tinha no início nenhuma vontade de sair e salvar o resto do mundo. Eu queria ser um jogador de futebol profissional, mas meu centro de gravidade está tão próximo do chão que os dirigentes das ligas de futebol concluíram que ninguém conseguiria me deter. Por isso tive de procurar outra carreira, só para ser justo com os outros caras.

Tendo descartado a possibilidade de jogar no Manchester United, eu não sabia bem o que fazer comigo. Meu pai, o pastor leigo, achava que eu me sairia muito melhor na área da contabilidade e, por falta de outras opções, concordei.

Nunca pensei que minha fé se transformaria numa carreira, por ser um aspecto tão pessoal e íntimo da minha vida. A igreja da nossa família era a Igreja Apostólica Cristã do Nazareno em Keilor Downs, no estado australiano de Victoria. Minhas lembranças de lá são principalmente de estar com meus pais, meu irmão, minha irmã e todos os meus tios, tias e primos. O culto era uma experiência muito social para mim.

Meu pai cantava o tenor e meu tio Ivan cantava o baixo no coral da igreja; e, como eram os pastores fundadores da congregação, eles se sentavam na primeira fila com os demais membros do coral. Eu me juntei a eles como o percussionista não oficial. Eu mantinha o ritmo batendo meu pequeno pé num hinário, que substituía o tambor, porém mais tarde eles compraram uma bateria eletrônica e, depois, um teclado, o qual eu conseguia tocar com meu pé. Eu amava a música e essa era uma das minhas partes favoritas da vida eclesiástica. Eu associei Deus a tudo que amava.

Meu pai sempre falou de Deus de modo muito pessoal, e eu o imitei. Parecia que eu conversava com Deus o tempo todo. Ele era muito real para mim, como um membro da família ou um bom amigo, e eu sentia como se ele soubesse tudo a meu respeito e eu pudesse falar com ele sobre qualquer coisa. Ele era muito real para mim e sempre estava ali. Deus não era uma figura paternal ou um poder vingativo; ele era mais como um mentor e um mais velho e mais sábio amigo.

Eu orava todas as noites, mas nunca me vi como um religioso. Também não sonhava em ser um pastor. Nossa família simplesmente vivia na fé. Para mim, ser cristão era como ser sérvio ou australiano, isto é, não achava que havia algo especial nisso, e, com certeza, eu não me sentia mais santo do que qualquer outra pessoa.

Por muitos anos, eu me senti culpado porque tive pensamentos não muito santos quando amigos da nossa família, Victor e Elsie Schlatter, fizeram uma apresentação de slides sobre seu trabalho missionário nas florestas da Nova Guiné. Eles haviam traduzido a Bíblia para o inglês pidgin dos nativos de lá e conquistaram centenas deles para o cristianismo. Foi difícil acreditar que ainda havia gente que nunca havia ouvido falar de Jesus, pois eu pensava que Cristo já era conhecido de todos.

No entanto, tenho que confessar que a mais forte impressão que tive daquela apresentação foi causada pelas fotos de mulheres nuas da Nova Guiné. Provavelmente não era bem o que nossos amigos esperavam que eu me lembrasse de sua apresentação, mas, afinal, eu só estava agindo como um menino normal. Eu me distraía com facilidade, especialmente com a Srta. Isabell, nossa professora de Escola Dominical. Ela tinha cabelo loiro curto, grandes olhos azuis e um sorriso encantador, e eu a achava muito bonita e tive uma paixonite por ela!

Eu não era nenhum santo, acredite. Tive vários problemas por mascar chiclete na igreja e num domingo eu engasguei com um pedaço de doce pouco antes de o culto começar. Como estávamos sentados na frente, toda congregação viu quando meu pai me agarrou, virou de cabeça para baixo e bateu nas minhas costas para soltar o doce.

PROCURANDO RESPOSTAS

Essa não seria a última vez em que fui salvo na igreja. Outras crianças liberavam suas energias durante os cultos batendo os pés nos apoios para joelhos atrás dos bancos ou tamborilando os dedos nos assentos. Quando eu ficava inquieto, ia até o último assento no fundo da igreja e esfregava a parte de trás da cabeça na parede de tijolos. Loucura. Eu sei! Graças a esse mau hábito, durante um tempo eu fui a pessoa mais jovem na nossa igreja a ter uma careca.

Eu era um pouco atrapalhado e ficava confuso com facilidade, e fiquei totalmente perplexo quando um imigrante sul-americano chamado Jesus apareceu na nossa classe do ensino fundamental.

"Por que você se chama Jesus?" perguntei, imaginando se estaríamos no fim dos tempos, quando Jesus voltará como Messias.

Eu estava muito desconfiado porque em nossa classe de Escola Dominical ensinava-se que, quando o diabo aparecer, ele afirmará ser o Cristo. Eu estava à procura de impostores, e o pobre Jesus, meu colega de classe, não entendeu porque eu continuava a interrogá-lo quanto ao seu nome.

Eu levava meus ensinos da Escola Dominical muito a sério. Quando tinha seis ou sete anos de idade, depois de aprendermos sobre a segunda vinda de Jesus Cristo, tive um sonho sobre o arrebatamento, no qual eu estava visitando a casa dos meus avós que ficava logo atrás da esquina da igreja e vi todos aqueles anjos descendo e levando as pessoas para cima. Vi um dos membros da minha igreja subir e esperei, mas nenhum anjo veio me buscar. No meio do desespero e tristeza, eu pensava: "Onde está o meu anjo?" Aí acordei, o que foi um alívio!

Eu não queria ser deixado para trás, por isso me esforcei em dobro para ser um bom menino cristão. Todo domingo na igreja o pastor perguntava se tínhamos Jesus em nosso coração, e eu sempre respondia que sim o mais alto possível, para o caso de os anjos estarem escutando. Aprendemos que, para sermos cristãos, precisamos de Deus em nossa vida todos os dias, e eu não tinha medo de contar às pessoas que havia ido à igreja, mas não aprendemos a falar sobre Jesus com nossos amigos que não eram cristãos; na realidade, deveríamos guardar aquilo para nós e amar a todos. Não me lembro de ter orado abertamente para que amigos o aceitassem em sua vida; em vez disso eu o fiz em privado, de modo que nunca soubessem o que os atingira!

Os únicos evangelistas sobre os quais falávamos eram missionários heroicos como os Schlatters, os amigos da nossa família. Mais tarde, Victor e Elsie tornaram-se mentores na minha vida, e foram os primeiros soldados de Cristo realmente globais que conheci. Victor era como um personagem bíblico, um homem grande com longos cabelos cinzentos e uma barba cinza maior do que minha cabeça. Eles faziam o trabalho missionário parecer muito emocionante e contavam-nos histórias sobre a vida na floresta tropical e como eram perseguidos por pessoas que não gostavam de cristãos.

Eu os venerava. Eram tão exóticos, como uma mistura de Indiana Jones e Billy Graham. Quando eram mais jovens, meus pais haviam considerado a possibilidade de trabalhar na Nova Guiné como missionários com Victor e Elsie, e, em sua lua-de-mel chegaram a visitar os Schlatters para ver como era, mas meu pai disse que aquilo era selvagem demais para ele. Várias vezes imaginei como seria minha vida se eles tivessem decidido ficar na Nova Guiné, e sou muito grato porque minha família ficou em Melbourne.

UMA VISÃO MAIOR

> Portanto, somos embaixadores de Cristo, como se Deus estivesse fazendo o seu apelo por nosso intermédio. (2Coríntios 5:20)

Honestamente, jamais pensei que pudesse ser um missionário, porque os Schlatters eram pessoas especiais que conseguiam viver e desenvolver-se em condições extremamente difíceis. Ainda assim eles me inspiraram a fazer o que pudesse para ajudar os pobres no mundo todo.

Eles projetavam seus slides na parede da nossa igreja, e víamos todas aquelas crianças nuas comendo o que pareciam ser raízes e insetos. Oramos por elas e assaltamos nossos cofrinhos para ajudar a alimentá-los e a vesti-los. Eu realmente admirava Victor e Elsie por dedicarem sua vida para servir como embaixadores de Deus.

Eu estava no começa da adolescência quando ouvi uma história muito dramática de um missionário cujo avião caíra numa área remota de Papua-Nova Guiné; ele foi feito prisioneiro, mas escapou. Assisti a uma entrevista na qual ele contou que seria impossível sair de lá, mas Deus tapou os ouvidos de todos os seus captores, de modo que ele conseguiu se soltar, tomar posse do avião e fugir. O nome do filme é *Ee-Taow*.

Depois eu li *O homem do céu*, do evangelista chinês Irmão Yun, um líder da igreja cristã subterrânea dali, e me identifiquei com as histórias dele Yun sendo aprisionado e torturado por autoridades governamentais na China; meus pais e avós haviam fugido da Sérvia por causa da perseguição aos cristãos ali.

O livro de Yun diz que Deus sempre interferiu para protegê-lo nos piores momentos. Enquanto esteve na prisão, ele escapou da morte em várias ocasiões; ele deveria ser enforcado, porém, toda vez que chegava sua vez, o carrasco dizia estar cansado demais ou paralisado de alguma forma. No fim, o carrasco disse a Yun que garantiria que ele não seria morto dentro da prisão.

O Irmão Yun também descreve como escapou de uma prisão de segurança máxima ao ouvir a voz do Espírito Santo, que na ocasião lhe dissera para simplesmente sair pelo portão da prisão. Ele seguiu essas instruções e saiu sem ser importunado pelos guardas; foi como se fosse invisível. Embora muitos tenham argumentado que essa história não parece plausível, o governo chinês disse que sua fuga foi um "incidente constrangedor".

Eu estava no começo da adolescência quando li o livro do Irmão Yun e os livros de outro corajoso exemplo cristão, Nicky Cruz, o ex-líder de gangue na cidade de Nova York. Seu livro *Foge Nicky, foge* é uma história clássica de uma criança de rua cheia de problemas cuja vida foi virada do avesso por Jesus e que se tornou um missionário para outros jovens. O filme inspirador dos anos 70 sobre sua vida, *A cruz e o punhal*, foi assistido por mais de cinquenta milhões de pessoas em 150 países, e, à semelhança do que ocorreu com o Irmão Yun, Nicky Cruz enfrentou muitas dificuldades, mas parece que Deus entrava em ação toda vez que sua vida esteve ameaçada. Ele relata que teve uma arma apontada para sua cabeça, entretanto, quando seu quase-assassino puxou o gatilho, a arma falhou, salvando sua vida.

A leitura de Livros como *O homem do céu* e *Foge Nicky, foge*, juntamente com as histórias contadas pelos Schlatters, deram-me mais tarde a coragem para deixar a segurança da minha família e do meu lar aos dezenove anos para fazer minha primeira viagem como palestrante cristão à África do Sul. Aprendi que não há lugar mais seguro do que aquele para onde Deus nos conduz.

Na juventude, a maioria de nós não consegue perceber ou mesmo compreender o que Deus planejou para nossa vida, mas, numa retrospectiva aos trinta e poucos anos, depois de ter viajado milhões de quilômetros e falado a milhões de pessoas, posso ver as influências e as experiências que me conduziram ao caminho de Deus.

Sou forçado a rir de coisas da minha infância, sobretudo quando me lembro de como fiquei espantado quando meu tio Sam deu uns tapinhas na minha cabeça e disse: "Um dia, Nicky, você apertará a mão de presidentes".

Naquela época, eu certamente não conseguia imaginar essa cena, mas Deus deve ter sussurrado ao ouvido do meu tio, porque conheci mais de uma dezena de presidentes e líderes de estado ao longo dos anos. Por razões óbvias, não apertei a mão de nenhum deles, mas abracei a maioria!

ENCORAJADORES E GUIAS

Como já escrevi, entre minhas outras influências na adolescência está o zelador da minha escola de ensino médio, o Sr. Arnold. Por alguma razão, todo mundo o chamava de Sr. Arnold, embora Arnold fosse seu primeiro nome. Nunca soube qual era o sobrenome dele, mas ele sempre estava disponível para mim e para os outros alunos e também me incentivou a falar abertamente sobre as lutas que enfrentei com minhas deficiências e sobre a minha fé, primeiro com o grupo de adolescentes cristãos que ele liderava, e depois com outros alunos e grupos na região.

Até aquela época, eu jamais havia pensado em mim como evangelista, pois estava mais interessado em derrubar barreiras entre pessoas e simplesmente compartilhar eu não acreditava que houvesse esperança até aceitar a ajuda de Deus. Com o tempo, percebi que minhas histórias inspiravam outras pessoas, sobretudo quando eu explicava como finalmente entendi que não era um dos raros erros de Deus e que todos nós somos criação bela e perfeita aos seus olhos.

Quando ouvi meu primeiro palestrante motivacional profissional, Reggie Dabs, que fez uma palestra na minha escola de ensino médio; ele conseguiu aquietar quase 1.400 alunos irrequietos e os inspirou simplesmente contando a história da sua vida, que era uma mensagem de esperança: “Você não pode mudar o seu passado, mas pode mudar o seu futuro”.

Reggie me mostrou que talvez houvesse um caminho para mim numa carreira com palestras, e, por causa das ocasiões na minha vida em que me senti diferente em razão da ausência de membros, em minhas palestras sempre fiz questão de dizer a todos que eram lindos e amados por Deus. Eu pensava que isso é algo que as pessoas deveriam ouvir, pois tudo o que Deus criou é lindo.

Mesmo quando comecei a perceber que crescia numa carreira como orador profissional, meu foco estava mais em inspirar e motivar pessoas, pois eu sabia que muita gente não queria ouvir uma mensagem baseada na fé, porém, quando me ouviam falar sobre vida, amor, esperança e fé em termos gerais, ficavam à vontade para fazer perguntas a respeito da fé. No entanto, eu ainda não me via como modelo para outros cristãos ou aspirantes a cristãos.

Meu pai tinha o mesmo sentimento e continuava me incentivando a obter diplomas em contabilidade e administração. Segui seu conselho, imaginando que não faria mal ter um plano B se não desse certo como palestrante.

ENCONTRANDO UM CAMINHO

Mais uma vez, Deus entrou em ação silenciosamente e me deu um empurrãozinho na direção do caminho que escolhera para mim. Fui convidado a ser professor voluntário de religião em minha antiga escola nas minhas horas vagas, pois queriam que algum recém-formado desse quatro aulas por semana sobre Deus e a Bíblia.

E ali estava eu, diante de um público adolescente da minha ex-escola, compartilhando minha fé e encorajando os alunos em suas crenças. Eu não pensava nesse trabalho voluntário como algo que recrutaria pessoas para Jesus, mas, olhando para trás, vejo que foi um bom treinamento para isso. Nunca escrevi a respeito porque é um assunto melindroso, uma vez que ocorreu certa reação em minha própria igreja por eu ter sido convidado a falar em outras igrejas da região.

Naquela época, a igreja da minha família estava bastante isolada e não gostavam que membros da congregação visitassem outras igrejas, provavelmente porque temiam perdê-los. Inclusive, meus pais e alguns parentes disseram-me que eu não deveria falar em nenhuma outra igreja.

Eu sabia a razão disso, mas pensava que todos os cristãos devem abraçar uns aos outros, deixar de lado suas diferenças doutrinárias e concentrar-se no amor a Deus, que é comum a todos. Além do mais, minha missão era compartilhar meu testemunho com o propósito de incentivar todos a confiar em Deus. Um amigo, Jamie Pentsa, incentivou-me a aceitar convites de toda região, e ofereceu-se para me levar de um lado para outro em seu Volvo.

No início, eu geralmente falava a outros grupos de jovens, oferecendo aulas sobre trechos das Escrituras que haviam causado impacto em mim. Essas apresentações tornaram-se tão populares que passei a produzir um informativo mensal que enviava às pessoas de uma lista de e-mail. Também elaborei meu próprio site, de modo que as pessoas pudessem acessar meus escritos e entrar em contato comigo se quisessem que eu falasse em algum lugar.

Em pouco tempo eu estava recebendo mais de setenta convites por semana para falar em clubes bíblicos, a grupos de jovens e em congregações de igrejas em toda região. Essa resposta me inspirou a gravar meu testemunho em igrejas com uma equipe de filmagem, e eu enviava esses primeiros DVDs intitulados *Vida sem membros* para qualquer pessoa que os solicitasse em meu site.

Alguns desses vídeos chegaram à África do Sul, sendo assistidos por um homem chamado John Pingo, o qual entrou em contato comigo e se ofereceu para organizar uma turnê de palestras por aquele país. Aquela viagem, que meus pais viam com muitas ressalvas, marcou o início da minha projeção internacional, que até o momento me levou a mais de sessenta países no mundo todo. À medida que surgiam as oportunidades, Deus também moveu outros amigos, primos, tios e até meu irmão para me levar aos lugares das palestras, para servir como cuidadores e para me ajudar a encorajar mais pessoas — e até mesmo ver algumas delas sendo salvas.

UMA EVOLUÇÃO DADA POR DEUS

Minha carreira como modelo de vida cristã e palestrante motivacional foi uma bênção inesperada e, revendo esses acontecimentos, com certeza era parte do plano de Deus para mim, pois minha paixão por essa carreira crescia a cada compromisso. Depois de uma infância na qual às vezes senti que não havia esperança de um futuro para mim, fiquei extasiado com as respostas entusiásticas às minhas palestras e aos meus vídeos. Para um homem que um dia chegou a não ter esperança, nada pode ser mais gratificante do que dar esperança a outros. O fato de, como jovem, poder compartilhar meus sentimentos a respeito do evangelho de Jesus com grandes grupos de pessoas de todas as idades deu-me uma sensação de propósito. Eu sentia que podia contribuir, e isso era muito importante para mim; além disso, também me sentia cada vez mais perto de Deus, porque muitas pessoas respondiam ao apelo e se entregavam a Cristo.

Eu também testemunhei o poder do evangelho. Para mim, em contar histórias encontram-se os 80% da inspiração; sendo assim, grande parte do que está na Bíblia é o encorajamento que se encontra nas histórias e nos testemunhos, nas histórias que inspiram a fé, nas histórias da fidelidade de Deus. Nesse sentido, quando você lê a Palavra, ela produz fé.

Pouquíssimas pessoas me ouviram contar que, quando tinha mais ou menos doze anos de idade, eu estava saindo de uma tenebrosa época de depressão. Estava fortemente compelido a aprender o máximo que pudesse sobre Deus, e, nessa compulsão, comecei a digitar a Bíblia toda em meu computador usando meu pequeno pé.

Comecei com Gênesis 1, o princípio. Estava mais ou menos na metade de Gênesis quando minha mãe entrou no quarto, e ela, ao me ouvir batendo nas teclas, e perguntou o que eu estava fazendo.

"Estou escrevendo a Bíblia", respondi.

"Nicky", ela disse, "ela já está escrita".

Minha mãe tinha razão. Naquele tempo eu só conseguia digitar cerca de dezoito palavras por minuto, e foi então que me dei conta de que havia assumido uma tarefa muito maior que seria capaz de cumprir. Minha compulsão acabou, mas meu amor pela Palavra de Deus nunca diminuiu. Toda vez que leio a Bíblia, aprendo algo novo, algo mais profundo e mais significativo, e meu temor a Deus e meu amor pessoal por Jesus crescem a cada nova leitura.

COMPARTILHAR A FÉ

Uma grande parcela da vida cristã é compartilhar o que Deus significa para você de uma maneira relevante para os outros, pois é assim que a fé se torna viva. Quando comecei a compartilhar meu testemunho com mais e mais gente, o pensamento geral entre os protestantes — aos meus jovens olhos — era trazer mais pessoas para suas igrejas, e tudo o que tinham de fazer era amar essas pessoas e serem generosos.

Isso serviria para convencer as outras pessoas de que seguidores de Jesus são bons e amáveis. A ideia era a de plantar sementes de fé neles por meio do exemplo, de modo que fossem atraídos aos cristãos e quisessem saber mais. O problema é que há outras pessoas boas e amáveis no mundo, incluindo muitos hindus e muçulmanos.

Os seguidores de Jesus precisam ser mais do que bons e amáveis; ou seja, precisamos ter mensagens poderosas para compartilhar. Quando contei ao meu pai que estava escrevendo este livro, ele disse: "As pessoas acham que é complicado, mas, na verdade, não é difícil evangelizar. Deveríamos estar prontos para compartilhar nossa fé a qualquer momento, e isso se resume a conversar com alguém olho no olho e ser autêntico, dizendo-lhe o *que* Jesus significa para você e *como* sua vida mudou depois de conhecê-lo. Ser um cristão também mostrará como é possível viver".

A Bíblia diz: "Pelos seus frutos os reconhecerão". Inspirar outras pessoas a serem bons cristãos exige que saiamos da zona de conforto e motivemos outras pessoas a pensar sobre a importância de Deus em sua vida, mas precisamos orar por muita sabedoria na hora de comunicar. É preciso ajustar a abordagem para cada indivíduo, porque todos temos personalidades e experiências diferentes. A primeira carta de Pedro 3:15,16a diz: "Antes, santifiquem Cristo como Senhor em seu coração. Estejam sempre preparados para responder a qualquer pessoa que lhes pedir a razão da esperança que há em vocês. Contudo, façam isso com mansidão e respeito".

"LEVAR O CRISTIANISMO PARA PASSEAR"

Minha progressão natural servindo como braços e pernas de Jesus incluiu "levar o cristianismo para passear"— com um cachorro. Comecei quando tinha dezessete anos de idade e saía na minha cadeira de rodas a fim de levar nosso cachorro para passear, puxando conversas com quase todos que encontrava.

Não sei se era a "fofura" do nosso cachorro, Seth (uma mistura entre um *jack russel* e um *spaniel*) ou o encontro comigo, mas sempre me pareceu que havia muita gente que gostava de conversar enquanto andava ao nosso lado.

Falávamos sobre o cachorro e, se não nos encontrássemos novamente, muitas vezes perguntavam como eu havia perdido meus membros. Quando eu contava minha história, elas ficavam intrigadas ou emocionadas. Às vezes essas conversas levavam a discussões sobre fé, às vezes as pessoas se admiravam pelo fato de eu poder ter uma atitude tão positiva, e eu lhes contava que cria que Deus havia me criado para um propósito e que punha minha confiança nisso.

Eu me oferecia para orar com aqueles que pareciam interessados. Não sei se eles se emocionavam com minha fé ou outra coisa, mas não era raro alguém derramar uma lágrima ou duas enquanto eu lhes contava sobre a importância de Deus na minha vida e da gratidão pelas bênçãos que ele dá.

Passear pelas redondezas, compartilhando meu cão Seth e minha fé passou a ser uma verdadeira paixão para mim. Eu saía de casa com Seth e mal podia esperar para ver quem viria do outro lado da esquina. Depois de algum tempo, eu me oferecia para compartilhar minha história e minhas crenças em qualquer lugar que estivesse. Não me lembro de ter sido rejeitado por ninguém, embora provavelmente algumas pessoas mudassem de rota quando percebiam minha aproximação.

Tentei não ser rígido ou insistente demais. Eu só perguntava como a pessoa estava e, depois de alguns minutos de conversa, dizia algo como: "Há alguma coisa pela qual você gostaria que eu orasse?" A maioria gostava da oferta. Quem não precisa de uma oração de vez em quando, seja para si mesmo ou para alguma pessoa querida? É como ser surpreendido com um presente de um estranho e é ainda melhor do que ganhar na loteria, porque o prêmio da oração é permanente!

O APELO PARA VIR À FRENTE

Meu primeiro grande evento de palestras aconteceu na Logan Uniting Church, em Springwood, Queensland. O pastor de jovens Jim Haak, que era capelão de ensino médio na região, havia me ouvido em um evento e me fez um convite para sua Conferência do 10º Ano, juntamente com cerca de trezentos estudantes. Ele não havia me convidado para falar, apenas para comparecer, e assim eu trouxe alguns amigos e primos.

Na Austrália, o décimo ano é quando muitos adolescentes decidem se continuam com seus estudos ou se saem à procura de um emprego. O propósito dessa conferência era ajudá-los a desenvolver algumas habilidades que seriam úteis tanto na faculdade quanto no mundo do trabalho. A fé era uma delas, mas havia atividades ao ar livre, fóruns, workshops e eventos inspirativos e motivacionais.

O dia em que Nick se tornou um evangelista... e fez parte de uma gangue de motociclistas

Por Jim Haak

» Naquela manhã ouvi uma confusão e um tumulto em algum lugar. No grupo, havia alguns garotos, muitos com um histórico difícil, e pensei que fosse uma briga. Fui até lá a fim de interrompê-la, mas, quando passei pela multidão, percebi que todos estavam cercando Nick!

Eles haviam sido cativados por esse jovem sem braços ou pernas que jogava sua versão exclusiva de handball com alguns outros meninos. Ele aparava a bola com a cabeça e a chutava para o ar com seu pequeno pé. Era muito habilidoso, e todos queriam dar uma espiada.

É claro que ele também falava bem alto, usando toda gíria australiana, e era convicto da sua fé, mas não piedoso ou religioso demais. Mesmo naquela época, ele sabia como atrair uma multidão.

Naquele dia, Nick passou a ser uma atração sendo ele mesmo. As crianças o cercavam onde quer que fosse. Todos os conselheiros se espantavam como tanto meninas quanto meninos eram atraídos a ele, contando-lhe seus medos e problemas, baixando a cabeça enquanto ele orava por eles. Ele era tão franco e vulnerável que se sentiam seguros ao confiar nele. Só de olhar para ele sabiam que Nick havia enfrentado dificuldades e sofrido *bullying* também. Confiavam nele e acreditavam quando ele lhes dizia: "Eu te amo".

O evento final naquele dia era uma palestra e um fórum no palco principal. Havia sido um dia longo e quente, e o integrante do Esquadrão de Deus deveria fazer uma apresentação em PowerPoint, mas ele não conseguia fazer o programa funcionar. Os alunos estavam ficando inquietos, e ele olhou para mim e disse: "Estou com problemas aqui. Você pode entreter o público durante algum tempo?"

Eu estava sentado no palco com um painel de gente experiente no trabalho com jovens, por isso virei-me para eles e disse: "Ninguém aí tem uma piada para contar?"

Então Nick deu um passo a frente e disse: "Eu falo com eles!"

"E o que você vai dizer, Nick?", perguntei.

"Não se preocupe. Só vou conversar com eles", respondeu.

Eu ainda tinha esperanças de que o rapaz do Esquadrão de Deus conseguisse fazer sua apresentação, mas deixei que Nick falasse só um pouco. Primeiro, porém, tínhamos de descobrir como fazê-lo usar o microfone, já que ele não podia segurá-lo. Fizemos algumas tentativas e finalmente Nick disse: "Não se preocupe. Eu resolvo".

Os alunos estavam ainda mais inquietos naquele momento, e precisávamos preencher o tempo até nosso orador final. Eu estava um pouco preocupado por colocar o pobre Nick diante de todos eles, mas não deveria ter me preocupado.

Depois de algumas palavras, toda a plateia estava em silêncio. Nick os cativara apenas falando sobre os desafios que enfrentava por não ter membros e ser tão diferente de todos os outros. Falou também sobre como sua fé o fortalecia e contou-lhes que o amor de Deus podia sustentá-los, tudo sem impor suas crenças a eles.

Em muitos aspectos, também foi uma palestra motivacional padrão. Nick conta suas histórias com tanta paixão, tanto bom humor e tanto poder que a mensagem parece novidade e ainda mais envolvente. Quando ele encoraja as pessoas dizendo-lhes que podem fazer qualquer coisa que quiserem caso acreditem em si mesmas, Nick traz um significado mais profundo à mensagem. Jovens que estavam em dificuldades sabiam que ele os compreendia; as crianças que se sentiam excluídas sabiam que ele também havia enfrentando rejeição e *bullying*; as crianças mais valentes admiravam sua coragem e honestidade; enfim, todo mundo queria ser amigo de Nick e ele os encorajou a tratarem um ao outro com respeito.

Nós aprendemos que Nick não apenas entretém as pessoas, mas também trata de assuntos realmente difíceis, coisas muito reais, não só a fé, mas também os desafios da vida. Ele fala sobre dar-se conta que, embora uma deficiência possa ser um fardo, ela também poderia ser encarada como um presente, o que é uma mensagem do próprio evangelho: "Felizes os pobres de espírito". Nick é humilde, mas ele tem o reino e se alegra em partilhá-lo. Deus usa o que é comum e simples, os quebrados e feridos, e os usa para transformar e redimir.

Para ser franco, todos ficamos boquiabertos naquele dia, e até mesmo o motociclista do Esquadrão de Deus que deveria ser o palestrante principal se rendeu. Sua apresentação de PowerPoint estava pronta, mas ele não queria falar naquele palco depois de Nick.

"Não se preocupe. Ele se saiu bem", sussurrou em meu ouvido quando Nick estava terminando.

Ainda que Nick tivesse feito um ótimo trabalho ao se dispor, eu fiquei mais do que cético quando ele fez um convite no final da sua fala, dizendo que quem quisesse um pouco de amor poderia subir ao palco e dar-lhe um abraço.

Os demais líderes do fórum e eu rimos em silêncio, imaginando que nem morto um daqueles adolescentes iria querer ser visto em público abraçando alguém. Talvez eles sejam mais abertos a isso nos Estados unidos, mas a Austrália tem uma cultura muito mais reservada e menos sentimental. Os *aussies* não demonstram suas emoções mais delicadas – pelo menos era o que pensávamos.

Nick nos deixou sem graça por termos duvidado da sua capacidade de atingir uma plateia. Os jovens saíam de seus assentos e em silêncio formaram uma longa fila na frente de Nick, que era o próprio milagre. Todo nosso grupo de veteranos no trabalho com jovens assistiu a isso de queixo caído, pois nunca havíamos visto algo assim!

Depois do último abraço, desci para falar com Nick. Ele era tão talentoso que pensei em já convidá-lo para o fórum do ano seguinte. Justamente enquanto eu descia, Nick se dirigiu para a vaga de estacionamento em sua cadeira de rodas, cercado por seus novos fãs.

Antes que eu pudesse alcançá-lo lá fora, um dos integrantes do clube de motociclistas Esquadrão de Deus chegou roncando em sua Harley-Davidson. Outro motociclista colocou Nick na garupa da moto e desapareceram, com Nick gritando: "Uhuuuuu!"

E foi assim que conhecemos o em-breve-famoso Nick Vujicic! »

Foi um evento louco e divertido, e havia até um estande administrado pelo *The God Squad* [O esquadrão de Deus], um grupo de motociclistas cristãos. Eram soldados de Cristo com jaquetas de couro e aparência assustadora, com motos realmente barulhentas que se achavam uma espécie de manifestação contracultural cristã.

Quando reunimos esse quantitativo de adolescentes australianos num só lugar, as coisas tendem a ficar meio turbulentas, e quando o pastor Haak percebeu uma grande multidão reunida numa área e ouviu algumas pessoas gritando, pensou que uma briga houvesse começado. Na verdade, eu me tornara uma espécie de curiosidade, mas Jim conta a história melhor do que eu nas páginas anteriores.

ENCONTRANDO UM PÚBLICO

Devo dizer que aquele dia na Conferência do 10º ano também teve um enorme impacto sobre mim. Tudo se encaixou tão naturalmente, e os adolescentes, os rapazes das motos, e os conselheiros foram tão receptivos e hospitaleiros que eu fiquei impressionado. O que mais me surpreendeu durante minha fala foi ver uma garota chorando quando levantou a mão para chamar minha atenção.

Ela perguntou se podia subir e me dar um abraço. Eu disse: "Claro, por favor". Quando ela veio a mim, deu-me um abraço envolvente e cochichou no meu ouvido: "Ninguém jamais disse que me ama. Ninguém jamais me disse que sou linda do jeito que sou".

Uau! Foi aí que descobri que nasci para ser um palestrante que transmite mensagens de esperança. No final daquele ano, Jim pediu que eu falasse ao grupo de jovens de sua igreja, e muitas pessoas choraram quando compartilhei a verdade de como Jesus mudou a minha vida. Convidei a congregação a fazer uma oração silenciosa a Jesus bem ali naquele momento.

Depois da apresentação, abracei e falei com muita gente. Uma garota se manifestou e disse: "Acabei de entregar minha vida a Jesus esta noite, e sei que nunca serei a mesma novamente". Meu mundo parou naquele instante — parecia que ele deixara de ser preto-e-branco para ser colorido.

Essa foi a primeira vez que alguém me disse diretamente que aceitara a Jesus como Salvador com a minha ajuda, e isso me pegou de surpresa. Ter esse efeito sobre alguém foi inebriante para mim. Era com o aroma de botões de macieira, e eu queria mais e mais daquilo. Sabia que não tinha sido eu ou minhas palavras, mas Deus estava agindo por intermédio de mim.

Outra bênção daquele dia foi que Jim Haak passou a ser meu mentor. Naquela época, eu ainda tinha dúvidas quanto a poder ganhar meu sustento como palestrante público, e muito menos como modelo de vida cristã. Eu lhe contei que meu objetivo era ser um homem de negócios bem-sucedido e ganhar muito dinheiro para poder me sustentar, pois não queria ser um fardo para minha família pelo resto da vida.

Jim disse calmamente que achava que eu poderia ser um palestrante profissional ainda melhor. Ele foi muito gentil comigo. Acho que foi a primeira pessoa a me dizer que os obstáculos da minha vida poderiam servir como trampolins, e não como barricadas.

Jim e o outro conselheiro de jovens que estava naquele evento começaram a me convidar para falar em todos os eventos da região.

Eles foram alguns daqueles que me treinaram com dicas de oratória e me ajudaram a aperfeiçoar minha mensagem.

Ainda era um pouco obscuro para mim naquele tempo como seria a minha vida, mas não levou muito tempo para que minha visão ganhasse foco. Foi num evento durante aquela época, provavelmente um organizado por Jim Haak, em que pela primeira fui apresentado a um grupo de jovens como o evangelista Nick Vujicic. Eu não havia pedido que o fizessem, e no começo aquilo me desequilibrou.

Evangelista? Eu?

E foi aí que senti esta paixão crescer dentro de mim de fazer com que o mundo saiba que Jesus quer viver em todos nós.

Meu pensamento seguinte foi simplesmente: *Por que não tentar?*

Deus abriu a porta, e seu filho sem braços e sem pernas entrou por ela.

« 2 »

Respondendo dúvidas

Eu trabalho em ambos os lados minha carreira dupla como orador. Muitos ouviram minhas palestras sobre questões espirituais nas igrejas, onde também faço apelos para conversão em minha missão de levar o maior número possível de pessoas a Deus. No entanto, mais gente ainda pelo mundo me conhece como palestrante motivacional para plateias seculares em escolas, sistemas nacionais de educação, corporações, conferências de empresários e agências governamentais.

A missão da Vida Sem Membros é atingir o mundo todo com o evangelho e incentivar todas as pessoas em sua caminhada como discípulos de Jesus. Um relatório das Nações Unidas de 2017 afirma que até 2030 haverá mais de 8 bilhões de pessoas na terra, por isso comprei domínios na Internet referentes a 8 bilhões de almas para usar numa futura ocasião em favor de nosso ministério[1]. Desenvolvi uma estratégia clara em 2002 e a registrei em meu diário. Não posso ficar apenas em plataformas religiosas para atingir todo mundo, preciso ir ao mercado, usar plataformas governamentais e sistemas de educação onde

[1]Departamento de Assuntos Econômicos e Sociais das Nações Unidas, *World Population Prospects: The 2017 Revision, Key Findings and Advance Tables*, Nova York, 2017. Disponível em: https://esa.un.org /unpd/wpp/Publications/Files/WPP2017_KeyFindings.pdf.

não serei capaz de pregar, mas ainda assim poderei plantar sementes de amor e esperança.

Nessas palestras seculares evidencio as minhas convicções cristãs de uma maneira pessoal, pois não seria possível contar minha história na íntegra sem mencionar minha jornada espiritual. Na maioria das vezes, os clientes que me pagam para falar pedem para que eu reduza ao mínimo meu conteúdo espiritual ou para que nem entre nesse assunto. Às vezes, a equipe executiva que organiza uma conferência ainda me solicita garantias antecipadas de que minha palestra será secular, enquanto alguns do grupo talvez discretamente peçam que eu compartilhe mais.

Em cada ocasião, Deus é generoso em me conceder sabedoria e discernimento. Tento ser respeitoso, e Deus me dirige no palco, ajudando-me a decidir o quanto devo ou não dizer sobre as questões de fé. Sou conhecido por forçar um pouco a barra, mesmo quando o patrocinador é um governo contrário às manifestações religiosas, e, com cuidado, aproveito cada oportunidade para dizer apenas um pouco, de modo que possa voltar e falar mais numa outra ocasião, pois isso me permite ter um impacto de longo prazo em cada país.

O motivo pelo qual não falo somente em plataformas religiosas é que pretendo atingir as pessoas onde quer que estejam no mundo. Você não consegue salvar os perdidos procurando-os dentro das igrejas, porque eles estão lá fora, no mundo. Quando me perguntam por que aceito convites para países que restringem ou proíbem os cristãos, digo que preciso ir aonde as pessoas necessitam aprender sobre Deus — essa é minha estratégia básica.

Encaro cada apresentação como uma oportunidade de compartilhar minha fé, seja silenciosa ou abertamente, e muitas vezes pessoas me procuram com dúvidas religiosas. Seja em aviões, em aeroportos, seja em lojas e restaurantes ou na rua, recebo muitos pedidos para orar com pessoas desconhecidas.

Muitos me param para compartilhar suas perguntas, objeções ou dúvidas profundas. Encontrei pessoas que me disseram ter desistido de Deus depois de algo terrível acontecer a elas ou a alguém próximo que desejam saber como posso ter tanto amor por um Deus que me trouxe a esse mundo sem o pacote padrão de membros.

Alguns são mais incisivos em seus questionamentos do que outros: "Nick, como assim você não está bravo com Deus? Afinal de contas, ele ferrou você!"

Depois de tantos anos, consigo lidar com a maioria das perguntas semelhantes a essas e com outras sobre a fé, mas certamente entendo por que muitos cristãos consideram um desafio compartilhar suas crenças em situações imprevistas.

Durante uma viagem à China em 2016, fui procurado por um homem que fez perguntas enquanto estávamos num leilão e banquete para levantar fundos. Não era o melhor momento, pois o leilão já estava em andamento e qualquer pessoa que falasse poderia ser confundida com um possível comprador.

Após se apresentar, ele pediu conselhos para ser um bom pai. Eu não queria entrar numa discussão com medo de o leiloeiro achar que eu estava tentando comprar algum dos caríssimos itens do leilão, e tudo o que pensei em dizer ao homem, em voz baixa, foi: "Ame a Deus e ore muito".

Nesse momento, ele deu uma risadinha e disse: "Minha mulher é cristã. Ela ora. Eu não sou cristão. Não creio em Deus. Nós discutimos várias vezes se nossos filhos devem ir à igreja ou não".

Ele buscava sinceramente por respostas, e ainda que não fosse a melhor situação para uma discussão aprofundada, eu não queria ignorá-lo. Acredito que todos os cristãos têm a responsabilidade de compartilhar sua fé, especialmente quando um não cristão faz perguntas educadas. Assim, ele e eu fomos a um lugar mais sossegado para conversar, e contei a versão abreviada da minha jornada de fé. Então, ele fez perguntas típicas de um não cristão e eu as respondi.

Nossa conversa foi honesta e cordial, e estávamos tentando entender o ponto de vista do outro, e não debatendo. Eu tinha algumas vantagens. Já havia tido muitas e muitas conversas como aquela e, é claro, gosto de lembrar — tenho Deus do meu lado! Ele sabe exatamente o que precisa ser dito e como dizê-lo, e ele agirá por intermédio de mim à medida que eu fizer minha parte com fé.

Quando nossa conversa acabou, ele me agradeceu com lágrimas nos olhos e disse que sua vida nunca mais seria igual. Perguntei se poderia orar por ele, e ele concordou. Não posso dizer com certeza se ele se tornou cristão ou se mais tarde entregou sua vida a Deus, mas minha impressão foi de que Deus me usara para lhe indicar esse caminho. Se for assim, sou grato por aquela oportunidade compartilhar minha fé, bem como por todas as outras oportunidades que tive e espero ter.

Para aproveitar tais oportunidades, você precisa estar preparado e ter algum conhecimento, evidentemente. Às vezes, os não cristãos já têm experiência em debates e podem estar determinados a convencer um cristão de que Jesus não é real, e talvez queiram testar se você realmente está convicto de suas crenças e se conhece a Bíblia. Por outro lado, não se deixe enganar pensando que Deus não pode usá-lo, ainda que sinta que precisa saber mais sobre todos os aspectos da fé.

Não se trata de ver o seu país tornar-se cristão, e sim de satisfazer o desejo de nosso Pai de que todos o conheçam. O nosso encontro com Jesus resulta no desejo de contar nossa experiência a todos, e esse fogo às vezes diminui um pouco, se acharmos que precisamos ser perfeitos e saber tudo sobre as Escrituras antes de podermos compartilhá-la. Alguns se sentem despreparados a menos que frequentem um instituto bíblico ou seminário, e já vi pessoas dizerem que no começo se sentiam nuas e expostas quando lhes perguntavam alguma coisa.

Os cristãos precisam estar preparados e prontos para compartilhar sua fé, contudo, muitos não sabem por onde começar. A melhor maneira de demonstrar nossa fé é viver cada dia com intensidade, paz, amor e alegria — mesmo em meio a dificuldades.

Mas o que fazemos quando Deus nos incita a compartilhar nossa fé com aqueles que não são cristãos?

Amo meu primo Daniel não somente porque ele é meu primo, mas também porque ele faz de mim um cristão melhor. Às vezes ele dá a impressão de ser forte e se enche de paixão quando fala sobre ajudar os mais pobres, mas não acredita na ideia de que Jesus é Senhor, e Senhor sobre tudo.

Ainda que nossas famílias extensas tenham crescido na igreja, vários de seus integrantes não creem nos ensinos bíblicos. Às vezes as crianças são alimentadas à força com "igreja" e elas podem questionar os ensinos, sobretudo quando veem líderes da igreja em desacordo e seus membros causando rupturas, e se afastam do foco principal da fé cristã.

Daniel e eu tivemos muitas conversas sobre fé. Ele é uma das pessoas mais cultas, inteligentes e autênticas que conheço, e ele sempre diz o que pensa. Algumas pessoas debatem porque gostam de debate, mas não que Daniel o faça por causa disso. Ele pensa de maneira lógica e pergunta por que Deus não aparece sempre nos momentos e do modo que pensamos que ele deveria fazer, como para aliviar a fome e o sofrimento.

Daniel sempre levanta alguns pontos fantásticos. Gostamos de conversar, mesmo quando as coisas esquentam, e nossas conversas sempre terminam com um abraço e beijos de primos nas bochechas. Na verdade, o irmão de Daniel contou-me que o fato de Deus não ter me dado membros é um dos motivos pelos quais existem perguntas e dúvidas entre alguns integrantes da família.

Meu primo não consegue aceitar que um Deus amoroso seja capaz de "permitir" que eu, seu seguidor fiel, fique sem braços e pernas. Tentei explicar que a Bíblia mostra claramente que dor, doença, deficiências, sofrimento e morte vieram depois de o pecado ter sido instigado pelo próprio Satanás, mas nossas peças quebradas, nossas feridas e nossa vergonha podem ser transformadas em bem por Deus, o Redentor. Deus muitas vezes usa aquelas coisas que um dia pareceram horríveis para ajudar outras pessoas a encontrar esperança, alegria, amor e paz verdadeiros que podemos ter por intermédio dele, mesmo em meio a tempestades.

Daniel não aceitou o que eu aceitei muito tempo atrás. Jamais esquecerei os cultos de domingo nos quais eu chorava num dos bancos no fundo da igreja porque as dúvidas que ele tinha sobre Deus e sobre a fé nunca seriam tratadas em um culto da igreja local.

Algumas pessoas não encontrarão Deus numa igreja. Chorei pela alma de Daniel. Eu perguntava: *Quem conduzirá o exército para alcançar os que estão fora dos muros da igreja?* Eu chorava por misericórdia em sua vida. Vários dos meus primos, que são como irmãos para mim, jamais começaram sua caminhada com Jesus nem concluíram sua busca pela verdade; no entanto, eles pelo menos eles são honestos e sinceros em sua busca pela verdade e ao admitir que ainda não a encontraram.

Sempre farei parte da vida de Daniel e ele sempre fará parte da minha, e isso se aplica a todos os meus primos, ainda que estejamos distantes. Somos família. Eu amo e respeito Daniel, que estudou outras religiões e filosofias. Ele é uma pessoa muito culta, mas não sinto que tenha falhado com ele, porque não desisti dele.

Minha missão não é converter Daniel ou qualquer outra pessoa. Ao contrário, minha missão é amar e encorajar todos os que amo a começar a viver com Jesus. A questão não é abandonar Daniel; a questão é abandonar Deus quando ele diz que devo falar e eu não falo. O amor de Deus não muda, e tudo o que quero fazer é servi-lo e ver outros serem libertos para encontrar seu verdadeiro propósito, seu caminho e sua liberdade.

Daniel não crê no sobrenatural, em milagres ou em qualquer coisa que a ciência não consegue explicar, e argumenta que há muitos cristãos na TV e nas igrejas que enganam seus ouvintes e seguidores com falsas esperanças, mentiras e informações erradas. Devo admitir que isso é verdade. Evidentemente, nem todos os tele-evangelistas são ruins, mas há alguns ruins entre eles, com certeza.

Uma amiga minha foi a um hospital em Los Angeles com uma dor inexplicável. A mãe dela me ligou do Arizona para perguntar se eu poderia ir a Los Angeles e fazer companhia à sua filha até ela chegar ali. Encontrei minha amiga num pronto-socorro lotado de vítimas de tiros, onde guardas de segurança estavam fechando todo hospital porque temiam que os atiradores seguissem suas vítimas para acabar com elas ali. Era assustador e real, embora parecesse um pesadelo.

Naqueles momentos de aflição em que tentávamos parecer calmos na área de espera do pronto-socorro durante aquela confusão, um evangelista falava na televisão vestido com uma roupa branca que supostamente estava "ungida para curar". Tive vontade de arrancar a

TV da parede. Charlatães e predadores existem em todas as áreas, é claro, mas esse tipo de coisa denigre todos os cristãos e oferece aos des-cristãos um argumento para rejeitar Deus, mesmo que seu Filho tenha nos advertido contra os lobos vestidos de pele de ovelhas e expulsado os cambistas do templo.

Muitas vezes, quando tentam ridicularizar os cristãos e suas crenças, os ateus citam histórias sobre homens da igreja desonestos. Eles têm longas listas de queixas contra cristãos, inclusive exemplos de tele-evangelistas que professam mentiras e cristãos comuns que dizem uma coisa na igreja e fazem o contrário em seu dia a dia. Argumentam também que muitas denominações cristãs têm doutrinas que se parecem com as doutrinas de uma seita, e muitas denominações até mesmo evitam e negam a validade de outras, alegando que somente a sua igreja é o único e verdadeiro caminho até o céu.

DESCRENÇA LÓGICA

Os descristãos têm várias armas de prontidão em seus ataques à religião organizada e muitas vezes estão entre os habitantes mais lógicos deste planeta. Para eles, parece tolice crer em um Deus que você não pode ver. Recentemente, Daniel e eu tivemos uma longa conversa sobre cristãos que alegam ter o poder de cura. Ele é muito cético, como você pode imaginar, ainda que eu lhe tenha contado sobre várias curas que testemunhei e que certamente foram milagres para mim. Eu não perco tempo discutindo sobre ministérios, mas testemunhei que Deus cura.

A única cura que impressiona Daniel é a minha. Durante anos os médicos me disseram que eu tinha uma doença degenerativa da coluna que um dia me confinaria a uma cama. Em 2002, fiz radiografias que revelaram três buracos na minha coluna; então, comecei a orar por isso imediatamente, e ao longo dos anos pedi que outras pessoas também orassem.

Se você não crê em milagres, isso é com você, mas posso dizer que, quando fiz novas radiografias em 2012, havia apenas dois buracos na minha espinha; dois anos depois, raios-X detectaram somente um buraco;

em 2015, os exames não mostraram nenhum. Hoje, depois de muitas orações, não há sinais dessa doença, embora eu tenha uma grande curvatura da espinha. Considero isso um milagre, embora alguns possam dizer que as melhoras na minha coluna foram o resultado do universo ou de uma alteração química baseada numa atitude positiva ou meditação.

Eu ainda acredito que meu primo mudará de ideia, e às vezes sinto que deveria ter mais contato com meus parentes mais próximos. Todos eles estão no topo da lista das pessoas que quero ver no céu, e por meio da oração, da fé e da amizade tenho esperanças de que todos os meus parentes confessem Jesus como Senhor e andem na força de Deus.

Tivemos outro ateu durão na família, meu tio Steven, que foi batizado depois de passar a maior parte da sua vida negando a existência de Deus. Todo mundo à sua volta orava por sua conversão.

Muitos de nós debatemos e discutimos nossa fé com ele ao longo dos anos, mas não o importunamos; em vez disso, nós o respeitamos, mas sempre o estimulamos a manter uma mente aberta. Quando ele aceitou Jesus Cristo em sua vida, foi uma bênção muito alegre — o resultado da família de Deus fazendo tudo o que podia para ajudá-lo a andar com Jesus.

O batismo de meu tio foi uma vitória para o reino de Deus, e eu dediquei minha vida a compartilhar minha fé em nome desse reino. Sempre estou procurando maneiras de abrir portas que me ajudem a alcançar novos convertidos em potencial.

TRAZENDO ALMAS A CRISTO

Já falei tanto sobre minha fé com não cristãos que aprendi a não me perturbar quando me desafiam. Tive algumas discussões muito animadas com pessoas inteligentes e talentosas, e houve muitas ocasiões em que orei pedindo sabedoria a Deus. Meu objetivo não é necessariamente converter alguém, e sim plantar sementes de fé com amor e respeito provocando-os e incentivando-os em sua busca pela verdade.

Um dia Jesus voltará e haverá justiça, e esse será o dia em que todos nós saberemos que o inferno e a morte são reais para aqueles que praticaram o mal ou decidiram não crer na Palavra de Deus; estes não terão permissão para entrar no céu. Até lá, minha missão na terra é amar e conhecer a Deus melhor, amar minha família e meus próximos e compartilhar minha fé. Deus é um Deus justo e não permitirá que seu Filho volte pela segunda vez até que cada indivíduo no planeta tenha ouvido falar de Jesus. Acredito que estamos progredindo, e me encho de esperança quando o *The Christian Post* relata que até no Irã, onde líderes da república islâmica perseguem e prendem cristãos, a organização Portas Abertas EUA estimou que haja aproximadamente 450.000 cristãos praticantes que realizam cultos secretamente em seus lares.

Se esses cristãos são suficientemente corajosos para arriscar a própria vida num ambiente tão hostil, todos os cristãos deveriam ser valentes o bastante para compartilhar sua fé. Ateus e não cristãos tendem a pensar que cristãos acreditam cegamente, são rígidos e fechados a discussões sobre outras crenças, por isso creio que estar disposto a ouvi-los até o fim e apresentar suas ideias com humildade e confiança pode ajudar a corrigir equívocos e a abrir portas. Sempre procuro identificar em que ponto eles estão em relação às suas crenças para poder entender seus pontos de vista, escutar com atenção e responder com sabedoria.

Eis algumas questões recorrentes e pontos de discussão abordados em minhas conversas com ateus e outros que questionam minha fé cristã ou com os que desejam conhecê-la melhor.

Se existe um Deus bom, por que ele permite o sofrimento no mundo?

Não é Deus quem causa o sofrimento; na verdade, foi a maldição do pecado que trouxe dor, sofrimento e morte a esse mundo. Deus poderia ter impedido a serpente no Jardim do Éden, mas, por causa do livre arbítrio, ele não o fez; ele poderia ter impedido Satanás, porém escolheu não fazer isso — ainda. As pessoas talvez digam que foi injusto da parte de Deus saber que isso aconteceria e ainda assim permiti-lo.

Mas ele nos criou para sermos seus filhos, não anjos; filhos que escolhem crer nele por fé, e não por vista. Sendo assim, quão injusto seria Deus se ele nos dissesse que temos livre arbítrio, mas nunca ouvíssemos outra coisa além das ordens de um comandante ditatorial? Adão e Eva receberam livre arbítrio; ele permitiu que a serpente viesse e lhes contasse algo diferente do que Deus lhes dissera.

Virá o dia em que Deus acabará com o sofrimento, mas, antes disso, ele nos chama para ajudar todos os seres humanos a ouvir o evangelho e para cooperarmos com ele no alívio do sofrimento. Cada indivíduo deve receber a mesma opção que Deus deu a Adão e Eva. As Escrituras não deixam muito claro o que acontece com aqueles que nascem e morrem sem ouvir falar de Jesus, mas sabemos que servimos a um Deus misericordioso, e isso nos dá ainda mais motivos para fazer nossa parte em alcançar o mundo. Quando aquele dia chegar, não haverá mais sofrimento e certamente não haverá mais dor, nunca mais. Estaremos com Jesus e viveremos seu plano final no céu com nosso Pai celestial.

Até lá, se você confiar nele, pois Deus lhe dará graça para passar por tudo o que ele permitir que você experimente. Ao lidar com essa dor e esse sofrimento, você tem a opção de crer no que Deus diz ou no que outras pessoas dizem. Aqueles que confiam em Deus irão experimentar a sua paz no meio das tempestades e sua força nas noites mais escuras. Nós temos esperança de que, independente do que acontecer, ele nos carregará dia após dia.

Por que você acha que os cristãos são as únicas pessoas que poderão entrar no céu?

Ok, admito que essa é difícil. A Bíblia nos diz que não há salvação em nenhum outro, pois debaixo do céu não há nenhum outro nome dado aos homens pelo qual devamos ser salvos (Atos 4:12). Jesus não é simplesmente um caminho para Deus; ele é o único caminho para Deus. Ele mesmo disse isso em João 14:6: "Eu sou o caminho, a verdade e a vida. Ninguém vem ao Pai senão por mim".

Tanto cristãos como não cristãos muitas vezes me perguntam: "O que acontece com aqueles que nunca tiveram a chance de conhecer Deus?" Eles citam exemplos de bebês que morrem antes de serem batizados, pessoas com deficiências mentais graves que são incapazes de compreender conceitos espirituais e membros de culturas primitivas que jamais foram apresentados à Bíblia ou à existência de Deus. Será que o céu não está aberto para eles?

Honestamente, não tenho uma resposta definitiva a essa pergunta, e não é minha responsabilidade ser o juiz, pois Deus é quem decidirá isso de acordo com a sua vontade. A Bíblia indica que todos os bebês que morrem irão para o céu. Bebês e crianças bem pequenas assim como deficientes mentais, talvez nasçam com o pecado original, mas não são capazes de entender as leis de Deus ou a necessidade de nascer de novo e ser batizado. Eles não têm noção de bem ou mal ou qualquer ideia de que precisam do perdão de Deus.

A Bíblia parece indicar que crianças inocentes poderão entrar no céu. Em Deuteronômio 1:39, ao falar sobre crianças banidas da Terra Prometida, Deus diz: "E as crianças que vocês disseram que seriam levadas como despojo, os seus filhos que ainda não distinguem entre o bem e o mal, eles entrarão na terra. Eu a darei a eles, e eles tomarão posse dela".

A Bíblia também relata que, quando Davi e Bate-Seba tiveram um bebê fora do casamento e este morreu, Davi sentiu que veria a criança novamente no céu. "Eu irei até ela, mas ela não voltará para mim", ele disse.

Segundo a interpretação de muitos eruditos, ministros religiosos e estudantes da Bíblia, vários trechos indicam que Deus tem misericórdia daqueles que morrem antes de poderem ser considerados responsáveis por conhecê-lo e busquem seu perdão e graça. Eu gostaria de crer nisso e oro para que seja verdade, mas não posso afirmar com certeza.

Certa mulher contou-me a história de seu filho mentalmente doente que cometeu suicídio. Ela perguntou se pessoas assim vão para o céu. Mais uma vez, há perguntas para as quais não tenho respostas definitivas, e muitos citam as Escrituras para sustentar suas esperanças. Eu gostaria de crer que eles podem entrar no céu e oro para que isso seja verdade. Tudo o que posso fazer é orar por todos, fazer o melhor ao compartilhar minha fé e ao pedir que Deus conforte todos os seus filhos e lhes dê paz. Essa é uma daquelas ocasiões em que não sabemos tudo, mas confiamos totalmente em Deus.

Por que alguns ateus e não cristãos parecem ser pessoas melhores e mais bem-sucedidas do que alguns cristãos? Por que Deus permite isso?

Não concordo que eles sejam pessoas melhores e mais bem-sucedidas, porém essa é uma afirmação frequente. Muitas vezes, ateus e não cristãos apresentam exemplos de cristãos conhecidos e que se revelaram hipócritas ou até mesmo criminosos, e que não vivem de acordo com os mandamentos divinos. Ao mesmo tempo, indicam ateus ou agnósticos com vidas exemplares, aparentemente abençoados sob todos os aspectos, e perguntam: "Por que é melhor ser cristão se isso não garante que você seja uma pessoa melhor e mais feliz?"

Conheço muita gente com ou sem religião que afirma ser absolutamente feliz e bem-sucedida, e também há muitos estudos que constataram que pessoas muito religiosas visitam a família, fazem serviço voluntário e doações com mais frequência do que pessoas menos religiosas. Críticos desse estudo contestam, afirmando que ele tem falhas porque não inclui pessoas que não são absolutamente religiosas. Eles argumentam que a felicidade está mais relacionada a quão bem estamos conectados a outras pessoas e ao mundo à nossa volta.

Na verdade, penso que essa e outras pesquisas semelhantes deixam de considerar o fator principal: os cristãos não procuram a felicidade quando praticam sua fé; em vez disso, eles buscam salvação eterna e um relacionamento com Deus que lhes dá força, paz e amor. Sem minha força em minha caminhada com Jesus e meu foco em seu plano e a expectativa de vida eterna, seria fácil transitar emocionalmente entre os estados de felicidade e de tristeza e depressão com base no que acontece em minha vida. Por outro lado, quando minha alegria está em Deus, outros veem que minhas circunstâncias, até mesmo as mais difíceis, não tiram minha paz e que minha força e fé permanecem.

Eu não sou cristão por causa de outros cristãos e seu exemplo, mas sim porque sigo Jesus Cristo — pelo que ele é e pelo que fez ao sacrificar sua vida por nossos pecados. Ele encarou o diabo pessoalmente e venceu. Que eu saiba, ninguém mais fez isso. Jesus é aquele que venceu o pecado e a morte sendo completamente Deus na carne.

Meu objetivo é seguir o exemplo de Jesus e levar o maior número possível de pessoas comigo nesse caminho para o céu. Não posso garantir que todos chegarão lá, também não posso garantir que todos que alegam ser cristãos o farão. Todos temos nossas próprias batalhas com o pecado e a tentação, e nosso parâmetro definitivo de sucesso e de felicidade é se usufruiremos a vida eterna ao lado de Deus.

Por que eu iria querer ser cristão? Não há diversão nesse tipo de vida!

Esse é o argumento de pessoas que sofrem de FOMO (*Fear Of Missing Out* — medo de ficar de fora). Mas o que elas estão realmente perdendo ao receber Jesus em sua vida? A resposta que recebo a essa pergunta em geral tem a ver com sexo, drogas e rock'n roll. Outros talvez mencionem pornografia, álcool e a possibilidade de frequentar clubes noturnos.

Essas buscas terrenas talvez resultem em prazeres de curto prazo para alguns, mas eu diria que ser cristão oferece muito mais prazeres e uma felicidade de longo prazo, sem falar na alegria eterna. Admito a existência de algumas denominações cristãs que podem fazer a vida parecer um fardo pesado e interminável, mas também conheço muitos cristãos que são pessoas felizes e alegres sem usar pornografia, drogas, e sem frequentar clubes noturnos ou praticar outros vícios. Na verdade, isso se aplica a quase todos os meus parentes e amigos cristãos; nós festejamos tanto quanto qualquer outro grupo que conheço, porém sem abusar de drogas ou álcool, e amamos música de todos os tipos, por isso não tenho medo de "perder" qualquer coisa que os não cristãos curtem. Meus amigos e parentes cristãos entendem que ter um relacionamento com Jesus Cristo é melhor que qualquer prazer terreno.

Alguns descristãos argumentam que ter sexo antes ou fora do casamento é um prazer que a maioria dos cristãos não tem. Minha resposta é que, quando você tem sexo fora do casamento, está brincando com fogo; quando você faz sexo com alguém, os dois se tornam um — quer você admita isso ou não, e fora do casamento, amor e compromisso total não fazem parte do acordo e, consequentemente, alguém com certeza ficará ferido — e em geral é a pessoa cujo coração está mais vulnerável.

Sexo repetido fora do casamento acaba anestesiando o espírito e a alma. Já ouvi não cristãos casados dizerem que seu chamado "casamento aberto" lhes permitia ter sexo com qualquer pessoa e, segundo eles, isso funciona para eles; entretanto, pelo que observei a maioria acaba divorciada e só.

Sexo fora do casamento é um pecado, e há muitos trechos bíblicos sobre esse assunto. Deus não é um Deus de normas e regulamentos, e sim o criador de tudo o que vemos e sentimos. Sendo assim, viver é usar o que ele criou para os seus propósitos e dentro dos seus parâmetros para experimentarmos alegria, realização e amor.

Sexo em si não é amor, e sim uma expressão de amor e intimidade sagrada. Cônjuges casados podem usufruir o amor um do outro e experimentar a vida como Deus a planejou. O sexo não é mau em si, mas sua percepção foi distorcida pelo Inimigo, que o transformou num caminho de luxúria que leva até a destruição.

Com certeza não posso falar por todos, mas, como um cristão que tem um relacionamento pessoal com Deus, creio que andar com ele a cada dia é a maior aventura de todas. Nada neste mundo chega perto da paz e da alegria que encontramos num relacionamento com Deus, e essa é a razão pela qual cremos nos ensinos cristãos. Sabemos que nada mais é capaz de satisfazer nossas almas sedentas de esperança, paz e amor — com certeza, nada que seja temporário ou fabricado.

Quando peço que ateus descrevam o que os deixa alegres, muitas vezes dizem que é viver a vida plenamente ou conhecer novos lugares, pessoas e coisas como carros de luxo, barcos e outros brinquedos para gente grande. Outros dizem que sua maior alegria é ter filhos e netos, o que é perfeitamente compreensível.

Eu me deleito na felicidade da vida com minha mulher e meus filhos, mas a verdadeira alegria é saber que meus filhos também são filhos de Deus e que ele sempre cuidará deles. Uma alegria ainda maior para mim é saber que estou mais perto de ir para casa e estar com Jesus e que jamais morrerei. Até lá, sou seu embaixador cercado por anjos e cheio do seu Espírito Santo.

Por que eu iria me comprometer com uma igreja e suas doutrinas e filosofias restritivas?

Na verdade, cada vez menos cristãos são membros de uma única denominação ou igreja. Muitos, ao contrário, estão optando por igrejas não denominacionais e muitos experimentam diferentes igrejas em vez de ficarem em uma igreja específica. Cristãos mais jovens, sobretudo, tendem a não ficar mais na mesma igreja no curso de suas vidas.

Há aspectos bons e ruins, pontos fortes e fracos em cada denominação e em cada igreja, e aqueles que pertencem a uma ou outra em geral o fazem porque querem fazer parte de uma comunidade de fé e conhecer os outros membros. Muitos encontram encorajamento e gostam de crescer na fé como parte de uma congregação, mas a tendência atual, especialmente entre cristãos jovens, é analisar várias igrejas e denominações antes de se unirem a uma que seja acolhedora e confortável.

A questão não é comprometer-se com uma igreja, e sim comprometer-se em sua caminhada com Jesus. A igreja é um lugar em que você pode se sentir à vontade para falar abertamente, aprender e crescer em seu relacionamento com Deus; além disso, também oferece um local para fazer perguntas, receber aconselhamento e ter a família de Deus ao seu lado em oração e encontrar apoio para você e sua família.

Ali você pode ouvir a Palavra de Deus, ser alimentado e crescer espiritualmente. Ela não salva, mas é vital encontrar uma igreja que você considere seu lar, criar raízes ali e servir aos outros encontrando seu chamado e usando os dons que recebeu para a alegria de Deus.

Se você quer acreditar, ótimo — cada um na sua — mas você consegue me provar que Deus é real?

Essa atitude é comum entre não cristãos no meu país, a Austrália. Eles dizem que respeitam os cristãos, mas não acham que devem entregar sua vida a Deus, pois não têm provas da sua existência.

Não creio que seja papel dos cristãos provar àqueles que não creem que Deus existe, até porque, no fim das contas, tudo se resume a uma questão de fé. No fundo, é preciso ter uma grande dose de humildade para reconhecer que nem sempre conseguimos ver o que realmente existe.

Muitos ateus admitem prontamente não se importar com quaisquer evidências que lhes sejam apresentadas, porque ainda assim eles não se convencerão de que Deus é real. Para aqueles que exigem provas da existência de Deus, uso como exemplo a pessoa que eu era antes e quem me tornei depois de entregar minha vida a Jesus.

Minha mensagem é que ele pode usar todos nós e que tem um plano. Eu compartilho as histórias de testemunhos extremos, como a transformação de escravas sexuais na Índia que encontraram Jesus e voltaram para resgatar outras escravas, perdoando e lavando os pés daqueles que um dia abusaram delas, pois essas histórias têm verdade e poder.

Raramente encontrei alguém que discutisse essas histórias, e muitos fazem perguntas para saber mais. As perguntas finais para essas pessoas se resumem a: "Você é realizado e feliz? Sua esperança se estende além desta vida, e você está certo de que realmente viverá para sempre?"

Isso acontece quando dizem que ninguém sabe exatamente se existe um reino espiritual, então, eu conto histórias pessoais e exemplos da escuridão, o que inclui tudo — de demônios a feitiçaria e vodu. Se eles ao menos creem na ciência, peço-lhes que investiguem a ocorrência dessas coisas em regiões remotas do mundo.

No fim das contas, a maioria precisa decidir se realmente quer mudar suas convicções. Se um ateu é capaz de crer em poderes sobrenaturais do mal, a lógica sugere que a mesma pessoa também deve aceitar a possibilidade de poderes sobrenaturais do bem.

Muitas vezes os ateus dizem: "Só acredito vendo". Minha pergunta é — e se você encontrar primeiro a verdade sobre as trevas? Eu não os incentivo a brincar com poderes que sejam tão perigosos e reais, mas, se quisermos ser lógicos, é aqui que a maioria das discussões acaba.

Você é capaz de mostrar-me só uma prova da existência de Deus?

Eu não sou capaz de convencê-lo de que há um Deus, pois apenas a graça dele nos permite ter a mente aberta a esse tipo de pensamento. E Deus sabe que, se fizesse exatamente o que pedimos, exatamente quando queremos, então onde haveria espaço para a fé necessária?

Para mim, tudo começou com um passo de fé na busca pela verdade, e eu a encontrei pessoalmente. Em minha caminhada de oração, experimentei o milagre da minha coluna curada, casei, tive filhos e tive tantos outros desejos atendidos. Vi treze milagres acontecendo na minha frente, depois de orarmos e experimentei paz e força reais em momentos que estavam além da minha capacidade de suportar. Posso apontar a direção a você e contar o que aconteceu comigo, mas, no fim, você é quem deve decidir ir, pesquisar e procurar a verdade.

Além disso, nossa própria existência é um sinal seguro da presença de Deus. Cientistas encontraram explicações para muitas coisas, mas ainda estão devendo a explicação de como tudo começou. O mundo e todos os seres vivos tiveram de começar em algum lugar e de alguma maneira, e ainda estou esperando por uma explicação melhor do que a de um Deus Todo-poderoso. Independente de você estar estudando uma sequência de DNA humano, observando uma girafa no zoológico ou admirando uma flor em seu jardim, parece que há inúmeros exemplos de um Criador e Pai celeste — o projetista definitivo.

É lindo ver a criação de Deus. O homem cria coisas, mas o quanto é mais glorioso louvar aquele que criou tudo o que vive?

Como os cristãos são capazes de fazer coisas más e depois obter o perdão de Deus? Não pode ser assim tão fácil!

Sim, é fácil assim, mas só porque o Filho de Deus conquistou nosso perdão de um modo que definitivamente não foi fácil. Jesus morreu na cruz para que nossos pecados fossem perdoados. Foi difícil para Deus deixar seu Filho sofrer assim; eu sequer consigo imaginar ver meu filho na cruz, suportando a vergonha por todos os pecados do mundo.

O único motivo pelo qual os cristãos podem obter perdão na terra é porque Jesus morreu pelos nossos pecados. O salário do pecado é a morte, e é por isso que ninguém vive para sempre com pecado. Eu não posso morrer pelos seus pecados e você não pode morrer pelos meus, mas eu creio que Jesus morreu pelos meus — e pelos seus também. Por causa de seu sacrifício, no momento em que eu respirar pela última vez neste planeta, chegarei aos portões do céu.

O que muitos descristãos não entendem é que Deus já ofereceu perdão para cada pecado humano, ou seja, enquanto ainda éramos pecadores, Jesus morreu e fez com que isso fosse possível. Ele não nos condena por nossos pecados, mas ele quer que nos juntemos a ele no céu, e para isso precisamos receber o perdão de Deus mediante o arrependimento de pecados. Se continuarmos pecando e nos recusando a nos arrepender e a crer na bondade e no amor de Deus — ambos manifestados por meio do sacrifício de seu Filho, Jesus — não haverá perdão.

Por essa razão precisamos confessar a Deus que somos pecadores e que queremos parar de viver em pecado e nos afastar do que sabemos que não o agrada a Deus. Então o verdadeiro arrependimento — uma decisão que transforma a vida — virá da graça de Deus, capacitando-nos a não viver mais para nós mesmos, e sim para Deus: viver em seu plano, seu caminho e sua força cada dia.

Quando há uma conversão verdadeira, o fruto dessa decisão se revelará em nossa vida diária. Deus não exige perfeição, porém, pela sua graça, ele deseja que busquemos a perfeição ao viver de acordo com sua Palavra, amando-o e crendo nele como o único Deus vivo.

Pode ser difícil acreditar que um Deus amoroso irá perdoar e esquecer pecados que você mesmo não consegue perdoar ou esquecer, tendo em vista que nossa consciência nos diz o que é certo e errado, e podemos ser assombrados por vícios, casos amorosos ou outros pecados do passado. Muitas vezes, não conseguimos abandonar a lembrança de coisas egoístas, mesquinhas, arrogantes ou desonestas que fizemos. Conheci pessoas que entregaram sua vida a Jesus Cristo apenas para se sentirem deprimidas durante dias ou semanas simplesmente porque ainda se sentiam culpadas ou cheias de remorsos por pecados do passado. Elas pensavam que o fato de se tornarem cristãs acabaria com aqueles sentimentos.

Não funciona dessa maneira, mas saiba que Deus perdoa e esquece nossos pecados mesmo quando nós não o fazemos, pois ele é muito mais gentil conosco do que nós mesmos, contanto que o honremos, amemos e aceitemos seu perdão. Às vezes, precisamos de irmãos e irmãs no Senhor para nos aconselhar e incentivar a deixar o passado para trás; em outras ocasiões, você precisará de alguém que ore com você e o ajude em sua caminhada com Jesus. Uma vez que que seu desejo é continuar sevindo a Jesus e vivendo por ele — dia a dia, afastando-se do pecado e do mal, e pedindo diariamente o seu perdão enquanto ele trabalha constantemente em sua vida —, a graça de Deus continua disponível para seus filhos. Você pode tropeçar, Deus entende isso, mas continue em frente, orando enquanto prossegue.

Eu nunca serei o perfeito marido, pai, filho, irmão e servo do Deus altíssimo, mas me esforço para ser justo. Eu medito nas Escrituras e passo tempo conversando com Deus, e essas atividades me ajudam a permanecer mais perto dele e do seu plano para minha vida. Além disso, minha família tem uma igreja na qual sentimos que podemos crescer.

Lembre-se: se você está lutando contra o pecado, não tenha medo de falar com alguém e de pedir ajuda, pois nenhuma de nós é perfeito, e às vezes precisamos de tempo para nos livrar dos velhos hábitos e das algemas. Todos precisamos uns dos outros, e, sendo família de Deus, estamos aqui uns pelos outros. O bom de conversar com um amigo, um membro da família, um pastor ou um conselheiro é que isso lhe dará coragem e incentivo para continuar tentando ser o melhor filho de Deus que você pode ser.

Por que os cristãos creem em atos mágicos, como curas milagrosas, profecias, sinais e dons de Deus?

Muitos ateus pensam que os cristãos não decidem seguir Jesus Cristo por causa da fé, e sim porque sofreram uma forma de manipulação para acreditarem que obterão vantagens na terra, tais como curas, visões proféticas e bênçãos que incluem boa saúde, retorno financeiro e uma carreira de sucesso. Não apenas ouvi essas queixas de descristãos como encontrei ministros e igrejas que ultrapassam todos os limites ao alegarem que Deus quer que sejam ricos, tenham mansões e carros de luxo.

Verdadeiros cristãos não amam a Deus pelas bênçãos que ele possa oferecer; na realidade, nossa relação com Deus não é uma transação de negócios; é de transformação, ou seja, somos transformados pelo amor que devotamos a ele. Não estamos perseguindo profecias ou bens terrenos em seu nome, porque essas coisas não determinam nossa alegria ou paixão. Ao contrário, nós nos concentramos em nosso relacionamento com Jesus em cada momento.

Quando fui salvo e batizado, isso meu deu fé para começar meu relacionamento com Jesus e me transformou. Eu me tornei uma nova criatura. Minhas prioridades e meu estilo de vida mudaram quando aprofundei minha intimidade com Deus. Uma coisa é ir à igreja e ter um encontro superficial com Deus, outra coisa muito diferente é passar por uma transformação e ter um relacionamento contínuo por meio de oração, leitura bíblica e meditação todos os dias e simplesmente estar presente com os olhos fitos em nosso Pai celestial.

O Salmos 37:4 diz: "Deleite-se no Senhor; e ele atenderá aos desejos do seu coração". Porém, em um relacionamento verdadeiro com Jesus Cristo, é preciso reconhecer e aceitar que o plano de Deus é melhor do que qualquer plano que possamos ter.

Quando eu era menino, orava por um milagre que me desse braços e pernas. Muita gente ainda me procura e diz que um dia serei curado, mas a verdade é que eles não sabem. Talvez queiram isso para mim, e você pode orar e pedir isso por mim, mas ninguém de nós conhecerá o plano de Deus até o meu último suspiro neste mundo.

Sempre posso orar por curas, e vi muitos aparentemente curados ou parcialmente curados, incluindo um ex-traficante de pessoas em Mumbai, Índia, que foi curado por nosso Deus amoroso. Digo às pessoas pelas quais oro que não há promessas. Deus tem um plano, e não conseguimos o que queremos, a menos que Deus também o queira. Talvez ele não lhe dê o que você quer, mas Deus lhe dará o que você precisa, de acordo com o plano que ele tem para você. Talvez você pense que precisa de um milhão de dólares, mas pode ser que Deus ache que você só precisa ter o suficiente para alimentar seus filhos.

O único motivo legítimo para ser um cristão, portanto, é amar a Deus e querer o que ele quer para nós, conforme a sua visão para nossa vida. Se você está doente, ore por cura e peça que outros orem também. Ore por tudo aquilo de que acha que precisa e até pelos desejos de seu coração, mas saiba que o maior milagre de todos é conhecer a Deus. Aprenda a fazer seu amor por ele crescer mais todos os dias e confie que ele está no controle e irá abençoá-lo de acordo com o seu plano perfeito.

» «

"Ensina-me o teu caminho, ó Senhor, e andarei na tua verdade". Não sei se algum dia eu terei respostas para algumas das perguntas que recebi de outros ou para aquelas que me afligem pessoalmente até chegar ao céu; sei apenas que a Bíblia é apenas uma parte da verdadeira história. Não importa por quantos anos procuremos a verdade na terra, não penso que encontraremos as respostas para tudo. Muito frequentemente aqueles que buscam a verdade a respeito de Deus acabam enrolados numa competição sobre doutrinas e teologia. Sendo assim, podemos dizer que procurar a verdade não deve ser uma busca pelo domínio; vamos simplesmente chegar à verdade e aceitá-la.

Até lá, meu objetivo é conduzir o maior número possível de pessoas até a vida eterna em Jesus Cristo; porém, se eu conseguir levar uma única pessoa comigo, terá valido a pena. Eu gostaria que essa fosse a meta de todos os cristãos. Penso que todos nós deveríamos nos concentrar no que temos em comum em vez de brigar por causa das nossas diferenças. O livro de Atos descreve os primórdios da igreja como uma época em que todos os cristãos se reuniam em companheirismo para compartilhar refeições e orar "com alegria e sinceridade de coração, louvando a Deus e tendo a simpatia de todo o povo" (Atos 2:46-47).

A igreja cristã começou em lares, onde os fiéis se reuniam, e esses primeiros cristãos entenderam que uma igreja não é um conceito de tijolos e cimento, e sim um conceito espiritual. Eles a chamavam de igreja doméstica. Nos últimos anos, participei de vários encontros que me lembraram dessas primeiras comunidades de fé.

Recentemente estive no Colorado para falar no NightVision Festival. Aquele não foi exatamente um pequeno encontro em lares, uma vez que havia mais de seis mil pessoas ali, mas elas seguiam o modelo de igreja dos apóstolos. Sem levar em conta denominações ou doutrinas, todos nós nos reunimos num grande parque com cadeiras e cobertores e um propósito simples e comum de louvar a Deus. Era uma noite quente e abafada, mas o ambiente estava alegre. Pela minha contagem, 236 pessoas entre os presentes aceitaram o Senhor e 130 se reconciliaram! Louvado seja Deus!

Trazer pessoas a Jesus provavelmente é a maior emoção e o aspecto mais gratificante do meu ministério. Quando falo sobre minha fé no palco, as pessoas se identificam com minha história e com a solidão e os pensamentos suicidas que tive. Entretanto, creio que é Deus quem transforma o seu coração e as chama de modo particular.

Compartilhar minha história não significa encontrar todas as pessoas onde elas precisam ser encontradas. A maioria dos descristãos tem suas próprias dúvidas, como aquelas mencionadas neste capítulo. Então, tento falar ao coração deles através do meu e conto por que não acreditava em Deus durante um período, e, em seguida, os conduzo pelo meu caminho até a fé em nosso Salvador, Jesus Cristo.

Minha história é diferente da maioria, mas minhas perguntas eram essencialmente as mesmas. Eu queria saber por que Deus me criara e para que finalidade. Eu considerava cruel não ter membros até que ele revelou o meu propósito e vi como as pessoas reagiam à minha história.

Procurei durante oito anos até encontrar essa resposta. Essa jornada é a base para a maioria dos meus apelos à conversão e, portanto, ao retardar minha resposta, Deus me ajudou a criar meu maior dom — uma história que inspira outras pessoas a virem a Jesus Cristo. Minha história gera confiança, e ajuda aqueles que buscam a luz de Deus a enxergarem o caminho enquanto compartilho o que Jesus fez por mim.

O CAMINHO PARA TORNAR-SE CRISTÃO

Não importa o que você fez, não importa o tamanho do estrago que você causou, Deus está sempre pronto para aceitá-lo e perdoá-lo; ou seja, ele espera por você e a porta dele está escancarada. Tornar-se cristão não significa mudar seus hábitos e tentar ser uma boa pessoa, tampouco é um sistema maluco de gerenciamento de pecados, até porque jamais poderemos ser suficientemente bons para atingir o padrão de perfeição de Deus. Ao contrário, estamos diante dele com as mãos cheias de cacos; no entanto, quando você entregar esses cacos a ele, ele poderá transformar a sua vida!

Deus faz todo o trabalho, é ele quem junta novamente todos os pedaços da nossa vida, quem nos deixa perfeitamente limpos por dentro. É o negócio de Deus restaurar vidas quebradas, inclusive a sua.

Para realmente conhecer Deus, você precisa dizer sim para Jesus, então, se estiver pronto para iniciar um relacionamento com ele, agora é o momento! Eu pensei que terminaria este capítulo, que examina questões de fé, oferecendo aos não cristãos um resumo dos primeiros passos no caminho até a vida eterna. Muitas vezes perguntam-me como alguém pode se tornar cristão, e aqui está minha resposta a essa esperada pergunta. Sinta-se à vontade para partilhar isso com qualquer não cristão que esteja à procura de orientação.

Primeiro, reconheça e aceite que você é um pecador.

A definição de pecado é simples: é violar a lei de Deus. Nem mesmo pessoas boas que fazem coisas boas conseguem agradar a Deus ou obter sua aprovação, pois o padrão da Bíblia é inatingível! Ninguém de nós é capaz de atingir a perfeição ou mesmo chegar perto dela, então, não importa o quanto você se esforce, jamais será bom o suficiente.

A Bíblia diz que todos nós "pecamos e estamos destituídos da glória de Deus" (Romanos 3:23). O pecado é o maior obstáculo entre você e Deus; na verdade, a Bíblia diz que nosso pecado é uma sentença de morte! Romanos 6:23 afirma que "o salário do pecado é a morte". São palavras duras, mas é isso o que a Bíblia ensina.

Em segundo lugar, reconheça que Jesus Cristo morreu na cruz por você.

Deus providenciou a solução definitiva para nosso pecado. Primeiro você deve reconhecer que o Filho de Deus deu a própria vida por você — essa é a boa notícia! Romanos 5:8 diz: "Deus demonstrou seu amor por nós: Cristo morreu em nosso favor quando ainda éramos pecadores".

Jesus Cristo morreu em nosso lugar mesmo que merecêssemos a morte. Ele o fez para que possamos ter paz verdadeira e usufruir da comunhão com ele, e o fez também para que possamos ir ao céu e, como seus filhos, estar com ele para sempre, quando o sofrimento terá fim.

Em terceiro lugar, arrependa-se do seu pecado.

Depois de admitir seu estado pecaminoso e reconhecer as boas notícias da morte de Jesus em seu lugar, agora é o momento de dizer que você sente muito. Confesse que errou e arrependa-se do seu pecado. Arrepender-se significa dar as costas, recusar-se a viver de acordo com o padrão de uma vida de pecado e aproximar-se de Deus de todo coração. Em Atos 3:19 lemos: "Arrependam-se, pois, e voltem-se para Deus, para que os seus pecados sejam cancelados".

Em quarto lugar, aceite Jesus Cristo em seu coração e sua vida.

Para ser salvo, é necessário dar um passo de fé na direção do único que pode salvá-lo. A Bíblia nos ensina que a salvação não pode ser encontrada em nenhum outro, porque debaixo do céu não há nenhum outro nome "pelo qual devamos ser salvos" (Atos 4:12). Jesus não é um caminho para Deus; ele é o único caminho para Deus! João 14:6 diz: "Eu sou o caminho, a verdade e a vida. Ninguém vem ao Pai senão por mim".

Você quer que Jesus seja o Senhor da sua vida? Você está pronto para viver sua vida em fé e obediência a ele? Então, convide Jesus para fazer parte de sua vida agora. Ele disse: "Eis eu estou à porta e bato. Se alguém ouvir a minha voz e abrir a porta, entrarei" (Apocalipse 3:20).

Você está pronto? Se quiser começar seu relacionamento com Jesus, pare por um momento e ore. Você pode usar suas próprias palavras ao falar com Deus, ou seja, expresse seus pensamentos da maneira mais natural para você. O mais importante é que sua conversa com Deus seja completamente sincera e siga o exemplo na Bíblia: "Se você confessar com a sua boca que Jesus é Senhor e crer em seu coração que Deus o ressuscitou dentre os mortos, será salvo" (Romanos 10:9).

Veja um simples exemplo das palavras que pode usar ao orar:

> Jesus, eu admito que sou um pecador. Estou separado do Senhor por causa do meu pecado, mas agora entendo que o Senhor veio e morreu em meu lugar para resolver meu problema com o pecado. Estou pronto para me arrepender do meu pecado, dar meia-volta e me dirigir a ti. Com essas palavras confesso que Jesus é meu Senhor e Salvador, e creio que o Senhor foi ressuscitado da morte em meu favor. Obrigado por me salvar. Amém.

Se você fez essa oração com sinceridade, Jesus Cristo entrou em sua vida! Sua decisão de segui-lo significa que Deus o perdoou e, portanto, você passará a eternidade no céu com ele.

A primeira carta de João 1:9 diz: "Se confessarmos os nossos pecados, ele é fiel e justo para nos perdoar os pecados e nos purificar de toda injustiça". E em Salmos 103:12 há outro versículo encorajador, que diz: "Como o Oriente está longe do Ocidente, assim ele afasta para longe de nós as nossas transgressões".

A sua fé em Jesus o salvou; agora vá e viva em paz. Como Paulo incentiva em Romanos 15:13: "Que o Deus da esperança os encha de toda alegria e paz, por sua confiança nele, para que vocês transbordem de esperança, pelo poder do Espírito Santo".

« 3 »

O EVANGELHO EM CASA

Num dia de outono de 2016, voltando do escritório para casa, fui atacado, beijado e abraçado por meus dois filhos pequenos assim que entrei pela porta. Se existir uma sensação melhor no mundo, não sei o que pode ser.

Eu estava em casa há apenas um dia após duas semanas falando em sete países da Europa ocidental. Minha capacidade de me recuperar fisicamente dessas viagens exaustivas parece ser cada vez mais lenta, mas abraços e beijos da família conseguem me reerguer mais depressa emocional e espiritualmente.

Foi a primeira vez em que Dejan, que nasceu em 7 de agosto de 2015, conseguiu me dar um abraço em pé. Ele havia observado Kiyoshi, que é dois anos mais velho, saudar-me dessa maneira e esperava sua vez de ter controle de suas pequenas pernas.

Naquele dia, Dejan viu Kiyoshi me abraçar e veio correndo. Primeiro ele tentou afastar Kiyoshi de mim, o que acabou com os dois rindo e correndo em torno de mim como se eu fosse a sua cadeira musical. E então Dejan parou na minha frente e Kiyoshi atrás de mim antes de os dois cercarem com os braços o seu maravilhado pai.

Fui solteiro por tempo demais e voltava de longas viagens para uma casa vazia. Passava semanas falando a milhares de pessoas, e elas ficavam na fila durante horas para me abraçarem, mas eu voltava para uma casa envolta em silêncio e dolorosa solidão. Hoje, eu sei que Deus me permitiu viver aquele período para eu poder desfrutar plenamente as alegrias de ser marido e pai.

Nesses dias, mais do que nunca, posso ser as mãos e os pés de Jesus — tanto na estrada quanto em casa —, pois, ao compartilhar o evangelho, minha família é minha responsabilidade principal. E, quando viajo, minha mente muitas vezes vagueia até minha mulher e meus filhos em casa. Só quero estar com eles no santuário do nosso lar, onde podemos simplesmente estar juntos, pois amo a solitude da família e me deleito em seu amor.

Muitas vezes, emociono-me até as lágrimas quando vejo um filho abraçando o outro ou Kanae, a dona do coração dos três homens que a veneram. Neste ano, minha mulher e eu conversamos sobre termos uma filha para ajudar um pouco a equilibrar os lados, mas pretendíamos esperar alguns anos para recuperar o fôlego. Porém, Deus tinha outras ideias e nos abençoou em dobro com gêmeas que devem chegar em breve. Cuidado com aqueles que pedem uma porção dobrada de bênçãos para a sua família!

Tornar-se pai pela primeira vez — e, é claro, todas as vezes que isso acontece — traz muitas surpresas e revelações. Quando encontrei Kanae e casei com ela, tive a impressão de ter amadurecido para a vida. Filhos, no entanto, dissipam rapidamente esse tipo de ilusão, pois eles lhe mostram que você não é tão sábio, paciente, cheio de energia e corajoso como pensava. Em outras palavras, eles nos ensinam a humildade.

A cada dia sou forçado a reconhecer que, antes de ter uma família, eu vivia num mundo unidimensional e não sabia o que eu não sabia, mas agora aprendo algo novo todos os dias.

Sem a sabedoria, a paciência, a energia e a força de Deus, eu não tenho como saber como os pais conseguem superar cada dia. Tenho orado mais do que nunca na minha vida, buscando megadoses de todos esses atributos desde que entrei nessa maravilhosa, e à vezes maluca, aventura da paternidade.

A PIOR DOR

Já fui a público muitas vezes para confessar minha aversão à dor. A paternidade, contudo, ensinou-me que existe algo muito, muito pior do que a minha dor — ver um de meus filhos sofrer. Nada me faz sentir mais indefeso e em pânico do que quando um dos nossos meninos chora e nós não sabemos o que está errado.

Estávamos em Dallas, em novembro de 2014, visitando a mãe de Kanae, quando Kiyoshi, nosso menino feliz que gosta de dançar e cantar, aos vinte meses de repente começou a gemer na sua cama. Quando corremos para o lado dele, ele parecia estar sofrendo de uma dor esporádica intensa numa área especialmente delicada de seu corpo.

Ele segurava seu pipi e gritava por dois ou três segundos; então a dor passava e ele ficava bem. Ficamos alarmados, é claro, mas não conseguíamos descobrir o que causava aquela agonia. Reviramos suas roupas procurando alguma coisa que pudesse pinicá-lo ou que fosse abrasiva, mas sem sucesso.

A primeira vez em que isso ocorreu foi às 2 da madrugada. Ouvimos quando ele gritou, corremos até ele e não conseguimos identificar a causa da sua dor. Kanae ficou ao lado da cama e o confortou até que ele voltasse a dormir, mas, alguns minutos depois, ele estava acordado, gritando novamente.

Num minuto ele estava bem e no próximo estava gritando. Quando os episódios se tornaram mais frequentes — nós os cronometramos e eles estavam ocorrendo a cada sete minutos — levamos Kiyoshi ao pronto-socorro, mas os médicos também ficaram intrigados, pois àquela altura, os eventos estavam acontecendo a cada três minutos. Fizeram todos os tipos de teste, depois de lhe aplicarem morfina para aliviar a dor. Morfina? Meu pequeno bebê?

Mesmo depois disso, passaram-se oito horas até que ele se acalmasse. Ele estava exausto, assim como seus pais, e resolvi então ligar para minha mãe, por causa de sua experiência como enfermeira, deixando-a bastante preocupada, mas não havia muito que ela pudesse fazer, porque ela e meu pai estavam em um cruzeiro. Ela chorou por não poder estar conosco naquele momento, mas foi uma bênção estarmos em Dallas e cercados pela família de Kanae, uma grande fonte de consolo e apoio.

Oramos e pedimos a todos que conhecíamos que orassem conosco. Além disso, milhares, talvez dezenas de milhares de meus seguidores no Facebook também oravam por Kiyoshi. Os médicos do pronto-socorro disseram que os exames não revelaram nenhum problema, então levamos Kiyoshi de volta para a casa de sua avó sem saber a origem de suas crises. Colocamos o bebê em sua cama e, mal havíamos sentado, quando ele começou a chorar novamente. Voltamos correndo para o hospital, onde lhe deram mais analgésicos e o internaram naquela mesma noite.

ASSIM EU OS CONSOLAREI

Nosso Pai celeste viu seu Filho sofrer na terra, por isso sei que ele entende que ter um filho com dores é uma das piores experiências para um pai, quando cada um de seus instintos é proteger e confortar o filho. A passagem das Escrituras "Deixem vir a mim as crianças e não as impeçam; pois o Reino dos céus pertence aos que são semelhantes a elas" (Mt 19:14) não saía da minha mente.

Pedi a Deus que aliviasse a dor de Kiyoshi e ajudasse seus médicos a encontrar tanto a causa quanto a cura, e também pedi sua misericórdia e força. Sei que Deus tinha um plano, embora não fizesse ideia de qual fosse, mas eu tinha de confiar pela fé que havia um propósito maior do que eu conseguia enxergar em tudo aquilo.

Romanos 5:3-4 diz que podemos nos alegrar enquanto suportamos o sofrimento, sabendo que ele produz perseverança, caráter e esperança. Primeiro orei: *Senhor Deus, pare a dor, e se não quiser parar, por favor ajude os médicos a descobrirem o que é para que possam ajudá-lo.* No meu espírito, havia agora essa nova profundidade de gemidos que eu nunca havia sentido antes em minha vida. Quando era criança, às vezes eu vivia no mundo dos solitários porque era tão diferente. Em algumas ocasiões parecia que minha vida era mais dura do que deveria ser, mas essa vida significa que o bom pode ser melhor e, sim, que, às vezes, o que é ruim pode ser pior.

Os vales ficam mais profundos à medida que as montanhas ficam mais altas, mas entre os altos e os baixos é onde acontece nosso crescimento em maturidade e fé, pois nosso caráter é forjado e nos lembramos de como Deus foi fiel no passado.

Penso que Deus permite que nos sintamos fracos e perdidos para que sejamos lembrados de que toda força e orientação vêm dele. Se a vida fosse um mar de rosas e fôssemos totalmente autossuficientes, jamais pensaríamos em pedir sua ajuda. Fomos criados para depender de Deus a fim de podermos crescer nele e seguir seu caminho para viver plenamente, e ele quer que falemos e andemos com ele todos os dias.

Deus nos conduz por períodos bons e ruins a fim de que aprendamos dele e sigamos sua Palavra. Eu passo tempo com Deus todos os dias, porém, reflito e medito mais nos dias ruins do que nos bons porque preciso ser atraído para mais perto dele.

Meu maior desejo como filho do meu Pai celestial é conhecê-lo, crescer nele e aceitá-lo para que ele me aceite. João 15:6 diz que todo aquele que não aceita Jesus "será como o ramo que é jogado fora e seca. Tais ramos são apanhados, lançados ao fogo e queimados". Eu prefiro evitar ser transformado em graveto para uma fogueira, muito obrigado.

ANGÚSTIA PATERNAL

Todas as orações por Kiyoshi pareciam ter dado resultado, porque um dia depois de aquela dor surgir tão misteriosamente ela desapareceu de modo igualmente misterioso. Nós o levamos para casa e ele não mais a sentiu.

Kiyoshi recuperou rapidamente seu bom humor habitual. Nesse ínterim, sua mãe e eu nos angustiamos durante semanas por não saber a origem da sua misteriosa dor. Foi o nosso primeiro grande susto como pais, e foi difícil superá-lo.

Durante certos momentos naquele hospital, nosso pequeno filho tinha um cateter em seu corpinho para receber morfina e, ainda assim, continuava chorando por causa da intensidade da dor. É difícil para um pai superar isso.

Eles fizeram exames de sangue e também fizeram com que ele bebesse 250 mililitros de fluido em trinta e cinco minutos, enquanto se contorcia de dor. Pensamos que todo esse trauma e essa dor o marcariam por toda vida, pois durante um ano inteiro ele se apavorava quando via um médico. Sei que isso deixou marcas traumáticas em Kanae e em mim, que levaram algum tempo para sarar.

Algumas semanas mais tarde, nós ainda estávamos revivendo aquilo, tanto que ambos pulamos da cama no meio da noite, imaginando ter ouvido Kiyoshi chorar, só para perceber que havíamos sonhado. Os pais gostariam de absorver toda dor que aflige seus filhos, ou seja, eles gostariam de transferi-la para seu próprio corpo a fim de aliviá-los.

Essa experiência me ofereceu um pequeno vislumbre do que meus pais devem ter passado quando os médicos foram de pouca ou nenhuma ajuda para eles depois que nasci. Nenhum deles jamais havia visto uma criança assim, e ninguém fazia ideia do que fazer comigo além de me levar para casa e orar pelo melhor. E eles conseguiram!

Assim que meu pai e minha mãe se recuperaram do choque, entregaram seu medo e suas inseguranças a Deus, pedindo que ele lhes fortalecesse e orientasse, e assim Deus o fez. Eu sempre achei que eles eram bons pais, mas agora que eu mesmo sou pai, meu respeito e meu afeto por eles crescem a cada dia.

DORES DE CRESCIMENTO NA FAMÍLIA

O seu exemplo de vida na fé, rendendo-se à vontade de Deus e confiando na força do Espírito Santo, deram-me um alicerce de fé poderoso. Vê-los caminhando na fé também me convenceu de que eu não podia ter um propósito maior do que ajudar outros a aceitarem Jesus Cristo como seu Salvador — porque não há outro poder e outra esperança em nossa vida além de Jesus.

Tenho orado mais do que nunca porque desejo ser um pai digno, alguém que reflete a bondade e a sabedoria de Deus. Observar Kanae com Kiyoshi tornou-se rapidamente meu passatempo favorito. Ela é uma mãe maravilhosa, que se dá e cuida de forma tão natural; e a cada dia vejo nosso filho reagindo ao seu amor. O laço entre eles é incrível, e eles têm acrescentado muito à minha vida.

Fiquei muito animado quando Kanae engravidou de novo, porque ela tem tanto amor para oferecer. Mais uma vez, ela surpreendeu a todos nós com outra gravidez sem quaisquer sintomas negativos, praticamente sem diminuir seu ritmo. As coisas ficaram meio malucas pouco antes do parto, e a pessoa que veio aplicar a peridural em Kanae me deixou preocupado. Por um momento pensei que estivesse num daqueles programas de televisão com "pegadinhas", em que escondem uma câmara de vídeo para registrar sua reação a um trote ou acontecimento esquisito.

Por volta das 4 da manhã, aquele sujeito alto, magro e meio desajeitado entrou. Tive imediatamente a impressão de que ele nunca havia estado num hospital antes, pois ele continuava trombando nas coisas como um touro na sala de cirurgia. Pegava instrumentos e os deixava cair, fazendo uma porção de barulho desnecessário e, então, quase tropeçou nos tubos e cabos na cama de Kanae.

Sério, procurei por câmaras escondidas, achando que alguém estivesse fazendo uma brincadeira comigo! Eu não queria dizer nada que pudesse ofendê-lo, mas pensava: *Caramba, será que esse indivíduo é um impostor?* Finalmente concluí que ele devia estar com falta de sono, em razão da hora adiantada, e dei-lhe o benefício da dúvida, mas fiquei contente por ele não estar na sala de parto naquelas condições.

DOIS MENINOS DIFERENTES

Quando Kanae foi ao hospital para dar à luz Dejan, sua mãe, Esmeralda, veio para tomar conta de Kiyoshi. Depois do nascimento de Dejan, ela ainda ficou para ajudar enquanto Kanae se recuperava. Ficamos muito gratos por seu auxílio naquele mês, pois, durante esse período, nós tivemos outra grande crise familiar após ouvir o diagnóstico de câncer do meu pai. Normalmente, minha mãe e minha irmã Michelle teriam ajudado Kanae com o novo bebê, mas imediatamente elas tiveram que se concentrar na doença de meu pai.

Dejan provou ser um bebê descomplicado, que não precisava de muita atenção extra. Ele foi menor do que Kiyoshi em cada estágio, mas nunca para de comer e sempre quer mais e mais, de modo que provavelmente um dia alcançará seu irmão mais velho. Ele é mais ousado do que nosso primeiro filho Kiyoshi, que não fazia muita questão de ir à praia quando bebê porque não gostava da textura da areia. Nosso segundo filho, diferentemente, corre para a areia e então a empurra para dentro da sua boca com a pá se nós não o impedirmos.

Kiyoshi sempre foi muito tranquilo. Ele ama ouvir música, e, em nossa opinião, ele será um astro do rock ou então um sério compositor, pois já entretém pessoas estranhas com histórias sobre sua coleção de vinis. Dejan é mais ativo, e é bem provável que ele seja nosso skatista ou paraquedista profissional. Não ria. Kanae e eu saltamos de paraquedas juntos e ela já fazia isso sozinha mesmo antes de me conhecer!

Dejan herdou nossos genes de assumir riscos, e, assim que começou a andar, não podíamos mais tirar nossos olhos dele. Bastavam alguns segundos de distração que sua mão já estava dentro do vaso sanitário ou ele estava tentando sair. Ele reclamava quando não conseguia abrir uma porta para escapar de nós.

Eu costumava pensar que meu pai havia sido superprotetor, mas, bem, eu acabei protegendo meus meninos mais ainda. Se eu pudesse amarrá-los e sentar em cima deles o dia todo, eu o faria!

Li que o segundo filho aprende com o primeiro e em geral começa a andar e a falar mais cedo, o que realmente parece ser verdade. Eu não presenciei os primeiros passos de Kiyoshi porque estava viajando quando isso aconteceu.

Fiquei muito grato e profundamente comovido quando Dejan rolou no chão perto de mim, pôs suas mãos no meu peito e levantou sozinho pela primeira vez. Eu não teria ficado surpreso se ele fizesse uma dancinha da vitória, pois pareceu muito satisfeito consigo mesmo.

A chegada de Dejan a este mundo duplicou o amor na minha vida e duplicou minha determinação de ser um bom cristão, um bom marido e um bom pai. Não demorei a aprender que dois filhos exigem dez vezes mais trabalho do que um, e, sob alguns aspectos, estávamos mais preparados e menos estressados porque já havíamos passado por essa fase com o primeiro bebê. Fiquei impressionado, porém, pelo fato de Kanae parecer estar carregando a maior parte da carga quando se tratava dos meninos.

Nós brincamos dizendo que minha mulher *só* consegue fazer dez ou doze coisas ao mesmo tempo. Ela parece ter superpoderes de mãe, pois percebe cada necessidade, ouve cada choro e corre para o resgate sempre que um deles cai ou flerta com o desastre, e faz tudo isso de forma calma, tranquila, serena e sem jamais se queixar.

Quando Esmeralda voltou para Dallas, contudo, percebi que Kanae estava tendo dificuldade de cuidar dos meninos e das tarefas domésticas, isso sem falar em seu exigente marido. Parecia que ela sempre tinha um bebê nos braços e dois macacos correndo pela casa — Kiyoshi e eu. Isso me preocupava, porque eu queria aliviar seu fardo, e não aumentá-lo ainda mais.

UMA CRIANÇA ME GUIARÁ

Quando Kanae engravidou pela primeira vez, lembro-me de ter pensado que, a partir de então, eu seria responsável por ensinar os valores cristãos ao meu próprio filho e, ao mesmo tempo, serviria como seu guia espiritual. Mal sabia eu que seriam os meus filhos a me ensinar tanto a respeito de mim mesmo.

Na função paternal, somos rapidamente confrontados com nossas fraquezas e falhas. Sou muito abençoado por ser pai, mas, ao mesmo tempo, nunca me senti mais humilde, e penso que isso também é parte do plano de Deus.

Durante minha infância até o começo da adolescência eu orava para que Deus me desse braços e pernas. Entretanto, desde o momento em que Kanae entrou em minha vida, praticamente parei de pensar na minha falta de membros. Quando vi que seu amor por mim era cego para minhas deficiências, aceitei a mim mesmo mais do que jamais o fizera antes.

Pensei: se uma mulher tão linda e amorosa é capaz de me amar, alguém sem membros, porque mexer com uma coisa boa? Eu ainda guardava sapatos no meu armário caso Deus decidisse me conceder um milagre, mas ter o amor de uma mulher maravilhosa tranquilizou minha mente mais do que qualquer coisa.

No entanto, desde o nascimento de Dejan, vi aqueles sentimentos latentes de inadequação se insinuar. Eu costumava desejar membros para ser independente e mais parecido com a maioria dos seres humanos, mas agora, é porque eu realmente quero ajudar as crianças. Conforme indica o título deste livro, penso que, na condição de evangelista cristão, posso servir como as mãos e os pés de Deus em todo o mundo, mas também quero fazer isso em casa, como pai.

Quero representar Deus e a fé para meus filhos, quero ser um pai que põe a mão na massa tanto quanto possível. Durante o primeiro ano de vida de Dejan, várias vezes senti como se não estivesse fazendo o suficiente para ajudar minha esposa. A maioria dos pais consegue interferir e levantar um bebê ou correr atrás de uma criança pequena quando sua mãe está ocupada, e eu queria fazer todas as coisas, mas não tinha os membros que levantam e correm atrás.

Quando eu ainda era solteiro, adaptei-me para fazer quase tudo sozinho, e também tinha cuidadores que moravam comigo e me ajudavam naquilo que estava além do meu alcance. Depois de casarmos, Kanae e eu decidimos não ter mais cuidadores porque isso limitava nossa privacidade. Minha mulher entrava em ação sempre que eu precisava de assistência e era muito amorosa e prestativa, e minha preocupação em estar exigindo demais dela sossegou quando Kiyoshi nasceu e sofreu de cólicas.

Essa foi a primeira vez em que fui testado na função de pai. Eu pensava que conseguia lidar com quase tudo, mas seus gritos de agonia deixaram-me em desespero durante muitas noites insones. Kanae foi tão mais forte, teve tanta empatia e desprendimento que me senti envergonhado.

Cometemos um erro de iniciantes durante a doença dele, trazendo-o para nossa cama conosco para acalmá-lo. Então, ele se acostumou a dormir conosco, o que não era bom. Se o colocássemos na sua própria cama, ele não parava de chorar e não conseguíamos fazer com que ele dormisse a noite toda.

Kanae nunca se queixou, mas nós dois vivíamos como zumbis por não conseguirmos dormir direito. Eu me sentia culpado por não poder levantar e ajudar Kanae quando Kiyoshi ficava irrequieto e precisava de colo. Conseguimos uma faixa de bebê que eu conseguia usar nos meus ombros para segurá-lo, mas Kanae tinha de colocá-lo dentro da faixa, e eu não conseguia aquietá-lo como sua mãe, nem conseguia trocar suas fraldas, nem dar banho nele.

Confesso que não suporto ouvir o choro de bebês, especialmente os meus, pois, quando isso acontece, fico louco porque não consigo levantar e confortar meu filho em seu desespero. Assim, acabei me retirando para um canto bem distante onde podia ouvir os gritos, e então eu me perguntava se estava sendo um mau pai.

Por fim, treinamos Kiyoshi para dormir em sua própria cama. Mal estávamos conseguindo colocar nosso sono em dia, quando Dejan chegou e trouxe novos desafios. Percebi que, quando Kanae parava para me ajudar, ela também deixava de cuidar dos nossos filhos e de atender às necessidades deles.

Eu queria ser um pai cooperante, tirar a mesa, guardar os restos das refeições, levar o lixo para fora, arrumar a bagunça dos meninos e levá-los para brincar na piscina, mas existem tantas coisas que não posso fazer. Kanae estava carregando todo o fardo da parentalidade, e, além disso, mal tínhamos tempo suficiente juntos para nos dedicarmos um ao outro.

Assim tomamos providências para aliviar a carga dela e termos mais tempo para nós. Contratamos uma pessoa para ser empregada e babá, e começamos a sair em algumas noites predeterminadas no intuito de manter fortes nosso relacionamento e nossa amizade.

Preciso confessar, no entanto, que embora aqueles encontros tenham tido intensões românticas, momentos nos quais poderíamos nos olhar nos olhos e expressar pensamentos amorosos, eles acabaram sendo noites de jantar e cinema. E continuávamos dizendo: "Da próxima vez, vamos apenas jantar e conversar", mas aí um bom filme era lançado e a gente acabava na frente da telona. Prometo que vamos nos esforçar nesse sentido.

Atuando como marido e pai, percebi que preciso mais de Deus na minha vida, pois percebo mais fraquezas onde gostaria que houvesse força e preciso de mais paciência, mais empatia, mais energia e, sim, mais sono! Entretanto, preciso ainda mais de Deus para me sustentar, pois sinto mais estresse ao prover todas as necessidades da família enquanto sirvo ao propósito que Deus me deu, de inspirar e trazer esperança a outros e de levar o maior número possível de pessoas para o aprisco de Jesus.

Enquanto eu era solteiro, nunca entendi o que os casais queriam dizer quando afirmavam que o casamento é um trabalho árduo. Eu pensava que ser solteiro era difícil, e parecia que ter uma esposa amorosa seria o paraíso! Honestamente, é assim que eu me sinto na maior parte do tempo, agora que tenho uma mulher e uma família.

Amo estar casado, e sou muito grato por ter dois filhos saudáveis. Contudo, aprendi que o trabalho de estar casado com filhos resume-se a lembrar de ser grato pelo outro e fazer o que puder para manter o romance vivo.

O desafio é que podemos ficar presos nas demandas do dia a dia da paternidade e da vida adulta. Há tanto a fazer e tantas coisas exigem mais do seu tempo que é fácil apenas reagir e responder até cair de exaustão no fim de cada dia.

Você não pode simplesmente se encostar e achar que seu relacionamento é algo garantido, pois é fácil deixar os ressentimentos aumentarem no casamento e também no ambiente familiar. Sendo pais e um casal, precisamos manter abertas as linhas de comunicação e deixar nossa fé em primeiro plano na nossa vida.

ENCONTRAR O EQUILÍBRIO

Meu dia a dia é mais complicado do que o da maioria das pessoas porque não tenho membros, e isso sempre é algo com que tenho de lidar. Estou acostumado com isso na maior parte do tempo, mas percebo que fico mais e mais ressentido à medida que nossos filhos crescem. Definitivamente, preciso da ajuda de Deus com isso.

Assim como fazem tantos outros pais e mães, eu também tenho que trabalhar administrando minha organização sem fins lucrativos *Life Without Limbs* [Vida sem membros], que cuida das minhas iniciativas cristãs de divulgação do evangelho, e meu empreendimento motivacional, *Attitude is Altitude* [Atitude é altitude], responsável por meus compromissos como palestrante corporativo e educacional.

Sempre estamos procurando novas maneiras de atingir públicos maiores e ter um impacto maior com as duas entidades. Agora que tenho uma família, estou muito interessado em usar mídia social e tecnologias como webcasts para não precisar viajar com tanta frequência ou para não ficar tão distante da família.

SUBA A BORDO DO VUJIBUS

Uma bênção que surgiu inesperadamente é o VujiBus, nosso novo "calhambeque" de lazer. Kanae e eu já vínhamos conversando faz um bom tempo em busca de descobrir como viajar juntos a trabalho e de férias sem zerar nossa conta bancária. Estávamos preocupados com o aumento constante das despesas nas viagens aéreas com a família. Se eu levar minha melhor cadeira de rodas, que é a mais confortável e a mais difícil de transportar, preciso reservar um assento só para isso. Se meu cuidador vier junto, isso significa mais uma passagem de ida e volta. Assim, muitas vezes tínhamos de pagar seis passagens toda vez que viajávamos de avião.

Havíamos considerado a ideia de adquirir um trailer suficientemente grande para levar todos em viagens de férias e até mesmo em algumas viagens de trabalho. Ficamos inspirados pelo veículo que nos fora emprestado para uma turnê em 2015. Passamos por nove países em dez dias durante essa viagem, a maior parte dela nesses ônibus gigantes que são muito espaçosos e confortáveis.

Pensamos que esse seria um jeito menos dispendioso e menos complicado de viajar e que me permitiria levar Kanae e os meninos tanto em viagens de negócios como em viagens de férias. Não posso dirigir, mas pensamos que meu cuidador poderia assumir o volante enquanto Kanae e eu curtíamos as crianças. Procurei por um ônibus usado na Internet e percebi rapidamente que a maioria deles estava fora do nosso alcance.

Eu já havia quase desistido da ideia, quando um amigo me contou sobre alguém que colocou à venda um ônibus 1995, que estava bem conservado, com apenas cento e dez mil quilômetros rodados, e que vinha com muitos acessórios e o preço pedido era cerca da metade do que eu havia visto até então.

A pessoa me ofereceu um ótimo negócio com essa estação sobre rodas. Para testá-lo, fizemos algumas viagens curtas até Santa Barbara e Ventura, e encontramos vários parques para esse tipo de ônibus em frente à praia na costa do Pacífico que oferecem vistas tão bonitas quanto as que encontraríamos em um hotel de luxo.

Nossa maior viagem até o momento foi para as montanhas do Colorado, onde visitamos amigos em seu maravilhoso chalé. Quando você viaja numa casa sobre rodas, pode curtir a paisagem, e, naquela viagem, nós fizemos algumas paradas em Utah, que tem lugares espetaculares para explorar a natureza.

Diesel não é barato, mas economizamos os custos das passagens aéreas, dos quartos de hotel e até mesmo dos custos dos restaurantes, porque podemos levar nossa própria comida para cozinhar a bordo ou em fogueiras de acampamentos. É como um condomínio de férias sobre rodas, bem como um escritório sobre rodas, porque posso trabalhar enquanto as crianças dormem.

MISSÃO DUPLA

Oro por equilíbrio em minha vida porque quero servir à minha família e ao meu Pai no céu. Minha missão e meu ministério nunca mudarão. Confiarei na sabedoria de Deus e passarei por todas as portas abertas no desejo de compartilhar meu testemunho de fé e falar de como Deus mudou a minha vida e a vida de inúmeras outras pessoas. Também tenho encorajado milhões de pessoas em minhas palestras motivacionais, abrindo mais portas para recrutar soldados para Cristo. Nos dez primeiros anos do meu ministério, atingi cerca de seiscentos milhões de pessoas nos lugares do mundo onde tive permissão de falar sobre minha fé em Jesus.

Nos últimos dez anos, esse público dobrou: atingi aproximadamente 1,2 bilhões de pessoas por meio de todas as plataformas, incluindo palestras, vídeos, webcasts, podcasts, eventos transmitidos ao vivo, mídia social e cobertura de televisão.

Continuo sendo o filho altamente ambicioso do meu pai na terra e também do meu Pai no céu, e minha meta é atingir sete bilhões de pessoas com meu testemunho de fé em Deus. Por certo, essa é uma meta bastante maluca, mas esperamos continuar dobrando nosso alcance a cada dez anos graças ao poder da mídia social, webcasts e outras oportunidades nas mídias nacionais.

Minha pequena equipe, porém determinada, tem se esforçado muito ao longo dos anos, mas estamos constantemente aperfeiçoando nossa estratégia. Ainda temos objetivos gigantescos, porém estamos usando nossos recursos de maneira mais sábia.

Definir o momento certo é um fator importante em cada decisão, é claro. O diagnóstico inesperado de câncer de meu pai serviu como lembrete de que cada dia é uma bênção. Hoje pode ser nossa última oportunidade de fazer diferença, de compartilhar gentilezas, de abraçar uma pessoa querida ou um estranho, ou de oferecer uma oração de gratidão.

Eu procuro nunca ir para a cama sem resolver conflitos ou discordâncias, sobretudo com minha mulher, porque talvez jamais haja outra chance de dizer-lhe que a amo e pedir-lhe perdão. Se não conseguimos resolver um problema antes de desligar a luz, decidimos que, no dia seguinte, essa será a primeira coisa que faremos. Quero dizer "boa noite" com paz em meu coração de modo que possa despertar para a alegria do próximo dia, esforçando-me para ser um marido, pai e, finalmente, um servo de Deus melhor.

MANTENDO O CONTROLE

De tempos em tempos eu me sinto sobrecarregado pela vida, com tanta coisa para cuidar. Sei que preciso de pausas para manter minha saúde, mas tenho listas de coisas a fazer e questões urgentes inesperadas que aparecem de repente e devoram grande parte do meu tempo. Mesmo quando eu deveria relaxar, estou sempre pensando no que mais precisa ser feito.

Distrações de trabalho roubam meu tempo com a família, mesmo quando estou com eles. Eu deveria estar disponível para eles mentalmente, e não apenas fisicamente, mas minha mente divaga e eu me desconecto deles. Isso não passa despercebido nem pelos meninos nem por Kanae, e me sinto mal quando isso acontece, poi preciso estar presente para eles de mente, corpo e espírito.

Conforme nos dizem as Escrituras, nossos filhos são uma herança do Senhor, e devemos nos dedicar a eles como mestres e exemplos de uma vida cristã guiada por nossa fé e pelos mandamentos divinos. Eu oro pela direção de Deus, pois preciso da ajuda dele para ser o melhor pai possível para nossos filhos e o melhor marido possível para minha esposa.

Quero inspirá-los com minha fé e um dia conduzi-los à vida eterna no céu. Estou no auge da vida agora, e parece ser uma época muito agitada. Sou grato por todas as bênçãos e oportunidades, e realmente sinto que, com a ajuda de Deus, não há limites para o que pode ser realizado como marido, pai, filho e guia espiritual.

Somos gratos por uma nova fase de maior estabilidade no ministério *Life Without Limbs*. Estamos implantando planos e estratégias de longo prazo graças a balanços financeiros sistemáticos, o que também me dá um novo grau de estabilidade em casa e quando viajo.

Sei que meus filhos realmente darão valor aos sacrifícios que fizemos pelo Reino. O maior desejo do meu coração é mostrar o quanto eles são amados ao manifestar meu amor pela mãe deles. Faremos o melhor possível para tentar achar o equilíbrio entre ensinar a Bíblia e mostrar a Bíblia em ação, pois queremos que eles vejam nosso amor genuíno a Deus e nosso amor mútuo incondicional como marido e mulher. Queremos ser uma família fundamentada na fidelidade e nas promessas de Deus.

COMO AS ESCRITURAS AJUDAM A SERMOS PAIS E MÃES MODELOS DE VIDA CRISTÃ

- Os filhos são herança do SENHOR, uma recompensa que ele dá. (Salmos 127:3)
- Instrua a criança segundo os objetivos que você tem para ela, e mesmo com o passar dos anos não se desviará deles. (Provérbios 22:6)
- Pais, não irritem seus filhos; antes criem-nos segundo a instrução e o conselho do Senhor. (Efésios 6:4)
- Que todas estas palavras que hoje lhe ordeno estejam em seu coração. Ensine-as com persistência a seus filhos. Converse sobre elas quando estiver sentado em casa, quando estiver andando pelo caminho, quando se deitar e quando se levantar. (Deuteronômio 6:6-7)

« 4 »

Fruto delicioso

Eu falo tanto sobre minha fé e sobre como Deus me dirigiu pelos desafios da minha vida que muitas vezes as pessoas se sentem encorajadas a compartilhar suas próprias histórias comigo. Suas histórias me lembram de que minhas deficiências não são nada perto das cargas que tantos outros carregam.

A jornada de fé de Xayvier Swenson está entre as mais inspiradoras que já ouvi. Somente uma pessoa com uma tremenda força espiritual teria resistido às repetidas crueldades e aos tormentos que ele sofreu.

Aos quarenta e poucos anos, Xayvier carrega muitas cicatrizes e ainda enfrenta desafios à sua saúde física e mental, mas, apesar de tudo que viveu, seu amor a Deus e sua dedicação ao crescimento espiritual são espantosos. Fui apresentado a Xayvier por um amigo em 2016 e logo de cara percebi que ele era uma figura única, encantadora e que sabe conversar muito bem apesar de ter passado por dificuldades consideráveis.

Fiquei surpreso por Xayvier sentir a mesma coisa com relação a mim. Na verdade, um dos comentários que ele deixou escapar foi: "Você é igualzinho a mim, só que sem braços e pernas!" Creio que ele quis dizer que, embora tenhamos enfrentado grandes desafios, perseveramos e crescemos na fé continuamente. Ainda assim, preciso dizer que Xayvier está entre os cristãos que me inspiram e diante dos quais a gente se sente pequeno, porque os obstáculos que eles venceram são muito maiores do que qualquer coisa que eu tenha passado.

Eu já disse várias vezes que crescer sem uma família amorosa provavelmente é uma das maiores dificuldades que uma criança pode viver. Xayvier nunca conheceu seu pai, e sua mãe, usuária de drogas, perdeu a custódia dele pouco depois de ele nascer. Ele a visitou apenas duas vezes quando era criança, e os dois encontros foram breves em razão do vício dela.

Depois de doze anos de silêncio, a mãe de Xayvier entrou em contato para ser ajudada por ele, então com dezoito anos de idade. Ela era uma pessoa sem teto com tendências suicidas, Xayvier encontrou um apartamento para ela e, depois, saiu para comprar mantimentos. Quando voltou, sua mãe estava injetando heroína, e ela então teve uma overdose e desmaiou. Ele chamou uma ambulância. "Essa foi a última vez que a vi", ele conta.

Quando criança, ele viveu em mais de trinta lares adotivos e abrigos, a maioria no norte da Califórnia. "Eu me mudei tanto que às vezes chegava a uma casa nova, acordava na manhã seguinte e, à noite, ia dormir numa casa diferente", lembra Xayvier.

Ele disse que sofreu abusos físicos e sexuais indescritíveis durante seus anos no sistema de adoção e que foi trancado em armários, surrado, queimado e molestado. Ele passou a maior parte de sua infância com medo de ser atacado, muitas vezes por aqueles que deveriam ser seus guardiães e protetores.

Na adolescência, Xayvier traficava drogas e andava com gangues de rua, e teve de se alistar no exército para evitar que acabasse na prisão. Ele se alistou no exército americano três meses antes dos ataques terroristas de 11 de setembro.

Enquanto treinava como paraquedista e se preparava para um salto, ele tropeçou sobre outro soldado, que caiu quando estava prestes a pular do avião. Xayvier também tropeçou e caiu do avião, batendo a cabeça na lateral da aeronave. Ele me contou que ficou inconsciente ao cair em direção à área de pouso.

"De algum modo meu paraquedas abriu. Se não, eu teria me espatifado no chão", lembra. Mesmo com o paraquedas, Xayvier teve um pouso muito duro, vindo a sofrer danos graves na coluna, nos quadris e na cabeça e tendo ficado viciado em analgésicos em decorrência desse acidente e de outros ferimentos que sofreu no Iraque. Depois de servir por quatro anos e meio, ele foi dispensado, mas seus problemas, ferimentos e vícios continuaram. Finalmente ele conseguiu se libertar dos analgésicos, mas Xayvier ainda luta. Depois de uma longa sequência de cirurgias para remendar seu corpo, agora ele usa uma cadeira de rodas para se deslocar.

Xayvier atingiu o fundo do poço quatro anos atrás, quando tentou cometer suicídio cortando seus pulsos. Ele foi salvo por um policial que, conforme soube mais tarde, era um cristão com o coração voltado a ajudar os oprimidos. O policial disse a Xayvier: "Consigo ver o Espírito Santo em você". Ele disse que Deus devia ter um plano maior para Xayvier, porque havia perdido quase todo o sangue de seu corpo.

Conheci Xayvier por intermédio de Karl Monger, um advogado veterano e cofundador do Projeto Raider, uma organização sem fins lucrativos que é dedicada a ajudar militares veteranos a fazerem uma transição tranquila para a vida civil. Xayvier contou-me que seu sonho era que o Espírito Santo trabalhasse por meio dele do mesmo modo que Deus trabalha por intermédio de mim.

Tendo passado por tantas provações e tribulações, Xayvier agarrou-se à fé cristã. Ele enfrentou muitos horrores quando era criança, mas um dos lugares mais seguros de que tem lembrança foi um lar adotivo administrado por adventistas do Sétimo Dia que viram que ele era batizado. "Desde então, Deus manteve minhas emoções e situações sob seu controle e me manteve vivo em circunstâncias nas quais eu não deveria ter sobrevivido", ele disse.

Xayvier descreveu sua fé como "algo plantado dentro de mim, um tipo de combustível que faz com que me sinta animado e energizado quando há pessoas espirituais por perto". Ele contou que houve ocasiões em que ele ficou bravo com Deus e outras nas quais ele quis acabar com a própria vida, porém, de alguma maneira, ele conseguiu continuar crescendo na fé apesar de tudo. Seu sonho agora é ajudar outras crianças abandonadas pelos pais e sem orientação, criando um pequeno ministério para mentoreá-las.

"Estou construindo isso a partir do zero, e as pessoas não fazem isso a menos que Deus lhes dê um propósito", disse Xayvier. "Passei a maior parte da minha infância sendo aterrorizado, mas agora quero ajudar outras pessoas e mostrar-lhes que podem perseverar independente do que lhes tenha acontecido".

VIVER NA FÉ EXIGE AGIR NA FÉ

Tiago 2:14-17 diz: "De que adianta, meus irmãos, alguém dizer que tem fé, se não tem obras? Acaso a fé pode salvá-lo? Se um irmão ou irmã estiver necessitando de roupas e do alimento de cada dia e um de vocês lhe disser: 'Vá em paz, aqueça-se e alimente-se até satisfazer-se', sem porém lhe dar nada, de que adianta isso? Assim também a fé, por si só, se não for acompanhada de obras, está morta".

Xayvier colocou sua fé em ação para superar desafios que poderiam tê-lo deixado revoltado e amargurado. Ele admite passar ainda por períodos escuros, no entanto, ele sempre optou por seguir a luz de Cristo. O segredo tanto para Xayvier quanto para todos nós é continuar crescendo na fé, mesmo quando passarmos por tempos difíceis, e isso requer que façamos mais do que orar, embora a oração certamente seja essencial. Você também precisa agir para construir sua força espiritual.

Não se deixe enganar pensando que dizer que é cristão é o mesmo que viver como um cristão. Mais especificamente, não diga que você ama a Deus no domingo para depois fazer coisas que machucam outras pessoas durante o resto da semana. Se você tem fé de verdade, tratará todas as pessoas com amor e respeito. Outros poderão ver sua fé em suas ações, isto é, verão que você cuida das pessoas em necessidade, visita os que estão sozinhos, oferece amizade aos que não têm amigos, cuida dos doentes e compartilha o que tiver com os que nada têm.

As três maiores bênçãos de Deus para mim são minha fé nele, o que significa que quero viver por ele e conhecê-lo; depois, minha família; e, finalmente, minha missão, que é amar a Deus e amar os meus próximos como amo a mim mesmo. Tudo envolve o amor para que as pessoas possam saber que Deus as ama, não importam as circunstâncias.

Quando você ora para que uma situação ruim mude e ela não muda, saiba que Deus continua amando você e irá carregá-lo e confortá-lo. Talvez você não entenda o que está acontecendo, por que está acontecendo e como isso pode melhorar, mas creia que Deus tem um plano.

Assim, dê um passo de cada vez na fé, crendo em algo que você não vê. Eu não podia fazer isso sozinho; tinha de orar. Eu precisava pedir que Deus me consolasse. Pedi a Deus: *Ensina-me três coisas. Ensina-me como orar, ensina-me como agradecer-te e ensina-me como confiar em ti.*

Quando você aprende como orar, aprende como agradecer a Deus e como confiar nele, você diz: *Deus, eu não sei o que tu tens para mim hoje, mas vou confiar em ti. Isso é difícil para mim, mas ajuda-me hoje.* Este é o milagre: saber que não estou sozinho porque tenho o amor incondicional de Deus, mas também é saber que Deus tem um plano para mim e que pode usar até as piores partes da minha vida para o bem. Muitas vezes, é nesse momento que os milagres acontecem.

Você não vai se importar quando a tempestade chegar, porque Deus lhe dará asas para voar por cima da tempestade. E quando as nuvens da sua tempestade não se afastarem, ainda assim você poderá carregar outra pessoa pela tempestade dela, o que é algo belo. Se Deus não mudar as suas circunstâncias, ele mudará seu coração, fazendo algo belo com seus cacos. Nós amamos a Deus ao observar seus mandamentos, ao tentar fazer o que ele deseja, ao amar nossos próximos como a nós mesmos (o maior de tudo). No entanto, você precisa amar a si mesmo antes de poder amar seu próximo como a si mesmo, isto é, você precisa saber a verdade sobre seu valor.

Cada pessoa que vem a Deus é um filho de Deus, e este é o Rei dos reis e Senhor dos senhores. Porque Deus é o Rei e nós seus filhos, isso faz de nós não apenas príncipes e princesas amadas, mas também embaixadores do seu reino e soldados de seu exército.

Você não precisa de braços e pernas para amar a Deus. Você não precisa de braços e pernas para amar seu próximo como a si mesmo. E você não precisa de braços e pernas para ficar na frente dos portões do inferno e redirecionar o trânsito.

SE VOCÊ NÃO CRESCER NA FÉ, ENCOLHERÁ

Talvez você não esteja consciente disso, mas pessoas que estão buscando crer irão observá-lo e registrar como você reage aos períodos mais difíceis da vida. Elas observam como você ama e trata os outros, e avaliam sua autenticidade pelo modo como você lida consigo mesmo e se vive de acordo com o que prega quando os dias são tenebrosos.

Ser um cristão no mundo moderno exige buscar continuamente a sabedoria e o apoio de Deus durante a vida toda, sobretudo em tempos de problemas e desespero. Quando eu era adolescente e entreguei minha vida a Jesus, depois de anos de dúvidas e questionamentos da vontade de Deus, eu o aceitei como minha esperança. Acredito que você precisa continuar crescendo na fé ao alimentar seu espírito com a Palavra de Deus, pois isso renova nossa mente e nos dá a coragem de fazer o que ele quer que façamos.

Quando você se recusa a abrir mão de suas crenças espirituais, demonstra que ama a Deus e quer servi-lo. Nossa carne é fraca e somos facilmente distraídos. Mesmo assim precisamos passar tempo com Deus todos os dias, pois ele não irá abrir nossa Bíblia para nós, mas quer que leiamos sua Palavra diariamente.

Esse é uma forma de continuar crescendo como cristão. Sei que posso ler o mesmo capítulo da Bíblia por seis dias seguidos e aprender ou experimentar algo novo a cada dia, principalmente porque Deus quer que meditemos nas Escrituras para aplicar suas lições em nosso dia a dia.

Na minha adolescência, aprendi sobre nove qualidades — o fruto do Espírito — que nos ajudam a continuar crescendo na fé. O apóstolo Paulo descreveu o fruto do Espírito em Gálatas 5:22-23: "Mas o fruto do espírito é amor, alegria, paz, paciência, amabilidade, bondade, fidelidade, mansidão e domínio próprio".

Fomos ensinados que, quando nossas ações são guiadas por todas essas qualidades, mostramos ao mundo que abrimos mão do nosso modo egoísta de viver e dos desejos pecaminosos. Quando nossa vida diária é marcada por amor, alegria, paz, paciência, amabilidade, bondade, fidelidade, mansidão e domínio próprio, demonstramos que o Espírito Santo está agindo por intermédio de nós porque entregamos nossa vida a Jesus Cristo.

Você não consegue fazer nada bom sem Deus, e a beleza disso é: porque Deus é amor, e estou com o amor de Deus, eu também posso amar. Deus me concede o fruto do Espírito e, por me amar, isso me confere significado e propósito. Os nove frutos são parte da natureza divina de Deus e provêm do seu Santo Espírito. Então vamos examinar cada um deles e como podemos aplicá-los ao nosso caráter e à nossa jornada de fé.

AME O SEU PRÓXIMO

Eu era um adolescente quando comecei a falar a grupos de jovens em igrejas e frequentemente discorria sobre os nove frutos do Espírito Santo, incorporando-os às minhas palestras assim como havia me esforçado para incorporá-los à minha vida. Por exemplo, quando comecei a dizer aos adolescentes na plateia que eu os amava incondicionalmente, assim como Deus os ama, o impacto foi além de qualquer coisa que eu pudesse ter esperado.

Garotas, rapazes, professores, pais — sem exceção, todos ficavam com lágrimas nos olhos. Alguns limpavam os olhos abertamente, mesmo indivíduos grandes e fortes! E, depois das palestras, eles formavam filas para me darem um abraço. Eu sempre fico surpreso e grato quando adolescentes ficam ansiosos por me abraçar, pois eles me lembram do quanto todos nós queremos ser amados e valorizados.

Muita gente tem o coração dolorido porque nunca alguém lhe disse que os ama. Meus pais me diziam quase todos os dias que me amavam, mas eu não havia percebido o tamanho desse presente até dizer a mesma coisa aos outros. Muitos disseram que jamais haviam ouvido alguém lhes dizer isso e ficam muito agradecidos.

Jesus nos ensinou que devemos amar a Deus antes de podermos de fato amar os outros, o que é o maior mandamento. Demonstramos nosso amor a Deus ao ler a Bíblia e, então, vivermos de acordo com ela, o que significa tratar a todos com gentileza e compaixão, mesmo aqueles que não gostam de nós e tentam nos ferir. Podemos mostrar nosso amor a Deus e aos outros ao nos voltarmos para os que estão em necessidade. Alimentar os famintos e cuidar dos doentes são grandes atos de amor, mas até mesmo estar disposto a ouvir ou passar tempo com alguém que está sozinho é um ato de serviço cristão.

PARA QUE A SUA ALEGRIA SEJA COMPLETA

Ver meus filhos brincarem é um dos meus maiores prazeres. Antes eu pensava que o papel dos pais era ensinar seus filhos, mas agora que sou pai entendo que tenho muito a aprender com eles. Uma das lições que eles me ensinaram é que nascemos com alegria em nosso coração, e vejo isso no modo como brincam e expressam seu amor pelo outro, por sua mãe e, sim, até por seu pai. Sorte minha!

O desafio que enfrentamos ao nos tornarmos adultos é conservar essa alegria em nosso coração, e a fé é o segredo para isso! Na verdade, minha fé me ofereceu acesso a níveis de alegria que eu provavelmente jamais experimentaria sem Jesus Cristo como Salvador.

Meus pais esperaram sentir alegria quando do nascimento de seu primeiro filho, mas, em vez disso, ficaram chocados quando nasci sem membros. Eles experimentaram desgosto, medo, culpa e preocupação no lugar da felicidade habitual, porque não sabiam como criar um filho com deficiências tão graves.

Com o tempo, suas reações negativas iniciais se tornaram mais positivas quando viram meu espírito alegre desabrochar enquanto eu crescia. Deus não me deu membros, mas no lugar deles instilou em mim uma crença irrefreável de que poderia fazer qualquer coisa. Na minha inocência, aceitei a vida como ela me fora apresentada. Faltavam-me braços e pernas, mas não me faltava a capacidade inata de abraçar oportunidades e aventuras.

Naturalmente tive de me adaptar a um mundo que espera que cada um de nós tenha todos os membros, mas, com a ajuda da minha família, ultrapassei todas as expectativas e venci minhas limitações. Somente mais tarde, quando entrei na adolescência, fui conscientizado das minhas deficiências, do meu corpo "diferente" e do fato de que jamais jogaria futebol profissional ou faria tantas outras coisas normais.

Descobrir isso inicialmente abafou um pouco meu entusiasmo, mas minha alegria voltou quando percebi que Deus me criara para inspirar e dar esperança a outros. Quando comecei a viajar pelo mundo para fazê-lo, uma das revelações mais espantosas é que existe alegria mesmo nos cantos mais pobres, mais necessitados e mais desesperados do mundo.

Em Mumbai, na África e em outros lugares, vi meninos e meninas rindo e dançando em orfanatos, guetos e bairros pobres. Eles me ensinaram que a alegria vem de dentro, enquanto que para os cristãos ela vem da fé em Deus e da certeza de vida eterna ao lado dele.

Estou convencido de que aqueles que seguem a Jesus encontrarão um contentamento profundamente enraizado, do tipo que permite que você durma bem à noite, sabendo que seu foco está naquele que nunca muda e continua o mesmo, ainda que, suas próprias circunstâncias estejam num turbilhão. Aprendi que se eu me concentrar em Jesus e em servir as outras pessoas, minha felicidade não pode ser sufocada.

Se o seu coração está paralisado pelos acontecimentos e pelas situações além do seu controle, não se entregue; em vez disso, peça que Deus restaure sua alegria, pois quando fazemos de Jesus a prioridade da nossa vida, não há nada que não possamos superar. Neemias 8:10b diz: "A alegria do SENHOR os fortalecerá".

Quando a minha vida está no fundo de um vale, o que tem sido frequente nos últimos tempos, lembro-me do Salmo 64:10: "Alegrem-se os justos no SENHOR e nele busquem refúgio". Se isso não animar o meu espírito, minha providência seguinte é tentar levar alegria à vida dos outros. Levantar o ânimo de outra pessoa muitas vezes levanta o meu, e, ainda que eu continue lutando, sei que coloquei minha fé em ação e que no final ela dará fruto.

BEM-AVENTURADOS OS PACIFICADORES

Os recentes desafios na minha vida lembraram-me de que a única paz verdadeira é encontrada quando você tem um relacionamento com Jesus Cristo. Somente ele pode protegê-lo e guiá-lo pelos períodos mais difíceis, até porque o único caminho para a paz duradoura passa por Deus. A Bíblia nos diz que "ele [Deus] é a nossa paz".

Pouco antes de morrer na cruz, Jesus disse algo semelhante aos seus seguidores: "Neste mundo vocês terão aflições; contudo, tenham ânimo! Eu venci o mundo".

Eu não tinha paz de espírito até deixar Deus entrar em meu coração. Manter essa paz e poder acessá-la sempre exige oração ao longo de cada dia para que eu continue crescendo na fé e sirva de exemplo cristão. A paz de Deus — saber que ele está aqui por nós, saber que posso me alimentar da sua força e saber que a vida eterna no céu me aguarda — muitas vezes é a única coisa que me carrega por tempos de escuridão e desespero.

Em meu podcast sobre paz, falo sobre um dos meus hinos favoritos, *Sou feliz com Jesus*, que foi escrito em 1873 pelo advogado Horatio Spafford depois de suas quatro filhas morrerem no naufrágio de um transatlântico. Na verdade, ele escreveu a letra enquanto velejava até a Inglaterra para recuperar os corpos delas, o que é uma das coisas mais tristes que posso imaginar. Ainda assim, Spafford foi capaz de encontrar paz por meio da sua fé, como expressou neste hino.

> Se paz a mais doce eu puder desfrutar
>
> se dor a mais forte sofrer,
>
> oh, seja o que for, tu me fazes saber
>
> que feliz com Jesus sempre sou!
>
> Sou feliz com Jesus!
>
> Sou feliz com Jesus, meu Senhor!

Toda vez que preciso de paz porque alguma coisa traz perturbação à minha alma, penso nestas palavras: "Sou feliz com Jesus", e imediatamente sinto paz. As palavras me lembram de que, porque eu conheço Jesus, o Espírito dele reside em mim e sua paz está disponível para mim. Convido você a se lembrar disso quando estiver necessitando de paz.

A PACIÊNCIA PRODUZ FRUTO

Kanae cresceu trabalhando com seu pai, que estava no ramo de viveiros e paisagismo para, mais tarde, abrir um negócio de criação de peixes no intuito de poder passar mais tempo em casa. Já falecido, Kiyoshi, homônimo de nosso primeiro filho, foi ao México por causa de seu trabalho como especialista em agricultura. Ele conheceu a mãe dela, Esmeralda, num viveiro de plantas que pertencia a japoneses e onde ela trabalhava como secretária.

Por isso minha mulher tem o dom da jardinagem em seu DNA. Ela tem dois dedos verdes! Ela criou e agora cuida de um enorme jardim na colina que fica atrás da nossa casa, onde plantou todo tipo de flores e plantas, além de vegetais e frutas de todas as variedades. Fico impressionado com a paciência dela no jardim: ela planta sementes e depois as rega todo dia, esperando que o sol as alimente e faça as plantas brotarem.

Seus cuidados com o jardim lembram-me de que preciso ser paciente em meu próprio trabalho enquanto planto sementes de fé e espero que cresçam. Oro para que essas sementes sejam alimentadas nos milhões de pessoas em todo o mundo que compareceram às minhas palestras e assistiram aos meus vídeos.

Paciência não vem de berço, mas, desde que me tornei um marido e pai, tive de consegui-la definitivamente. Quando nosso primeiro filho nasceu, um amigo de longa data disse-me: "Agora você terá de se apressar e aprender a ser paciente!" Ele estava brincando, mas também disse a verdade. Fui um indivíduo solteiro por muito tempo, e Kanae e eu estávamos casados há apenas um ano quando Kiyoshi nasceu. Ter um bebê nos ensina muito rapidamente que o mundo não gira mais em torno de você e sua mulher, mas em torno do bebê e suas necessidades.

Essa é uma lição muito valiosa a ser aprendida, porque a paciência não vem naturalmente para a maioria de nós; ou seja, é preciso certa maturidade para aceitar que às vezes as suas necessidades egoístas não são a prioridade do mundo — eu como a maioria das pessoas, luto com essa realidade. Nossa paciência é testada a cada dia, seja na fila do café do Starbucks, seja num engarrafamento, seja esperando a água ferver ou a tinta secar.

Deus nos diz que o amor é paciente, portanto, se nos esforçarmos para aprender a ser pacientes ao longo da nossa vida, colheremos muitos benefícios, incluindo menos estresse em nosso corpo e em nossos relacionamentos. Além disso, ficamos mais parecidos com Deus, cuja paciência para conosco não conhece limites. O apóstolo Pedro diz: "O Senhor não demora em cumprir a sua promessa, como julgam alguns. Ao contrário, ele é paciente com vocês, não querendo que ninguém pereça, mas que todos cheguem ao arrependimento" (2Pedro 3:9).

Deus está adiando o final da vida na terra porque não quer que ninguém se perca no dia do juízo, ou seja, ele está oferecendo tempo e espaço para todos aceitarem Jesus Cristo como seu Senhor e Salvador. Na próxima vez que você se pegar numa reação exagerada ou surtar porque perdeu a paciência, lembre-se de que Deus é paciente com você, esperando que você seja o melhor cristão que pode ser.

Eu oro por paciência em meu próprio crescimento como cristão e como alguém que deseja acompanhar o maior número possível de almas para o céu. Na parábola do semeador (Lucas 8:15), Jesus nos diz: "Mas as que caíram em boa terra são os que, com o coração bom e generoso, ouvem a palavra, a retêm e dão fruto, com perseverança (ou paciência)".

A paciência é tanto um dom de Deus quanto uma virtude, então, descanse na certeza de que o tempo de Deus para os acontecimentos é perfeito. Creio que quando rendemos nossa vida integralmente, com total confiança e paciência, temos outra grande recompensa à nossa espera: a força de Deus.

Tiago 1:2-4 diz: "Meus irmãos, considerem motivo de grande alegria o fato de passarem por diversas provações, pois vocês sabem que a prova da sua fé produz perseverança. E a perseverança deve ter ação completa, a fim de que vocês sejam maduros e íntegros, sem lhes faltar coisa alguma". Todos nós passamos por provações, mas ajuda trazer à memória que Deus tem planos maravilhosos que não podemos ver.

O AMOR É PACIENTE E BONDOSO

Oferecer bondade a outros é uma das maneiras mais simples de servir como exemplo cristão e de inspirar outras pessoas a entregarem sua vida a Jesus Cristo. As Escrituras são bem claras com relação a isso, como lemos em Efésios 4:32: "Sejam bondosos e compassivos uns para com os outros, perdoando-se mutuamente, assim como Deus os perdoou em Cristo".

Infelizmente há muitos como meu amigo Xayvier que cresceram neste mundo sem receber muita bondade. Encontrei um grande número adolescentes e adultos que cresceram em lares violentos, em orfanatos ou mesmo nas ruas. Para mim, esses que têm falta de bondade em sua vida carregam um fardo muito maior do que eu, com minha falta de membros. Não consigo imaginar como é crescer sem pais amorosos.

Aqueles que nunca experimentaram a bondade são os que mais precisam dela, embora muito frequentemente a rejeitem, pois são dirigidos e controlados por raiva e dor. Muitas vezes eles próprios transformam-se em valentões, predadores e agressores, uma vez que não se sentem valorizados e, portanto, não veem valor na vida daqueles que os cercam.

Porque somos cristãos, devemos amá-los mesmo assim. Na verdade, deveríamos amá-los ainda mais por causa de sua tão grande necessidade de bondade e compreensão, apesar da sua hostilidade. Nós podemos ser um milagre para eles, podemos transformar a vida deles ao mostrar que os valorizamos e também enxergar além das suas circunstâncias e inspirá-los a fazer o mesmo.

Madre Teresa é provavelmente a missionária mais famosa por abraçar os pobres e oprimidos, levando-os a amar Jesus por meio dos seus atos de bondade e cuidado nas favelas de Calcutá, e todos nós podemos aprender com o exemplo dela. Você pode fazer diferença em qualquer lugar: sua vizinhança, escola ou comunidade. Sendo ssim, procure aqueles que precisam da sua bondade e seja bondoso e compassivo, assim como Deus é para com todos nós.

Vi isso acontecer nos ambientes mais pobres e cruéis. Eu me encontrei com seis escravas sexuais em Mumbai e testemunhei a compaixão delas umas pelas outras, e também vi como reagem à bondade e como isso alimenta suas almas famintas.

Isso é uma prova de que Deus está operando: ver aqueles que jamais conheceram a bondade demonstrando-a a outros. Se você não conheceu o amor, como será capaz de demonstrar amor? Creio que a bondade existe em todos nós, mas ela precisa ser alimentada para se manter viva. A fé também é capaz de fazer isso; na verdade, para crescer na fé, precisamos praticar bondade e compaixão.

Deus nos ama incondicionalmente, mesmo que sejamos pecaminosos e não mereçamos ser amados. Na condição de cristãos, precisamos refletir o amor e a bondade de Deus para os outros, pois essa é uma das melhores maneiras de servir como modelo de vida para aqueles que ainda estão tentando encontrar o caminho para Jesus Cristo.

Já ouvi gente que confundiu bondade com um sinal de fraqueza. Na verdade, é preciso ter muita fé e força de caráter, além de muita humildade, para ser bondoso com aqueles que parecem não merecer. Portanto, não tenha medo; siga o exemplo de Jesus e arme-se com amor e bondade, e então plante sementes de amor e dê um abraço grátis ou um sorriso a alguém todos os dias. Com isso, você pode desencadear uma mudança milagrosa, transformando um valentão em amigo, ou um amigo em seguidor de Jesus.

DIANTE DE VOCÊ FAREI PASSAR TODA A MINHA BONDADE

Não é segredo que houve um tempo na minha vida em que eu achava difícil entender a bondade de Deus, pois não conseguia imaginar por que um Criador bondoso e compassivo podia trazer-me ao mundo sem braços ou pernas. Meus pais admitiram que no começo também lutaram com essa pergunta.

Nenhum de nós tinha noção de que um dia milhões de pessoas viriam para me ver como um exemplo terreno da bondade de Deus. Não estou dizendo que eu seja especial. Sou apenas um homem como qualquer outro, exceto por alguns pedaços e peças que faltam. Sirvo como reflexo da graça de Deus somente porque ele me usa para seu propósito — levar esperança e fé aos outros.

Quando era menino, eu não entendia como um Deus bom podia permitir que meus pais e eu passássemos por sofrimento e dificuldade por causa da minha deficiência. Todos nós oramos para que Deus me consertasse, porque não entendíamos que, aos olhos de Deus, eu jamais estivera quebrado; na verdade, eu era sua criatura perfeitamente imperfeita e adequada para fazer sua obra em um mundo perfeito, que se tornou imperfeito com o pecado original.

Parte do problema é que nós tendemos a pensar em bondade como felicidade e alegria, porém, a definição de Deus para bondade está muito mais associada a viver segundo os seus mandamentos. Minha mãe e meu pai costumavam dizer que eu devia ser um "bom menininho", e isso sempre foi uma meta, porém, com mais frequência do que gostaria, eu deixo de ser tão bom quanto poderia, mesmo agora na fase adulta. O fato é que a verdadeira bondade não é algo natural para meros mortais, uma vez que somos seres falhos sob todos os aspectos, inclusive espiritualmente, e todos nós, pecadores, travamos essa batalha a cada dia.

Precisamos do Espírito Santo em nós e da força de Deus como o nosso escudo contra o pecado; caso contrário, estamos perdidos. O Salmo 53 diz que não há ninguém que faça o bem, nem sequer um de nós. A verdadeira bondade resulta do nosso relacionamento com Deus, portanto, se você o convidar a perdoar seus pecados a cada dia e a cada noite, continuará crescendo em fé e favor. Sendo assim, o Senhor aperfeiçoará a sua obra em você, e é isso o que significa ser bom.

Eu comecei a crescer na fé quando aceitei que aquilo que antes considerava um fardo cruel poderia ser uma bênção, pois minha aparência singular atrai pessoas a mim. Agora sei que, em vez de ser deficiente, sou, na verdade, capacitado para servir ao seu propósito. Como diz o salmista: "o SENHOR [...] não recusa nenhum bem aos que vivem com integridade".

Sim, a proximidade de Deus é boa! Quando andamos na fé e seguimos pela fé, mostramos o *siga em frente* para os incapacitados, e isso significa reconhecer que "Deus é capaz". Efésios 3:20-21 afirma que ele "é capaz de fazer infinitamente mais do que tudo o que pedimos ou pensamos, de acordo com o seu poder que atua em nós".

Você e eu podemos sempre nos apegar à esperança porque adoramos um Pai bom e fiel no céu. Deus sempre é fiel para conosco, mas e quanto à nossa fidelidade a ele? Fé verdadeira significa andar no caminho de Deus em todos os momentos, sem nos desviarmos ou sermos seduzidos por tentações e distrações fugazes.

Nem sempre vamos sentir que Jesus nos ama ou que Deus é bom — sobretudo ao passar por períodos difíceis ou grandes desafios —, mas temos de continuar sendo fiéis, sabendo que Deus é bom e quer o melhor para nós, mesmo que não entendamos o que é esse melhor. Os altos e baixos da vida servem para testar nossa fé, portanto, não podemos abandonar Deus quando as coisas ficam ruins ou deixar de orar a ele quando tudo está bem — não se esperamos que Deus seja fiel para conosco sempre.

Não penso que Deus teria me enviado pelo mundo para falar a milhões de pessoas se eu não fosse fiel a ele. É claro que ele não permitiu que isso acontecesse de acordo com o meu cronograma, mas sim no momento em que pela sua graça eu estava pronto.

Antes que eu pudesse correr como palestrante, ele se certificou que eu soubesse andar; em outras palavras, Deus me enviou para falar a jovens e adolescentes como preparação para falar em estádios lotados e nas megaigrejas. Nós damos passos de fidelidade e, se permanecermos firmes, Deus continua a nos guiar.

Pode ser que pensemos que Deus não está por perto quando as coisas não funcionam como gostaríamos e talvez nos sintamos abandonados se ele parece não querer interferir na situação; todavia, mesmo nesses tempos de dúvida, devemos crescer na fé e orar ainda mais a ele. Precisamos nos lembrar de Filipenses 4:19: "O meu Deus suprirá todas as necessidades de vocês, de acordo com as suas gloriosas riquezas em Cristo Jesus".

O texto não diz "algumas", "poucas" ou "só as realmente importantes". Deus promete suprir *todas* as nossas necessidades, pois ele sabe quando precisamos de algo. Ele nunca se antecipa e também nunca se atrasa, mas sempre interfere exatamente no momento certo para atender à necessidade certa.

Não temos de ficar ansiosos pelo dia de hoje ou por nossos amanhãs, pois podemos trazer nossas necessidades mais profundas a Deus e confiar que dele virá o nosso socorro. Nosso objetivo deveria ser ficar junto dele com a mesma fidelidade que aumenta a cada dia até o encontrarmos no céu. Então, peça a Deus que o ajude a ser fiel em todos os seus relacionamentos e agradeça-lhe por ser fiel a você.

A fidelidade é um sinal de que você está cheio do Espírito de Deus. Minha oração é que, quando eu o vir face a face, Deus me diga: "Muito bem, servo bom e fiel". Até lá, minha oração é que você experimente e se apegue à paz de Deus e que se lembre de "não andar ansioso por coisa alguma, mas em tudo, pela oração e súplicas, e com ação de graças, apresente seus pedidos a Deus. E a paz de Deus, que excede todo o entendimento, guardará seu coração e mente em Cristo Jesus" (Filipenses 4:6-7). Saiba que essa paz é real — se você não receber um milagre, ele pode usar você para ser um.

SEJA A SUA AMABILIDADE CONHECIDA POR TODOS

Amabilidade é algo muito raro no mundo de hoje, no qual é comum a ocorrência de *bullying*, hostilidade e hiper-competitividade. O fruto da amabilidade necessário para crescer na fé não se refere tanto à gentileza social, e sim a ser benigno quando estivermos sob pressão.

Você já viu alguém calar uma crítica com uma palavra amável? Jesus, que disse "Sou manso e humilde de coração", era conhecido por demonstrar uma força serena perante críticos e perseguidores. Os discípulos eram atraídos a Jesus por causa do seu jeito amável e sua força serena, e seus interrogadores ficaram atordoados quando Jesus não perdia a calma diante de suas acusações. Mesmo enquanto era torturado e morria na cruz, ele pediu que Deus perdoasse os seus algozes.

Essa força gentil funciona com meros mortais também. Nelson Mandela conquistou o respeito de seus carcereiros, obteve sua liberdade e tornou-se um líder nacional usando a amabilidade para desarmar o ódio de seus perseguidores. Há poder na amabilidade, ela é capaz de acalmar e curar em muitos aspectos da vida.

Quando optamos por uma abordagem amável, criamos um ambiente seguro e tranquilizador à nossa volta. Lembrei-me disso quando Xayvier contou suas experiências com a *Lifesavers Wild Horse Rescue*, uma organização que oferece um programa de cura para veteranos de guerra com distúrbios de estresse pós-traumático.

Xayvier estava passando por um período muito difícil quando se inscreveu no programa. Ele se isolava da maioria das pessoas, era amargo e raivoso, até que se viu num pequeno curral com um cavalo selvagem e, como disse mais tarde, "houve um clique".

Ele percebeu instintivamente que o cavalo selvagem desconfiado não responderia bem a ele se continuasse raivoso e ansioso. Assim, mergulhou para dentro de si, entrou no poço de fé que estava ali, acalmou-se e ofereceu uma presença gentil ao mustangue. O cavalo imediatamente se acalmou e, pela primeira vez, aproximou-se dele sem medo ou hostilidade.

Em 1Timóteo 6:11, somos encorajados a "buscar a justiça, a piedade, a fé, o amor, a perseverança e a mansidão". Esse é o caminho para continuar crescendo na fé. Para combater a crueldade e o *bullying*, busque a mansidão e você atrairá amabilidade, e saiba, como Jesus sabia, que "a resposta calma desvia a fúria".

"AMABILIDADE E DOMÍNIO PRÓPRIO: CONTRA ESSAS COISAS NÃO HÁ LEI"

Quando Xayvier acalmou seu próprio espírito para amansar o cavalo selvagem, ele praticou o autocontrole ou domínio próprio que, de acordo com as Escrituras, é o fruto final necessário para o cristão continue a crescer. Essa é uma qualidade essencial, mas não nascemos com ela. Na infância, nossos instintos de sobrevivência dominam, e somos egoístas em nossas demandas de alimento e conforto. Eu amo meus filhos, porém, quando eles eram bebês, Kanae e eu teríamos agradecido muito se eles nos permitissem dormir a noite toda em vez de chorar toda vez que precisavam de alguma coisa.

Mas eles não podiam deixar de chorar, porque não haviam aprendido a ter domínio próprio. Infelizmente, algumas pessoas parecem nunca aprender e são incapazes de controlar seus piores impulsos, quer sejam por mais comida de que necessitam, por drogas ou álcool, quer sejam por outros falsos prazeres e vícios.

A maioria de nós aprende a refrear e a controlar impulsos e desejos autodestrutivos, mas nem sempre é fácil. Para isso, precisamos da ajuda de Deus, pois ele nos deu o Espírito Santo para viver em nós e fortalece-nos para permanecer no caminho da realização espiritual em vez de nos desviarmos para a autoindulgência. O apóstolo Paulo afirma em 2Timóteo 1:7: "Pois Deus não nos deu espírito de covardia, mas de poder, de amor e de equilíbrio".

O fruto do domínio próprio é essencial para nos ajudar a não ceder às tentações, além de nos ajudar a ser suficientemente fortes para testemunhar e proclamar nossa fé de modo que outros possam encontrar a vida eterna no céu.

« 5 »

Fora da caixa

Eu conheci meu amigo e cuidador Peter e sua esposa, Isabel, numa reunião de oração na Califórnia seis anos atrás. Eles têm mais ou menos a minha idade e estavam casados há apenas três anos quando se tornaram pais substitutos. Isso foi há seis anos, e desde então dezenove crianças já ficaram na casa deles durante vários períodos. Em 2016, eles adotaram uma das crianças acolhidas, Nathan, que na ocasião tinha apenas dezoito meses de idade.

Graças a esse e a outros casais amorosos, aprendi que a adoção é uma das muitas maneiras pelas quais os cristãos podem colocar sua fé em ação para trazer mais filhos pródigos de Deus ao seu reino. Admiro meus amigos e todos aqueles que servem como pais substitutos e adotivos, porque eles têm um chamado e uma missão especial como nenhuma outra. Estão realmente fazendo a obra de Deus e seguindo o caminho de Jesus na terra para estimular a fé e trazer esperança àqueles que, de outro modo, talvez jamais viessem a conhecer um lar seguro e amoroso nem o Pai celeste.

Quando a maioria de nós pensa em compartilhar a fé cristã, pensa em servir como pastores, líderes de igreja, missionários ou voluntários que apresentam seu testemunho. Neste capítulo, quero explorar alguns caminhos "fora da caixa" que são desconsiderados por muitos na hora de compartilhar e estimular a fé cristã, mas que podem ter um impacto tremendo. No entanto, minha principal intenção é abrir sua mente a possibilidades maiores de praticar e aumentar sua fé.

O acolhimento familiar salva vidas ao resgatar as crianças mais necessitadas, aquelas que foram maltratadas, abandonadas ou negligenciadas. Essa talvez seja uma das formas mais nobres de serviço cristão e testemunho de fé, pois pais substitutos ajudam a romper ciclos de gerações de abuso e negligência, transformando o mundo num lugar melhor pelas próximas décadas. Uma criança salva de uma vida de desesperança pode fazer com que centenas sejam salvas nas futuras gerações.

A revista *Christianity Today* citou um relatório do Grupo Barna, uma organização de pesquisa voltada à fé e à cultura, segundo o qual 31% dos cristãos consideraram seriamente a possibilidade de atuar como pais substitutos em comparação a apenas 11 por cento de não cristãos, mas somente 3% desses cristãos se tornaram de fato pais substitutos. O estudo constatou que muitos cristãos que haviam considerado ser pais substitutos ou a adoção recuaram ao temerem o excesso de trabalho, as despesas, os perigos ou ainda que ela possa fazê-los sofrer emocionalmente.[1]

Peter e Isabel são muito francos com relação às suas experiências. Eles dizem que ser pai substituto exige trabalho duro e, às vezes, até mesmo um coração partido quando uma criança com quem criaram uma ligação se muda para outro lugar ou é adotada. Ainda assim, eles disseram que era a missão perfeita para eles, e incentivam outros jovens casais cristãos a abrir seu coração e sua casa a esse serviço especial.

No começo, tomaram conhecimento da necessidade de pais substitutos enquanto avaliavam a possibilidade de adotarem a criança. Mais ou menos dois anos depois de casarem, Isabel teve um aborto

[1]Jamie Calloway-Hanauer, *Mythbusting for Foster Parents* [Caça aos mitos para pais substitutos], *Christianity Today*, junho 2014. Disponível em: www.christianitytoday.com/women/2014/june/mythbusting-for-foster-parents.html.

espontâneo, sempre um acontecimento trágico, e então não conseguiram mais engravidar. Primeiro, tentaram adotar gêmeas, mas o processo não correu bem. Um demorado procedimento de inscrição e de aprovação estendeu-se por sete meses, mas, no último momento, a bisavó das crianças apareceu e as reivindicou.

Depois dessa experiência emocionalmente dolorosa, Isabel e Peter ficaram cautelosos com a adoção. Ambos haviam sonhado em ter muitos filhos, então decidiram pela alternativa de tentar servir como pais substitutos, encarando isso como um chamado de Deus. Pensaram que, ao salvar crianças da negligência e do abuso e ao compartilhar a Bíblia com elas, além de lhes oferecer uma criação amorosa, encorajadora e repleta de fé, estariam fazendo a obra do Senhor.

Peter e Isabel perceberam que muitas das crianças em lares de acolhimento sofreram algum tipo de abuso, e muitas vezes essas crianças se tornam adultos e pais abusivos, a menos que recebam um ambiente amoroso e carinhoso para romper o ciclo de várias gerações de abusos. As primeiras crianças que Peter e Isabel acolheram foram um desafio, mas isso não deteve esses dois servos humildes. Na verdade, eles ficaram ainda mais convencidos de que Deus os chamara para atender a uma grande necessidade. Essas crianças haviam sido resgatadas de uma rede de pornografia infantil, haviam sofrido abusos das piores maneiras possíveis e estavam sofrendo graves problemas emocionais e psicológicos.

Agora eles têm uma quarta criança e estão na expectativa da sua adoção. Uma das crianças tem dezoito meses, as demais seis, nove e treze anos. Todas carregam problemas que exigem muito amor, paciência e a força de Deus.

Uma das crianças (vamos chamá-la de Faith) tinha quatro anos de idade quando meus amigos a acolheram. Ela vivia nas ruas ou num carro com sua mãe sem-teto e era durona demais para sua idade. Quando chegou, Faith anunciou que não queria estar com Peter e Isabel, mesmo que eles estivessem oferecendo um ambiente muito mais seguro e confortável.

Peter logo ficou preocupado com a possibilidade de a criança estar sendo atormentada pelo diabo, e em sua primeira noite com eles, Faith se jogou contra a parede e então rodopiou, engasgando e arrancando uma crosta da própria pele. Ela praguejou como um adulto e usou um linguajar obsceno e terrível. Rejeitou todas as tentativas de abraçá-la ou acalmá-la; lutou e gritou até que a deixaram sozinha.

Peter e Isabel oraram por ela, pedindo que Deus lhe trouxesse paz.

"O que quer que ela tenha passado, isso a traumatizou", disse Peter.

Os ataques de Faith eram um problema sério, tanto que uma vez Isabel teve de encostar o carro porque Faith estava tendo um acesso de raiva terrível. Em outra ocasião, Faith ameaçou uma professora na pré-escola com uma tesoura e a perseguiu pela sala de aula. Os diretores tiveram de fechar a escola e chamar a polícia para controlar Faith.

"Ela só conhecia a violência e era assim que ela se comunicava", disse Peter. "Foi tão difícil para nós nos comunicarmos com ela ou ajudá-la a se sentir protegida e amada. Eu orei e o Senhor me disse para amá-la, abraçá-la e mostrar-lhe o quanto me importava com ela. Isabel e eu tivemos de nos unir em torno dela, pois ela nunca havia recebido amor ou mesmo atenção".

Ao longo de vários meses, eles foram lentamente conquistando a confiança daquela criança selvagem e receosa, mas precisaram de toda a força de Deus e da ajuda de conselheiros profissionais e de professores especializados no trabalho com crianças gravemente traumatizadas com problemas de comportamento.

"Ver aquela menininha desabrochar foi uma bênção incrível", disse Peter.

DESABROCHANDO

À medida que Faith aceitava o amor e o apoio deles, meus amigos começaram a ler a Bíblia com ela e os resultados foram espantosos, se considerarmos as batalhas que tiveram no início. Certa noite, enquanto faziam um jantar ao ar livre, Faith perguntou ao seu pai substituto: "Você quer saber como Jesus é?"

"Claro, conte-me, querida", ele respondeu.

"Os olhos dele são brilhantes como o sol, como labaredas de fogo, e Jesus usa uma linda roupa de homem com uma faixa cruzada sobre o peito. Seu rosto é muito bonito", ela disse.

"Verdade?" disse Peter.

"E quer saber mais, papai?" a criança continuou, "Jesus está em pé bem aqui no nosso quintal!"

"Onde ele está?" perguntou Peter.

"Bem ali", disse a menina, apontando para um lugar.

Peter ficou tão espantado que o garfo que segurava na mão caiu e, então, ele orou com sua esposa e as crianças acolhidas. Se essa garotinha havia tido uma visão de Jesus, aquilo foi um milagre, mas mesmo sem uma visão, o fato de ela ter chegado tão longe e tão depressa em sua jornada de fé já era algo espantoso para seus pais substitutos.

Peter relatou que Faith tem um caminho longo e difícil pela frente à medida que cresce e se torna mais consciente dos abusos e da negligência que sofreu quando criança. Mas, graças a meus amigos e ao seu trabalho em nome de Deus, essa criança agora vive com Jesus no coração.

"Ela começou a cantar uma canção sobre Jesus, que voltaria em breve sobre uma nuvem com muitos anjos", contou Peter. "Eu perguntei à sua professora de escola dominical se havia ensinado aquela canção a Faith, e ela respondeu que não. Então perguntei a Faith e ela respondeu: 'Foi Jesus quem me ensinou'".

Peter acredita que Faith aprenderá a buscar a força de Deus agora que as sementes foram plantadas. Talvez um dia ela volte para sua mãe e seus oito irmãos. "Nós pensávamos que Faith poderia ficar conosco permanentemente, mas o Senhor trabalhou na vida da mãe dela e fez com que ela se mantivesse sóbria. Ela já consegue cuidar de si e nós oramos por ela e nos encontramos com ela periodicamente. Então, vamos ver como as coisas evoluem", disse Peter.

A criança instável que praguejava e xingava seus pais substitutos agora chama seu pai substituto de Papai Pete. Ele comprou um colar para Faith com a inscrição: "Você será para sempre uma princesa para mim e para Deus".

Faith já tem um fundamento sobre o qual pode construir sua vida, e esse é o maior presente que um pai substituto pode dar.

ALCANÇANDO E ENSINANDO

Ser mãe ou pai substituto exige uma enorme quantidade de paciência, empatia, compreensão e fé, mas pode ser uma das formas mais gratificantes para um casal cristão servir como as mãos e os pés de Deus. Essas pessoas trazem os filhos mais necessitados de Deus de volta ao seu rebanho e os ajudam a se tornarem adultos responsáveis, produtivos, cheios de fé e com a oportunidade de desfrutar a vida eterna no céu.

Muitas crianças no sistema de acolhimento provisório jamais tiveram a chance de conhecer a Deus em razão de problemas emocionais ou comportamentais, ou ainda por conta das dificuldades de aprendizado. Peter e Isabel logo tentaram ensinar a Bíblia usando vídeos e livros com figuras, mas suas crianças tinham dificuldade em acompanhar essas ferramentas de ensino. Finalmente, eles tiveram a ideia de usar bonecos para representar histórias bíblicas como Davi e Golias, e aparentemente isso funcionou. Eu admiro a paciência, a criatividade e a dedicação deles.

Honestamente, muitas histórias de Peter sobre os desafios do acolhimento são difíceis de ouvir por causa da intensa dor e do sofrimento emocional que as crianças acolhidas por eles sofreram. O sonho desse casal é um dia ter uma fazenda onde possam criar um porto seguro onde eles esperam poder criar as crianças acolhidas e as adotadas, dando-lhes o amor que jamais tiveram. Nesse ambiente amoroso, eles também poderão ensinar e viver lições de vida fundamentais e oferecer a orientação espiritual de que as crianças precisarão quando forem adultos.

"Há pouco tempo eu disse ao meu filho de treze anos que meu maior desejo para ele é que se mantenha sempre no caminho de Deus", contou Peter.

Peter e Isabel são pessoas excepcionais e fizeram grandes sacrifícios para realizar a obra de Deus na terra.

ATENDER A UMA NECESSIDADE CADA VEZ MAIOR

Nos Estados Unidos há mais de 420.000 crianças no sistema de acolhimento, muitas delas precisam de lares permanentes.[2] Por causa de suas histórias de abuso e negligência, muitas exigem tanta atenção especial que é improvável que um dia encontrem uma colocação permanente numa família.

Cada vez menos casais estão dispostos a servir como pais de acolhimento ou substitutos, e por essa razão, a tendência do sistema de acolhimento é formar lares em grupos, administrados como uma instituição. Existem crianças cujo histórico de violência e comportamento criminoso faz com que sejam mais bem atendidas em um ambiente rigidamente controlado, pelo menos no curto prazo, mas ninguém acha que esse seja o melhor lugar para a saúde de longo prazo e o bem estar de jovens que precisam de amor e compaixão.

Meus amigos se inscreveram como pais de acolhimento plenamente conscientes de que as crianças enviadas para seu cuidado trariam muitos desafios. Eles não esperavam que outros pais e alguns indivíduos na sua família e na comunidade criassem problemas com a missão deles para salvar essas crianças perdidas. Peter e Isabel, que são hispânicos, contaram que alguns os criticaram por receber crianças afrodescendentes, alegando que eles deveriam atender primeiro às suas próprias crianças em necessidade.

"Nós nos apegamos àquilo que o Senhor pôs em nosso coração", disse Peter. "Deus é o Pai dos que não têm pai. As críticas foram esclarecedoras, mas não nos afastaram do nosso propósito de fazer o que devemos fazer".

Peter e Isabel tentam trazer jovens a Jesus Cristo por meio da sua dedicação e seu serviço. Pela lei, eles não podem exigir das crianças sob seus cuidados que elas frequentem a igreja ou obrigá-las a ler a Bíblia,

---

[2]Children's Rights, Nova York. Disponível em: www.childrensrights.org/newsroom/fact-sheets/foster-care.

e isso é compreensível. Meus amigos e eu concordamos que é melhor conduzir pelo exemplo e simplesmente servir como guias e mentores, pois, com a graça de Deus, essas ações abrem a porta e apresentam as crianças a uma vida melhor e à felicidade eterna que espera por elas.

PLANTAR SEMENTES

Isso é fazer a obra de Deus no nível mais pessoal. Outra das crianças que esteve sob os cuidados de Peter e Isabel foi um menino de treze anos que crescera nas ruas e que no início achava simplesmente loucura o fato de eles orarem, cultuarem e frequentarem a igreja, numa demonstração da sua fé.

"Nós estávamos alimentando os sem-teto e ele perguntou: 'Por que vocês se importam com essas pessoas?'", lembra Peter. "Ele tinha muitas perguntas, o que é bom, mas estava realmente tentando entender, e não fazendo pouco caso do nosso desejo de seguir o caminho de Jesus".

No começo, o adolescente achava que os sem-teto eram apenas vagabundos, mas Peter lhe disse que, sendo cristãos, eles se sentiam compelidos a servir os necessitados sem julgar as razões das suas necessidades. Então, ele lhe contou a história de como Jesus alimentou as multidões com pães e peixes e explicou que eles estavam seguindo o exemplo de Jesus ao alimentar os famintos.

"Talvez você pense que isso não faz diferença, mas algumas dessas pessoas não têm uma refeição decente há vários dias, e eles sempre se lembrarão do cara cristão que os procurou quando estavam com fome", disse Peter ao seu filho acolhido.

Utilizando esses meios sutis, Peter e Isabel plantam as sementes de fé e oram para que Deus as alimente de modo que tragam fruto.

"O Senhor me diz para orar e demonstrar fé em Deus", disse Peter, "E compartilhar é a parte mais importante".

UMA JORNADA DE RESTAURAÇÃO

Como Peter muitas vezes me diz, acolher crianças faz com que as convicções espirituais sejam colocadas à prova diante da dura realidade.

Não é fácil conduzir até Jesus uma menina de doze anos resgatada de uma rede de prostituição, porém, mais uma vez, é isso que faz com as vitórias sejam ainda mais gratificantes para os pais substitutos.

"Essa garota não tinha esperança alguma depois de ter sido forçada à prostituição, mas durante um ano nós a acompanhamos em sua jornada de restauração", conta Peter. "O Senhor restaurou a identidade dela, e ela conseguiu voltar-se para Deus. Mais tarde, um parente a adotou, mas continuamos tendo notícias dela e ela está bem, lendo a Bíblia e orando".

Lembre-se do que diz Provérbios 22:6: "Instrua a criança segundo os objetivos que você tem para ela, e mesmo com o passar dos anos não se desviará deles". Penso que esse é o presente que pais substitutos dão a essas crianças, e quando elas continuam no caminho de Deus, esse é o presente que as crianças dão aos seus pais substitutos. "Sempre ficamos contentes ao ver crianças de volta à família nas situações certas, e quando vemos que andam com Deus e continuam a se desenvolver, isso é que mais nos alegra", diz Peter.

Esse homem compassivo entende as atitudes e as necessidades de crianças perdidas porque tinha amigos de infância que estavam em instituições de acolhimento. Muitos deles haviam fugido dos seus lares de acolhimento depois de seus pais substitutos abrirem mão da sua custódia ou a perderem. Ele viu esses amigos, que nunca tiveram um lar permanente, acabarem viciados em drogas, envolvidos em violência e indo parar na prisão.

A mãe de Peter o abandonou quando ele tinha treze anos. Ele teve muito pouco acompanhamento; havia frequentado uma igreja cristã quando era pequeno, mas deixou de receber orientações espirituais e morais por nove anos. Ele lembra que alguns meninos da sua igreja de infância estavam em bons lares de acolhimento e eram muito mais felizes do que aqueles que estavam em instituições ou continuavam nas ruas.

"Eu via a diferença neles, e tive contato com o meio em que viviam", conta. "Lembro-me de que, quando era muito pequeno, eu disse à minha mãe que um dia queria ter uma casa com muitas crianças que precisavam de uma vida melhor".

Assim que as crianças acolhidas se acostumam à nova casa, e aceitam suas regras, bem como o amor e compaixão de Peter e Isabel, elas começam a gostar dos aspectos cotidianos de uma vida em família. Recentemente, um dos meninos sob seus cuidados perguntou a Peter se eles podiam fazer um churrasco em família. Era uma coisa pequena, mas algo que esse garoto nunca havia tido. A alegria que um costume tão simples trouxe a seu filho substituto reforçou mais uma vez a crença de Peter de que estavam fazendo a obra de Deus. "Tudo o que ele queria era um churrasco, e foi uma bênção dar isso a ele".

Apesar de tudo, casais que desejam fazer a obra de Deus como pais substitutos talvez hesitem, uma vez que crianças acolhidas são estigmatizadas, por trazerem consigo um passado atribulado. Peter ouviu de vários candidatos a pais substitutos que eles têm medo de receber crianças com desafios, mas ele os aconselha que com paciência, amor e a ajuda do Senhor eles podem esperar transformações milagrosas.

"É um desafio, mas é muito gratificante depois que uma criança abre seu coração. No começo, você vê um comportamento que reflete aquilo que lhe ensinaram, mas, com o passar do tempo, você vê o que Deus colocou nela. Essas crianças não escolheram nascer como filhos de viciados, ou ser o fruto de um relacionamento desastroso. O fato é que Deus tem um plano para elas além das circunstâncias do seu nascimento e de sua criação".

Peter coloca cada criança acolhida diante de Deus e pergunta: *O que o Senhor pôs nessa criança? Quais talentos, dons e potenciais posso despertar?* E Deus tem respondido muitas vezes ao revelar os dons delas e seu plano para que desabrochem. "Presenciamos o despertar das bênçãos ocultas dessas crianças, e isso é parte da recompensa de um pai substituto", diz Peter.

UMA MISSÃO IMPORTANTE

Peter e Isabel têm sido convocados para servir como pais substitutos porque formam uma excelente equipe. Ambos trabalham em tempo integral, mas o chefe de Isabel permite que ela trabalhe em casa na maior parte do tempo, e eles têm uma grande equipe de apoio formada por amigos e familiares. O ministério deles é muito difícil, porém recompensador e importante.

Em Marcos 10:13-16, Jesus disse aos seus discípulos que parassem de impedir os pais de trazer seus filhos a ele para que pudesse tocá-los. Ele disse aos seus seguidores: "Deixem vir a mim as crianças, não as impeçam, pois o Reino de Deus pertence aos que são semelhantes a elas" (v. 14).

Nem todos são chamados para serem pais substitutos, mas, ao observar Peter e Isabel vi a glória de Deus revelada, pois eles estão trazendo crianças a ele para serem tocadas pela fé. O fruto do sacrifício e do trabalho deles é inspirador e sua missão evangelizadora é uma das mais importantes que posso imaginar.

MUDANDO VIDAS PARA MELHOR

Meu amigo Michel Reagan é outro defensor do acolhimento temporário de crianças e da adoção. Quando criança, ele foi adotado por dois atores famosos que haviam acabado de se casar: Jane Wyman e Ronald Reagan (sim, o futuro presidente dos Estados Unidos). Os pais adotivos de Michael se divorciaram quando ele acabara de completar três anos de idade, e ele passou a maior parte da infância em internatos e acampamentos de verão. Não foi uma infância feliz, apesar da riqueza e da fama de seus pais adotivos.

Aos sete anos, ele sofreu abuso sexual por um monitor de acampamento, o que resultou em muitos anos de vergonha e em problemas emocionais e comportamentais. Felizmente, depois de muitos anos de luta, ele acabou se casando com uma mulher cristã que o ajudou a entregar sua vida a Jesus Cristo. Ele tornou-se âncora de um programa de bate-papo no rádio e orador cristão, além de defensor de crianças pobres, negligenciadas e vítimas de abuso.

Desde 2005, o *Michael Reagan Center for Advocacy and Research* [Centro Michael Reagan para Advocacia e Pesquisa] é parceiro da *Arrow Child and Family Ministries* [Ministério Flecha para a Criança e a

Família], um grupo cristão que trabalha em favor de crianças e famílias em necessidades. Como parte dos seus esforços, o Centro Reagan e o Ministério Arrow incentivam igrejas cristãs a convocar pais substitutos e pais adotivos em suas próprias congregações. Michael disse que existem centenas de milhares de igrejas cristãs nos Estados Unidos e, caso haja adesão em massa ao programa, ele um dia eliminará ou diminuirá muito a necessidade de pais substitutos e de lares institucionalizados.

Michael observou que o apóstolo Tiago conclama as igrejas a fazerem isso:

> "A religião que Deus, o nosso Pai, aceita como pura e imaculada é esta: cuidar dos órfãos e das viúvas em suas dificuldades e não se deixar corromper pelo mundo" (Tiago 1:27).

Pessoalmente, eu amo essa ideia! Sou totalmente favorável à união de igrejas de todas as denominações e daquelas sem denominação, deixando suas diferenças de lado para colocar sua fé em ação. O nome do Ministério Arrow foi inspirado nos textos bíblicos segundo os quais filhos são um presente de Deus e "como flechas na mão do guerreiro". Filhos devem ser conduzidos com habilidade na direção certa, a fim de seguir o objetivo de Deus para eles.

Michael e o Ministério Arrow também partilham minha preocupação com crianças que são vítimas de tráfico humano. Em minhas viagens pelo mundo, testemunhei em primeira mão os horrores e abusos infligidos a crianças de todas as idades, arrancadas de suas famílias e escravizadas. Vi algumas sendo forçadas a trabalhar em minas, lavouras e confecções; outras são sequestradas por militantes que as ameaçam de morte se não servirem em seus exércitos; outras, ainda, são obrigadas a servir como escravas sexuais pelo mundo.

Uma vez falei a 650 meninas adolescentes que haviam sido libertadas da escravidão sexual em um bordel em Mumbai, Índia. Algumas delas tinham bebês nos braços, e a maioria pensava que não havia motivo de esperança por uma vida melhor, para elas ou para seus filhos. Elas não tinham para onde ir, nenhuma orientação sobre como poderiam criar uma vida melhor, nem deus algum a quem pudessem pedir força. E, apesar de tudo, vi ex-escravas sexuais aceitarem ajuda e encontrarem redenção e cura ao entregarem sua vida a Jesus.

Observei o milagre dessas jovens cristãs salvas que, embora tenham sido escravizadas e terrivelmente maltratadas, voltaram para os cafetões e as cafetinas, que batiam nelas e abusavam delas, e lhes disseram: "Eu amo você porque Jesus o ama, e eu perdoo você porque Jesus me perdoou". Elas tiveram o curso da sua vida completamente mudado quando receberam compaixão e orientação.

Sendo eu alguém que nasceu com grandes deficiências, tenho consciência de que poderia facilmente acabar no sistema de acolhimento ou em um orfanato onde esses predadores poderiam ter deixado a minha vida miserável. Aqueles entre nós que nasceram em famílias cristãs amorosas deveriam aproveitar cada oportunidade para compartilhar e estender nossas bênçãos aos menos afortunados entre nós, sobretudo aos filhos de Deus.

Não consigo imaginar uma forma melhor de servir ao nosso Senhor do que resgatar esses inocentes, tentar recuperar seus corações e suas mentes, demonstrar-lhes amor incondicional e ensiná-los a seguir Jesus Cristo. O Ministério Arrow ajuda as igrejas a criarem seus próprios programas para pais substitutos e adotivos, mostrando-lhes como recrutar, treinar, apoiar e fornecer recursos àqueles que estão dispostos a salvar esta e futuras gerações.

OFERECER REFÚGIO

Eu também apoio o trabalho dos criadores de outra iniciativa inovadora para jovens resgatados do tráfico sexual. O *Hope Refuge* [Refúgio Esperança] foi fundado por um casal missionário, Bob e Michelle Ryan, que por muitos anos dirigiram um acampamento cristão na Califórnia para crianças acolhidas e jovens em risco.

Em 2013, eles se uniram aos seus amigos e colegas missionários, Sally e Chuck Cook, para oferecer um acampamento de cuidado e apoio onde sobreviventes do tráfico podem se recuperar do trauma de abusos, abandono e negligência. Todo ano há quase trezentos mil jovens americanos em risco de se tornarem vítimas de negócios criminosos com tráfico sexual, mas existem muito poucos locais seguros para que aqueles resgatados dessas operações obtenham cura e se recuperem de traumas físicos, mentais e emocionais graves, de acordo com os Cooks.

Hope Refuge foi criado para ser exatamente esse tipo de lugar. O acampamento ocupa mais de 86 hectares de florestas e colinas na costa do Oceano Pacífico perto de Santa Barbara, e os fundadores o descrevem como um ambiente natural perfeito para que aqueles que sofreram encontrem descanso e cura, e comecem a se preparar para um futuro melhor.

"Nossa esperança é vê-los capacitados para pensar num futuro no qual seus sonhos e seu potencial único possam se concretizar e ser compartilhados com outros", diz Bob Ryan.

Sua equipe procura oferecer uma presença carinhosa na vida de jovens que vêm de um passado cruel e insensível. *Hope Refuge* oferece retiros de fim de semana e também com duração de uma semana, que são como visitas a um *spa* de primeira categoria, com refeições preparadas por um chef profissional e ambientes lindamente mobiliados. Para ajudar as vítimas de tráfico sexual a relaxarem, as atividades incluem passeios até a praia, natação, festas na piscina, aulas de surfe, tirolesa e arvorismo, aulas de pilates e churrascos; entre os programas terapêuticos, inclui-se plantar árvores perto de queimadas. Também há momentos tranquilos, quando os participantes podem apenas pensar e descansar para que possam começar a se curar e então prosseguir.

Abrir a porta para a fé e conquistar a confiança são metas do tratamento. Os fundadores do acampamento querem ajudar os jovens abusados a se conscientizarem do poder e do amor de Deus, de modo que possam mudar sua vida e passar para uma nova etapa.

Muitos desses jovens sentem-se abandonados e indignos de amor, uma vez só conheceram a crueldade e o abuso, por isso desconfiam de todo mundo. Essa é a oportunidade que eles têm de voltar a confiar e buscar um propósito maior em sua vida.

Os fundadores do *Hope Refuge* trabalham com a organização *Saving Innocence* [Salvando a Inocência], que resgata crianças de operações de tráfico sexual na área de Los Angeles, e também com a polícia e outras organizações que combatem o tráfico humano na região.

OUSE PENSAR GRANDE

Estou sempre incentivando os cristãos a sonharem grande em suas iniciativas de divulgar o evangelho. Alguns entendem, outros não. Tommy e Matthew Barnett não só entenderam o que significa pensar grande, como talvez estejam entre os maiores sonhadores que já encontrei.

Veja só. Eles não são apenas grandes sonhadores, são também grandes realizadores. Quem mais pensaria em adquirir o campus de um hospital abandonado e reformá-lo, para, então, transformá-lo num incrível recurso da comunidade para aqueles que precisam do amor de Deus?

Embora já os conhecesse e admirasse há anos, eu refiz o contato com essa equipe de pai e filho há pouco, e fico admirado com o que conseguiram. Eles me inspiram, e espero que inspirem muitos outros a colocarem sua fé cristã em ação numa escala tão grande.

Em 1994, Tommy e Matthew fundaram o *Los Angeles Dream Center* como um projeto missionário. A igreja deles atingia uma média de somente quarenta e oito pessoas a cada domingo quando eles começaram, e agora seu ministério alcança mais de cinquenta mil por mês.

O Dream Center deles é o antigo Hospital *Queen of Angels* no centro sombrio de Los Angeles. Fica a apenas quinze quilômetros na direção oeste de Beverly Hills, mas não tem nada do seu brilho e glamour. A missão deles é resgatar e reabilitar pessoas que sofrem com vícios, os sem-teto e as vítimas de abuso, inclusive de tráfico humano.

Tommy era pastor sênior da Primeira Assembleia de Deus de Phoenix, Arizona. Em 1996, seu filho Matthew, aos vinte e poucos anos, começou a pastorear uma pequena congregação para os sem-teto e destituídos em alguns dos bairros mais perigosos de Los Angeles.

Sete anos antes, o Hospital *Queen of Angels*, que atendia os moradores mais pobres da cidade, havia sido fechado e praticamente esvaziado. O centro médico fechado, fundado em 1926, já foi o maior hospital de ensino a oeste do Mississippi. Ele cresceu e chegou a ter nove edifícios sobre mais de três hectares no desolado bairro de Echo Park de LA.

Quando foi fechado, todo aquele imóvel foi colocado à venda por US$10 milhões. O proprietário recusou várias ofertas de grupos de entretenimento de Hollywood antes de vendê-lo aos Barnett por US$3,9 milhões por causa da visão deles de transformá-lo num centro de cura espiritual. Hoje, a propriedade é o lar da "igreja que nunca dorme" e de uma equipe dedicada.

Os Barnett levantaram fundos e usaram subsídios do governo para transformar o hospital decrépito e seu campus. No começo, gastaram cerca de um milhão de dólares por andar para reformar o prédio principal de quinze andares e deixá-lo adequá-lo às normas. Agora, esses andares atendem aos destituídos, aos atormentados e aos vitimados. Eles investiram mais US$25 milhões para transformar nove andares em alojamentos para sem-teto. Um incentivo fiscal do governo de quase US$50 milhões (equivalente a um subsídio de aprox. US$15 milhões) ajudou-os a concluir as reformas no restante do *Dream Center*. Eles dizem que o *Dream Center* tem mais de 250 ministérios, que além do alojamento incluem programas para viciados em drogas, mães solteiras e vítimas da AIDS, entre outros.

Eles estão realmente fazendo a obra de Deus e seguindo o caminho de Jesus na terra. O *Dream Center* é um lugar de esperança e oportunidade e um campo maduro para colher novos cristãos. Tommy e Matthew Barnett acreditam em encontrar necessidades e supri-las, em encontrar feridas e curá-las, e, nesse processo, eles trazem almas a Jesus.

Fiz uma palestra em sua igreja e sempre gosto de visitá-los e de ver como servem aos outros de maneiras tão maravilhosas. Eles transformam vidas com o poder do amor de Deus e vão ao encontro das pessoas no lugar em que elas estão e servem aos que têm necessidades urgentes, mostrando ao mundo o poder da fé cristã.

CAPACITAÇÃO RADICAL

Os Barnett demonstraram que a divulgação do cristianismo pode acontecer de várias formas, ou seja, ela não precisa vir embalada na caixa normal. Alguns dos programas mais efetivos que vi são os mais criativos — e em um caso extremo!

Meus amigos Bryan e Mindy Schwarz fundaram a *Xtreme Mobility Camps Inc.* (XMO) em 2008, depois de passarem quase trinta anos como diretores voluntários de acampamentos com a *National Camps for the Blind* de *Christian Record Services* [Acampamento Nacional para os Cegos, de Serviços de Gravação Cristãos]. Os acampamentos XMO oferecem a jovens cegos ou com deficiências visuais a oportunidade de esportes radicais, capacitando-os a se testarem física e mentalmente e, assim, aventurarem-se além de qualquer limitação, criando vidas mais engajadas e gratificantes.

Eles oferecem aos hóspedes com deficiências visuais um programa de acampamento de inverno que pode incluir esqui, *snowboarding*, esqui de longa distância, dirigir um *snowmobile*, andar de trenó em tubos e corridas de trenó. Eles também realizam acampamentos de verão no Colorado e na Califórnia que oferecem surfe, *wakeboard*, esqui aquático, *tubing*, passeios de jet-ski e caminhadas nas montanhas.

Todas as atividades de seus acampamentos acontecem num ambiente cristão, embora não seja necessário ser cristão para participar. A família Schwarz contou que viu o poder milagroso de Deus mudar a vida de seus acampantes, seja libertando alguém do abuso de drogas ou alcoolismo, seja de possessão demoníaca. Eles constataram que tanto os acampantes quanto os equipantes ficam mais abertos à Palavra de Deus quando estão totalmente envolvidos física e mentalmente nas paisagens mais lindas da natureza.

Os membros da família Schwarz dizem que seus acampamentos são ferramentas para compartilhar a fé e demonstrar princípios e convicções cristãs. Eles não forçam os participantes, porém lhes dão a oportunidade de observar e desfrutar as bênçãos terrenas de Deus em meio a um cenário deslumbrante, camaradagem e companheirismo amoroso.

Bryan e Mindy compartilham seu testemunho no último dia de cada acampamento e, muitas vezes, as respostas são emocionantes. Como Mindy disse em seu site, "vimos Jesus derreter os corações mais duros e fomos testemunhas de muitos que entregaram sua vida a Cristo".

ESTUDO BÍBLICO NO CORREIO NACIONAL

A família Schwarz ajuda os acampantes a desfrutarem a criação natural de Deus. Outra família que conheci, os Green, está criando um lugar incrível para explorar a Palavra de Deus na capital dos Estados Unidos. Sou amigo dos Green há vários anos. São uma família cristã de Oklahoma City, onde têm muitos hobbies, tantos que seus *Hobby Lobby* viraram *lojas*.

Em 1970, David e Barbara Green pediram um empréstimo de seiscentos dólares para começar uma empresa em sua casa que construía molduras para quadros com miniaturas. Dois anos depois, abriram uma pequena loja e hoje seu negócio de artesanato tem centenas de lojas em quarenta e sete estados, com 32.000 funcionários.

Enquanto construíam seu império de negócios de US$3,7 bilhões, que também inclui a cadeia de livrarias *Mardel* e as lojas de móveis *Hemispheres*, os Green e seus filhos — Matt, Steve e Darsee — tornaram-se grandes incentivadores da fé. Eles doaram centenas de milhões de dólares para apoiar programas e iniciativas cristãos, incluindo meu próprio ministério, e recentemente pediram que eu desempenhasse um pequeno papel no que provavelmente será sua contribuição mais extraordinária e duradoura para o evangelismo e para todos os cristãos.

Em novembro de 2017, eles abriram ao público o Museu da Bíblia, que financiaram com seus recursos e que fica próximo ao prédio do Correio Nacional em Washington DC. Esse é um museu de proporções realmente bíblicas. Ele tem oito andares, com mostras espalhadas por uma área de quase 40.000 m^2. O museu conta com mais de quarenta mil objetos, incluindo manuscritos bíblicos antigos, rolos da Torá, alguns rolos do Mar Morto e textos cuneiformes da sua coleção particular, a maior do mundo. As mostras também incluiem obras de arte, peças rituais antigas e, para os fãs de Elvis Presley, a Bíblia[3] pessoal dele.

Eu me senti honrado, quando os Green pediram que eu participasse da criação de uma mostra que traz entrevistas com cristãos relatando como a leitura da Bíblia impactou sua vida. Não precisarei deixar meu

[3]Veja www.museumofthebible.org e www.hobbylobby.com/about-us/our-story

trabalho normal nem mudar para Washington para aparecer todos os dias em que o museu está aberto porque, como outros entrevistados, aparecerei como holograma. Que bacana! Eu sempre fui bem transparente, mas agora você poderá ver através de mim!

O Museu da Bíblia é dirigido por Steve Green, que me falou sobre sua visão de criar um lugar que conte as histórias e a história da Bíblia ao longo de centenas de anos. O museu receberá pessoas de todas as religiões, cristãos e não cristãos, dentro de seu objetivo de "trazer à vida a Palavra viva de Deus, a fim de contar sua cativante história de preservação e inspirar confiança na autoridade e na confiabilidade absolutas da Bíblia".

Steve e sua família acreditam que, quanto mais estudarmos e aprendermos sobre a Bíblia, mais forte será a nossa fé. Eles querem que sua coleção também sirva como um farol que atraia e inspire os não cristãos e também as pessoas de outras religiões, para que possam se deleitar na beleza da Palavra de Deus e até serem transformadas por ela.

O PLANO DOS AMIGOS E DA FAMÍLIA

Fico muito feliz por tantas pessoas pelo mundo encontrarem maneiras criativas e incomuns de compartilhar sua fé e arregimentar mais soldados para o exército de Cristo. Líderes de igrejas, inclusive amigos meus da *LifeChurch* em Coppell, Texas, estão divulgando sua fé de formas novas e interessantes.

Minha mulher, Kanae, vivia com sua mãe, sua irmã e seu irmão nos subúrbios de Dallas quando nos encontramos pela primeira vez. Eles frequentavam a *LifeChurch*, que fica bem ao norte do aeroporto internacional Dallas/Fort Worth. Toda vez que eu estava em Dallas, Kanae e eu íamos à igreja da sua família, onde conheci o casal Abigail e Tim Holland, pastores seniores da igreja. Tim conta às pessoas que a primeira vez em que me viu sentado em sua congregação, quase esqueceu o que ia pregar. Ele não havia visto meus vídeos no YouTube nem minha visita ao programa da Oprah, por isso ele ficou desnorteado ao me ver ali.

Tim concluiu seu maravilhoso sermão, e, depois do culto conversamos; desde então, Kanae e eu somos amigos de Abigail e Tim. Tim pode ser pastor, mas é filho de missionários e, no fundo, é isso o que ele realmente é. Em 1991, seus pais, Rafael e Donna Holland, fundaram a igreja-irmã hispânica da *LifeChurch*, a *Iglesia Mundo de Fe* em Coppell, e agora eles servem como líderes espirituais daquela igreja e de várias outras que semearam na América Latina e na Espanha.

Não surpreende, portanto, que a expansão do cristianismo seja um dos valores fundamentais da *LifeChurch*. Os Holland, a equipe de líderes e os membros da sua igreja são muito ativos na comunidade. Eles trabalham numa organização de cozinhas móveis que fornece sopa aos famintos; outra equipe visita clínicas de tratamento, e ainda outro grupo traz café quente e alimentos para o café da manhã dos desempregados que ficam nas ruas da cidade à espera de serem chamados para algum serviço.

Os Holland são muito criativos no modo como compartilham sua fé e trazem mais gente até a luz de Deus. Eu os acompanhei num projeto de uma semana no começo de 2016 que foi especialmente interessante. Eles incentivaram mil e quatrocentos membros da igreja para que cada um convidasse pelo menos dez amigos, parentes, vizinhos ou mesmo pessoas totalmente desconhecidas para vir me ouvir como parte da campanha.

O mais impressionante é que seis meses antes de convidarem todo mundo, a congregação comprometeu-se a orar diariamente por cada pessoa que seria convidada, pedindo que Deus preparasse os corações delas para que recebessem bem o convite.

Quando espiei a plateia dos bastidores antes da minha palestra, tive uma ideia do que as pessoas sentiram ao assistir Jesus multiplicar os cinco pães e dois peixes para alimentar os cinco mil que o haviam seguido até um vilarejo distante. A diferença era que os Holland e sua congregação multiplicaram os 1.400 membros da igreja para receber 14.000 pessoas no auditório! Melhor ainda, mais de mil e quatrocentas pessoas responderam ao apelo ao longo de seis noites seguidas e entregaram sua vida a Jesus Cristo.

Penso nesse tipo de projeto como o Plano dos Amigos e da Família, mas ele pode incluir colegas de trabalho, vizinhos e, sim, desconhecidos que estão interessados em saber mais sobre sua igreja e sua fé. A parte mais impressionante dessa campanha é que a igreja acompanhou cada indivíduo e família para ajudá-los a se integrarem à igreja local como membros. Das 1.414 fichas de decisão preenchidas (às vezes uma ficha representava famílias inteiras), 20% dizem que a *LifeChurch* ou *Mundo de Fé* é sua igreja do coração. Eles comparecem toda semana para crescer em sua caminhada pessoal com Jesus. Um aumento de 20% na membresia numa semana é uma semana muito boa. Sem brincadeira, aquilo foi incrível.

PROMOVENDO A FÉ

Neste capítulo apresentei vários exemplos de formas criativas e fora-da-caixa que cristãos estão usando para propagar sua fé. Sei que há muitos cristãos que têm seus empregos, suas famílias e outras responsabilidades que não lhes permitem trabalhar em tempo integral para divulgar sua fé, por isso quis terminar este capítulo apresentando um jeito um pouco mais simples, porém comprovado, para qualquer pessoa divulgar sua fé e servir como embaixador de Deus.

Podemos ajudar a compartilhar realidade do amor de Deus e incentivar outros a experimentá-lo ao responder às perguntas deles, estando abertos aos seus interesses, oferecendo testemunho, mostrando como os cristãos são capazes de ser carinhosos e compassivos, ensinando-lhes a Palavra do Senhor e vivendo de acordo com os mandamentos de Deus.

Incentivo cada um a fazer o possível para divulgar o evangelho. Entre os métodos mais básicos disponíveis a todos os cristãos estão:

- ir à igreja
- convidar não cristãos a um culto, ao estudo bíblico e à frequência do grupo de jovens cristãos
- receber bem os visitantes de cultos e eventos, dedicando tempo para responder dúvidas ou atender às suas necessidades
- dar presentes úteis para orientar os visitantes, como Bíblias, livros devocionais e cristãos, e guias de oração.

« PARTE II »

FORMANDO a EQUIPE

« 6 »

Bem-aventurados os mentores

Jesus veio ao nosso mundo para expiar nossos pecados, mas o Filho de Deus também foi enviado "para salvar os perdidos". Ele foi o primeiro e o melhor mentor espiritual na terra, e é um dever e uma grande bênção para todo cristão firme na fé servir como exemplo e, se possível, atuar como mentor daqueles que ainda precisam de um caminho para a salvação eterna.

O Filho de Deus garantiu que sua obra prosseguiria por ter servido como mentor para seus doze apóstolos. Conforme relata Lucas 9:1-2, "reunindo os Doze, Jesus deu-lhes poder e autoridade para expulsar todos os demônios e curar doenças, e, os enviou a pregar o Reino de Deus e a curar os enfermos". Ele também lhes deu instruções detalhadas sobre como fazer isso, dizendo-lhes até o que não levar quando viajassem para pregar o evangelho: "Nem bordão, nem saco de viagem, nem pão, nem dinheiro, nem túnica extra" (versículo 3).

Essas são recomendações de mentoreamento bem importantes! Jesus deu o exemplo com seus discípulos, que multiplicaram sua obra e disseminaram seus ensinos após sua morte, ressurreição e ascensão. Eles também incentivaram outros a serem mentores. Na Bíblia, Pedro diz que devemos ser "exemplos para o rebanho".

Acredito que todos os cristãos têm o dever de servir como guia e incentivar os outros, sejam eles cristãos ou não. Os seguidores de Jesus devem assumir esse papel, pois estão num relacionamento pessoal com ele e atingiram um ponto em que têm experiências e conhecimento valiosos para compartilhar. No meu caso, fui pego de surpresa, pois nunca havia pensado em mim como exemplo ou mentor até que pessoas mais jovens começaram a me pedir conselhos e orientação.

Eu estava ocupado construindo e indo atrás da minha carreira durante minha adolescência e mocidade. Ao longo daquele período, eu me considerava mais um aluno do que um professor, entretanto, à medida que eu amadurecia na fé e desenvolvia meu propósito, mentorear foi uma ação natural para mim ao ser abordado por jovens que queriam se tornar palestrantes, pastores, missionários ou evangelistas. Aos trinta e poucos anos, eu percebi que, mesmo sem saber, estava mentoreando pessoas e que, na verdade, eu tinha acumulado experiências e conhecimento suficientes para ajudar outros.

Eu não me sentiria digno desse papel sem a ajuda de Deus e a orientação do Espírito Santo. Meu papel como mentor espiritual tem como modelo o apóstolo Paulo, que disse em 1Coríntios 11:1: "Tornem-se meus imitadores, como eu o sou de Cristo". Mentorear nem sempre é fácil, mesmo com a ajuda do Espírito Santo, porque eu sou um mero ser humano e, portanto, não sou perfeito — seja como homem, seja como cristão. Eu só posso tentar fazer o melhor possível e esperar que continue crescendo na fé e melhorando aos olhos de Deus, e isso é tudo o que eu peço àqueles que buscam orientação.

Provérbios 9:9 resume muito bem tudo isso: "Instrua o homem sábio, e ele será ainda mais sábio; ensine o homem justo, e ele aumentará o seu saber".

BEM-AVENTURADOS OS HUMILDES QUE MENTOREIAM

Aprecio a mentoria como uma forma de guiar homens mais jovens que eu, para que evitem os erros que cometi quando tinha a idade deles. Sempre me sinto recompensado e animado quando os vejo aprendendo e aplicando as lições de como ser cristãos melhores. É como se eu lhes desse um presente que deixará sua viagem mais fácil. Tendo sido criados por Deus para ser uma família, vejo cada um que mentoreio como um irmão mais novo que desejo ajudar, e essa é a beleza de ter uma família de Deus, pois nós cuidamos uns dos outros.

O filósofo cristão C. S. Lewis tinha outra maneira de encarar o papel do mentor: "Pense em mim como outro paciente no mesmo hospital que, tendo sido internado um pouco antes, pode dar alguns conselhos"[1]. Gosto dessa abordagem humilde, pois humildade é uma parte essencial para ser mentor. Se você se apresenta como alguém infalível e que sabe tudo, o que alguém pode esperar aprender de você?

O mentor que alega nunca ter errado é alguém que ninguém deveria querer seguir. Eu procuro mentores que assumiram riscos, tropeçaram de vez em quando e aprenderam alguma coisa ao longo do processo, porque creio que eles me ajudarão a evitar os erros que cometeram. Sempre fui franco com relação aos meus fiascos e erros, e as lições que aprendi com eles tornam-me um mentor melhor.

Confiei nas pessoas erradas, tomei decisões por impulso e tentei fazer demais em prazos muito curtos. Algumas vezes, esforcei-me tanto e fiquei tão tenso que tive medo de arrebentar como um elástico. Alguns desses erros custaram-me dinheiro, amizades e muito esforço; outros foram bem dolorosos, mas aprendi com eles e eles fizeram de mim um mentor melhor para aqueles que agora me procuram em busca de conselho, orientação e apoio.

Mentorear não é a atividade mais fácil que existe, tendo em vista que exige tempo e reflexão cuidadosa, porque você não quer dirigir alguém para o caminho errado ou dar informações desatualizadas ou mesmo ruins. Com certeza é mais fácil fazer um cheque com uma doação, ou trabalhar como voluntário num "sopão" para a comunidade. Colocar alguém debaixo das suas asas e servir como confidente e guia espiritual durante um período mais longo é um desafio muito maior e exige muito mais tempo. Às vezes, quando sugiro o mentoreio a outros

---

[1]C. S. Lewis, *A Letter to Sheldon Vanauken* [Carta a Sheldon Vanauken] (22 de abril de 1953), em Sheldon Vanauken, *A Severe Mercy* [Uma misericórdia severa] (São Francisco: HarperSanFrancisco, 1987), p. 134.

cristãos, eles dizem que não são qualificados ou fortes o suficiente na fé, mas qualquer pessoa que tenha tido uma longa jornada de fé pode passar adiante a sabedoria de Deus, o encorajamento e o apoio.

Mentorear pode ser algo tão simples quanto tomar um café com alguém toda semana e compartilhar ideias sobre como ter uma vida segundo a vontade de Deus, ou pode ser algo mais profundo, como trabalhar lado a lado em um projeto. Sempre fico contente em ajudar aqueles que talvez não sejam tão maduros em sua fé a andar com Jesus Cristo, e quero ajudá-los a serem responsáveis, a crescerem e serem felizes no Senhor.

CONTINUANDO O TRABALHO DOS APÓSTOLOS

Muitas igrejas têm programas formais de mentoria nos quais cristãos experientes conduzem membros mais jovens, pessoas que acabaram de ser salvas ou aquelas que estão explorando suas opções espirituais. Meus relacionamentos de mentoria cristã em geral nasceram de modo informal a partir da amizade com jovens que pediram minha ajuda depois de me ouvirem falar ou da leitura de meus livros.

Embora eu tenha certeza de que a maioria deles foi trazida a mim por Deus, algumas vezes o papel dele é mais evidente do que em outros. Isso se aplica especialmente ao caso do meu amigo Bradon Schwarz, que já me considerava um exemplo de vida muitos anos antes de nos encontrarmos.

Bradon foi criado por Bryan e Mindy, que têm uma empresa de construção na Califórnia e dirigem os *Xtreme Mobility Camps* no Colorado e na Califórnia. Bradon se rebelou contra seus pais e sua fé durante grande parte da sua infância. "As pessoas sempre falavam comigo sobre Deus e o plano dele para mim, mas eu não ligava para religião, e por algum motivo, fazia o que pudesse para criar confusão", recorda.

Ele tinha doze anos de idade quando seus pais o convenceram a ir participar de um final de semana de shows de rock com jovens cristãos. Bradon continuava não tendo interesse em fé e não era fã de música cristã, mas nunca havia ido a um show, por isso concordou.

Como seus pais optaram por ensinar Bradon em casa em vez de enviá-lo à escola, Bradon viu no show uma rara oportunidade de ficar com outras crianças e jovens. Ele descobriu que gostava de bandas cristãs mais pesadas, especialmente de *Family Force 5*, uma banda de Atlanta conhecida por seu estilo de músicas mais agressivas e misturas de rap, metal e techno-pop.

NÚMERO DE ABERTURA

Na última noite do fim de semana de shows em 2007, Bradon foi assistir à apresentação de *Family Force 5*. Ele chegou cedo e descobriu que quem abriria o show era um sujeito esquisito e sem membros: eu!

"Nick começou fazendo piadas e tocando bateria, por isso pensei que ele fosse um comediante fazendo a abertura para a banda", disse Bradon. "Então ele começou a falar sobre o Senhor, e senti que ele estava falando diretamente comigo. Nick derrubou os muros que eu havia construído com relação à fé dos meus pais e usou o humor e o testemunho dele sobre o plano de Deus para sua vida. Naquela época, ele era igual a mim, um jovem solteiro, por isso foi diferente escutar aquilo vindo dele. Quando ele disse 'Deus tem um plano para você', aquilo me marcou".

Bradon e eu não nos encontramos naquele dia, mas, pouco depois, ele entregou sua vida a Jesus. Seus pais ficaram muito animados, e ele se lembra da primeira vez em que me ouviu falar como um "evento muito importante" em sua vida. Não tenho dúvida de que Deus nos aproximou naquela noite durante aquele show cristão, mas pelo jeito não ficaria apenas nessa vez.

Vamos avançar seis anos no tempo. Nesse período eu havia me casado com Kanae e ela estava no começo da gravidez do nosso primeiro filho. Um dia saímos para comprar um par de chinelos para Kanae e entramos numa loja em um shopping perto da nossa casa na Califórnia. Vi um jovem vendedor em pé no fundo da loja dobrando roupas para a vitrine e alguma coisa nele chamou minha atenção. Pensei que ele parecia alguém que teria um futuro brilhante fazendo coisas maiores do que aquelas.

Fui até ele e perguntei se ele poderia nos ajudar. Mostrando certa ansiedade, Bradon se apresentou e disse que me reconheceu do show cristão seis anos atrás! Ele contou-me toda história de como minha fala naquela noite o ajudara a vir a Jesus e mudou sua vida dramaticamente. Se eu ainda tinha dúvidas de que Deus estava agindo, elas foram dissipadas quando Bradon revelou que estava começando a trabalhar naquela loja justamente naquele dia! Ele havia passado por ali há uma semana e eles lhe ofereceram o cargo na hora. Loucura, não é? Quem diria que Deus é recrutador de vendedores para lojas de roupas! É claro que ele não é, mas parece que Deus trabalhou duro para levar-me a mentorear Bradon, por isso, quero contar como tudo aconteceu de uma maneira mais interessante.

Depois que encontramos os chinelos, perguntei a Bradon se podia orar por ele e por sua continuidade na caminhada com Jesus, ao que ele respondeu que seria ótimo. Mais uma vez, nós nos despedimos sem trocar endereços de e-mail ou números de telefone, e aquele poderia ter sido o fim de qualquer contato entre nós.

Contudo, mais uma vez, Deus ainda não havia terminado conosco! Cerca de três semanas mais tarde, Kanae e eu fomos a uma loja de jardinagem à procura de algumas árvores para nosso quintal. Estávamos dando uma volta quando um homem nos abordou e contou que seu filho era um grande fã que entregara sua vida a Deus depois de me ver falar em um show. Percebi que era o pai de Bradon quando ele contava que seu filho havia nos atendido, e as conexões me deixaram ainda mais atônito quando Bryan Schwarz disse que conhecia meu tio Batta e a família dele, porque minha prima havia levantado fundos para uma organização sem fins lucrativos que era dirigida pela família Schwarz.

Depois de conversarmos um pouco mais, Bryan ofereceu-se para colocar as palmeiras que havíamos comprado em seu caminhão e entregá-las na nossa casa. Quando ele chegou com as árvores, explicou que era um empreiteiro e ofereceu-se para ajudar em qualquer projeto de construção que tivéssemos. Estávamos fazendo algumas reformas, e ele acabou nos ajudando com elas.

Um dia, enquanto trabalhava em nossa casa, Bryan entregou-me um vídeo explicando que era sobre a organização que ele fundara. Eu lhe disse que tinha um bocado de telefonemas para fazer e não poderia assisti-lo naquele momento, mas lhe dei um dos *meus* vídeos, o que ele achou muito engraçado já que eu não tinha tempo de assistir ao dele. Nós dois rimos com isso.

Fiquei impressionado quando assisti ao seu vídeo mais tarde. Bryan e sua esposa, Mindy, haviam fundado os *Xtreme Mobility Camps* mais de vinte anos atrás. Como eu já disse anteriormente, os acampamentos deles oferecem experiências esportivas para acampantes com deficiências visuais em sua casa de férias no Colorado e em alguns lugares da Califórnia.

Era evidente que Deus havia trazido Bradon, seus pais e sua irmã Marleigh para nossa vida. Pouco tempo depois, Kanae e eu os visitamos no Colorado e tornamo-nos bons amigos da família toda. Em um dos nossos encontros Bradon contou-me que se inscrevera no curso de administração de uma faculdade cristã, pois um dia pretendia assumir e expandir os *Xtreme Mobility Camps*. Eu me ofereci para mentoreá-lo com base na experiência com minha própria organização sem fins lucrativos, *Life Without Limbs*.

Kanae e eu os visitamos pela primeira vez no Colorado para uma estada que durou uma semana, e eu pude de fato conhecer Bradon melhor. Numa noite, ele estava lendo sua Bíblia, e eu me ofereci para fazer devocionais com ele. Bradon ficou admirado com minha oferta porque, ele relembrou, eu o ajudara a encontrar seu caminho até Jesus anos atrás naquele show.

Naquela noite, compartilhamos nossas caminhadas com Cristo, e Bradon tinha dúvidas e queria meu conselho sobre como permanecer na fé apesar das tentações do dia a dia. Tivemos muitas conversas naquela semana, pois eu havia trazido uma cadeira de rodas especial adaptada para passear pelas montanhas e florestas ao lado de Kanae e Bradon. Ficamos ainda mais unidos com esses passeios.

Compartilhei minhas experiências de viagens pelo mundo, inclusive alguns milagres que testemunhei, e contei a Bradon que em muitas ocasiões eu havia orado por um milagre que me desse braços e pernas. Conversamos profundamente sobre por que Deus concede milagres a algumas pessoas, mas não a outras, e concordamos que muitas vezes não conseguimos entender os caminhos de Deus porque nossa visão é limitada, por isso temos de aceitar pela fé que ele está trabalhando pelo nosso bem.

CONSTRUINDO LAÇOS

Durante o ano seguinte, Kanae e eu nos tornamos bons amigos de Bradon e sua família. Eu o orientei com relação à sua organização e sugeri que criassem um conselho, e também falei em seu evento anual para levantamento de fundos, que atraiu cinco mil pessoas. Bradon estava encarregado desse evento, sua primeira angariação de fundos, e eu o assessorei nos preparativos e, mais tarde, apresentei sugestões para ajudar sua família a montar um plano de negócios para seus acampamentos.

Quando Bradon completou vinte anos e estava no segundo ano da faculdade de administração, mostrava-se ansioso por dirigir os acampamentos da família e também avaliava a possibilidade de fazer um estágio em administração. Contei-lhe que planejava uma série de viagens pelo mundo e precisava contratar mais um cuidador para me ajudar durante essas viagens. Ofereci o cargo a Bradon, explicando eu o orientaria em aspectos administrativos e de fé durante nossos deslocamentos juntos.

Minhas viagens significariam apenas dez dias por mês na sua agenda, pois, como eu tinha dois outros cuidadores que se revezavam, Bradon poderia fazer outras coisas. Ele orou durante alguns dias sobre minha proposta antes de aceitá-la.

SERVINDO AO PROPÓSITO DE DEUS

Comecei essa história dizendo que essa mentoria de longo prazo evoluiu naturalmente a partir de uma amizade, o que é verdade até certo ponto, mas é possível ver a mão de Deus em ação. Creio que isso se aplica à maioria das relações de mentoria cristã, uma vez que nosso Pai celeste dirige o mais poderoso programa de mentoreamento que existe!

Ele é a mão invisível que me aproximou de Bradon, primeiro, no show e, depois, na loja; depois, ele enviou o pai de Bradon até a jardinagem para unir todos nós.

"Nick me apresentou a Cristo e me conduziu no amadurecimento na fé. Deus nos aproximou pelos motivos dele", disse Bradon. "Vejo tanto do coração de Nick através dos seus atos. Ele tem um coração muito grande para Deus e seu ministério e me mostrou que o papel de um evangelista é mais do que somente pregar. Ele leva isso para seus relacionamentos e ajuda todos à sua volta a ficarem mais parecidos com a pessoa que Deus quer que sejam".

« 7 »

SERVINDO COMO MODELO CRISTÃO

Nem sempre posso servir como mentor daqueles que desejo ajudar, mas faço o possível para responder qualquer pergunta que possam ter e para ser um exemplo cristão para eles. O ideal seria que eu pudesse mentorear cada um que deseja ter minha ajuda e orientação espiritual. Na maioria dos casos, porém, não consigo estar sempre disponível em razão das minhas viagens e de outras obrigações como líder de *Life Without Limbs* e *Attitude is Altitude*, sem falar em meu papel como marido e pai de dois filhos.

Posso servir como modelo cristão para muito mais pessoas com a ajuda das mídias sociais, como Facebook e Twitter, que me permitem enviar mensagens periódicas de esperança e inspiração para aqueles que me seguem on-line. Em geral, o mentoreamento acontece individualmente e ao vivo, o que exige mais tempo e esforço, além de acesso fácil e periódico.

Organizações como *Big Brothers Big Sisters of America* e grupos de jovens das igrejas podem juntar mentores e mentoreados. Às vezes, você também pode mentorear mais de uma pessoa ao mesmo tempo, se tiver acesso fácil a elas.

Infelizmente eu viajo tanto e tenho tantas outras responsabilidades que raramente consigo mentorear alguém todos os dias individualmente. Bradon é uma rara exceção, mas ele trabalhou comigo como cuidador por um longo período, o que proporcionou muitas oportunidades para acompanhá-lo.

A próxima melhor coisa que você pode fazer como cristão para ajudar outros em sua caminhada de fé é ser um modelo, um bom exemplo e inspiração para outras pessoas a distância. Comecei como modelo de vida com Bradon e então assumi o papel de mentor quando ele veio trabalhar comigo. É mais frequente que eu sirva como um mentor que ocasionalmente se encontra com seguidores ou que, em alguns casos, nunca os encontra pessoalmente. Ainda assim, essa pode ser uma experiência gratificante e esclarecedora para os dois lados, como mostra o exemplo de Khaavion Stone, um jovem que conheci numa visita a Nashville.

Ter objetivos sempre é tão importante quanto dar passos na sua direção. Os resultados dependem de Deus, mas todo mundo precisa adquirir conhecimento e crescer na fé. Mentores cristãos compartilham, encorajam e fortalecem pela graça de Deus. Não fique desanimado se as circunstâncias mudarem, pois quem deseja crescer terá necessidades, prioridades e opiniões que mudam à medida que amadurece na fé. Os mentores não são capazes de controlar tudo, mas servem como guias e incentivadores, e, sempre que possível, tentam manter as pessoas no caminho certo que Deus quer que sigam. Nem todas as mentorias intencionais terminam do modo que imaginamos, mas, à medida que Deus nos convoca, vamos servindo para ver mais filhos dele desejosos de fazer sua vontade.

SERVIR COMO MODELO DE VIDA DEBAIXO DA DIREÇÃO DE DEUS

Shynithia Stone estava no quarto mês de gravidez quando seu médico lhe deu uma notícia que mudaria sua vida: o bebê que carregava não tinha desenvolvido braços nem pernas. O médico, que nunca havia trazido à luz uma criança sem membros, tentou convencer Shynithia, que só tinha vinte e um anos de idade e era solteira, a abortar o bebê naquele momento. Ela desatou a chorar.

Essa mãe amorosa oferece a história dela aqui, e creio que é um lindo testemunho do poder do amor de uma mãe e do poder de Deus também:

> Fiquei tão animada quando descobri que estava grávida! Mal podia esperar para fazer meu primeiro ultrassom e ver uma imagem do meu bebê. Quando fiz o exame, não conseguia entender o que os médicos me mostravam ou o que diziam sobre meu filho. Sim, a imagem do ultrassom mostrou-nos claramente que nosso bebê era um menino. Tudo o que eu podia ouvir e processar eram os médicos me dizendo que aquela criança não teria uma vida normal, que essa criança não seria capaz de fazer qualquer coisa sozinha, que eu teria de fazer tudo por ela, que basicamente no final eu ficaria tão cansada de fazer tudo por ele que seria muito provável que ele acabasse numa instituição, algo injusto com ele e comigo.
>
> Em resumo, os médicos me disseram que a melhor coisa para a criança que eu carregava e para mim era conseguir um aborto o mais depressa possível. Minha prima LaMonica McDonald havia ido comigo ao exame de ultrassom, e nós duas só chorávamos. Tive de sair do consultório e ir até a casa de minha mãe para que ela pudesse me explicar tudo em palavras que eu entendesse.
>
> Mostrei as imagens à minha mãe, e ela me disse que os braços e pernas do meu bebê não haviam se desenvolvido. Ela também contou que o hospital havia ligado para ela e que lhe disseram várias vezes tudo que haviam me dito sobre conseguir um aborto porque aquela era a melhor opção. Pediram-lhe que tentasse me convencer de que isso seria melhor para mim no longo prazo e falaram que eu era muito jovem e poderia ter outros filhos, mas eles não sabiam nada da história da minha família, sobre nossas crenças religiosas e de onde nós somos.
>
> Nós somos Santos da Fé Apostólica, Batizados no Nome de Jesus, Cheios do Espírito Santo, Que Falam em Línguas, Temem a Deus e creem na Doutrina do Meu Senhor e Salvador Jesus Cristo.
>
> Não há nada difícil demais para Deus. Lembro todas as lições que aprendi como criança na escola dominical e começo a pedir que Deus

me mostrasse o caminho. *Permita que meus pensamentos sejam seus pensamentos*. E ele atendeu.

Escolhi o nome do meu filho, Khaavion Auriiz Stone. Tive um chá de bebê e fiz todas as coisas que uma nova mãe faz quando está grávida. Depois da experiência com os médicos no hospital, as únicas que sabiam do fato de Khaavion não ter membros eram minha mãe e minha prima. Minha mãe e eu não queríamos que ninguém mais tentasse interferir nos planos de Deus para meu bebê e minha vida, portanto, deixamos o destino de Khaavion na graça de Deus.

Quando os médicos disseram que o hospital reconheceu o fato de que o aborto não estava nos planos de Deus para mim e meu filho, as oportunidades começaram a se abrir para nós. Eles nos puseram em contato com enfermeiras especializadas e agências de *home care*. Khaavion sempre teve anjos à sua volta, e seu quarto anjo foi uma enfermeira da saúde pública que trabalhava no departamento de enfermagem para recém-nascidos cujo nome era Nancy. Ela lutou por Khaavion como se fosse seu próprio filho e abriu muitas linhas de comunicação com diferentes médicos e organizações que mais poderiam ajudar meu filho.

Quando os médicos do Hospital Vanderbilt diziam que não podiam fazer alguma coisa Nancy dizia: "Sim, vocês podem e vocês vão fazer". Ela ajudou-me a conseguir próteses de braços feitas especialmente para Khaavion e foi a todas as consultas médicas, de modo que pudesse explicar todos os termos médicos que usavam ao falar do meu filho. Nancy ajudou a incluir Khaavion na lista dos Serviços de Intervenção Antecipada do Tennessee (TEIS — *Tennessee Early Intervention Services*), que me indicou um especialista que poderia me ajudar a desenvolver e estimular as habilidades físicas de Khaavion e também o colocou em contato com outras agências que iriam ajudar, incluindo o *Arc of Davidson County*, no Tennessee, além dos *Shriners* aqui em Nashville e o Hospital *Shriners* de Lexington, Kentucky.

Nancy também ajudou a colocá-lo na lista do programa de terapia física para pacientes pediátricos ambulatoriais do Hospital Vanderbilt, e, quando ele ficou velho demais para o programa, ela me ajudou a colocá-lo na Escola Susan Gray no Hospital Universitário Vanderbilt. Depois, ele entrou no programa de Harris-Hillman e foi ali que ele conheceu seu quinto anjo, Sally. Viu só? Quando você vem de uma família temente a Deus, abençoada e salva, então Deus o cercará com uma quantidade ilimitada de anjos terrenos.

Eu sou o primeiro anjo de Khaavion, como sua mãe. Minha mãe, Linda Stone, é o segundo. O terceiro é meu noivo, Phillip Deark, o único pai verdadeiro que ele conhece e ama. Seu quinto anjo é Sally, que abriu portas para meu filho com sua personalidade amorosa. Ela é uma pessoa muito especial, que não parou até conseguir que Khaavion se encontrasse com Nick.

Minha família toda e eu no sentimos tão gratos e honrados por Nick decidir incluir a história de Khaavion, o primeiro capítulo do meu filho, neste livro. Haverá muitos outros capítulos da linda vida de Khaavion. Agora ele tem oito anos de idade e está florescendo com amor e abundância pela graça de Deus, e toda a minha família ama Sally por seu amor verdadeiro por ele. Ela é e sempre será um membro da nossa família por meio do sangue de Jesus Cristo.

A história de Shynithia é muito emocionante para mim, claro, pois meus próprios pais não tiveram nenhum aviso de que eu nasceria sem membros, ainda que minha mãe tenha feito todos os exames e ultrassonografias. No caso dela, Shynithia teve algum tempo para se preparar antes do nascimento de seu filho e, diferentemente dos meus pais, ela tinha a Internet para ajudá-la a obter as respostas que seus médicos não conseguiam dar. Sou grato porque a pesquisa online dela levou-a aos meus vídeos e sites, pois isso me permitiu servir como modelo de vida e fonte de esperança para ela e, mais tarde, para seu filho Khaavion.

"Quando comecei a pesquisar para ver se havia outras pessoas que nasceram sem os membros, logo deparei com Nick. Depois, um amigo da minha igreja deu-me um de seus livros. Eu sempre planejei criar meu filho, mas foi de grande ajuda saber que Nick encontrou o propósito de Deus para ele, pois isso me deu esperança de que meu filho também encontrará o seu", ela diz.

Quando o médico de Shynithia e outros continuaram a pressioná-la para fazer um aborto, por não achar que seu filho poderia ter uma vida normal, ela lhes mostrou meus vídeos como prova de que, com uma família amorosa e apoiadora, uma fé forte e determinação, uma criança sem membros pode uma vida absurdamente boa. "Minha gravidez foi ótima, exceto quando eu ia ao meu médico, pois eles continuavam dizendo que esse bebê jamais seria capaz de fazer qualquer coisa. Eu havia visto os vídeos de Nick e tudo o que ele fez", relata Shynithia. "Quando eu os mostrei a meu médico, ele ficou surpreso, pois nunca havia visto alguém como Nick. Então, ele também se animou com as possibilidades para meu filho".

UM PAPEL A SER ASSUMIDO COM ALEGRIA

Eu compartilho a história de Shynithia e Khaavion com vocês porque meu relacionamento com eles é semelhante ao que tenho com muitos outros pelo mundo. Em minhas viagens, conheci pelo menos trinta pessoas nascidas sem braços e pernas, e sou grato por conhecê-los e poder lhes oferecer esperança e assistência, porque creio que esse é um dos propósitos que Deus tem para minha vida.

Shynithia e Khaavion estão entre as muitas pessoas que primeiro me encontraram por meio das mídias sociais e da Internet. Eles me seguiram e permitiram que eu fosse um modelo de vida para Khaavion e então, como muitos outros, encontraram uma oportunidade de se encontrar comigo quando fui para a região de Nashville.

Não tenho dúvida de que nosso encontro foi parte do plano de Deus para nós dois. Dou todo o crédito a nosso Pai celestial, e tenho certeza de que ele gostaria de partilhar um pouco disso com uma jovem chamada Sally Hamrick, que serviu de tutora, advogada e amiga de Khaavion.

Eu lhe pedi que explicasse como nós três nos juntamos debaixo do plano de Deus, e, quando você ler a história dela, tenho certeza de que ficará maravilhado como eu fiquei pelo modo como ele trouxe cada um de nós até a vida dos outros. Esse é outro caso em que o mentor e modelo de vida se beneficiou tanto quanto aqueles que ele procura servir.

Todos nós temos um propósito

Por Sally Hamrick

» Cresci numa família que me mantinha na igreja e me ensinou que confiança, fé, amor e obediência a Deus eram as coisas mais importantes da vida. Mais que isso, eles me ensinaram que servir aos outros é um dos retratos de Jesus mais poderosos que podemos pintar na terra.

Quando era criança, eu via meus pais servindo aos outros de todas as formas que podiam. Eles me deram um coração voltado para os outros e um coração voltado para Jesus, o que ofereceu um fundamento firme para minha vida. Depois do ensino médio, diplomei-me em educação infantil com foco em educação especial pela Universidade do Tennessee.

Por dois anos, trabalhei como missionária na África; depois, fui ao seminário e trabalhei com crianças deficientes e suas famílias. Passei por um vale de tempos difíceis por causa da morte de várias pessoas queridas, além de relacionamentos rompidos, e também estava muito desanimada e chorava diante de Deus pedindo ajuda e encorajamento.

No meio de todo aquele caos, ele calmamente me sugeriu que Nashville poderia se tornar meu lar, e tudo o que eu podia fazer era confiar que ele tinha o melhor plano. Mudei para Nashville e encontrei um trabalho como professora substituta em escolas fundamentais. Então, em 2014, conheci um jovem que mudou minha vida para sempre. Fui designada como assistente de uma professora muito doce, Laura Neumann, numa escola maravilhosa.

Quando ela me preparava para assumir sua classe, falou um pouco sobre cada aluno e o último nome que mencionou foi Khaavion. Sua face se iluminou enquanto me falava sobre esse menininho admirável que nascera sem membros, mas conseguia inspirar todos que encontrava.

Eu estava com vinte e cinco anos e já havia visto um pouco do mundo, mas Khaavion era a primeira criança sem braços ou pernas que conheci. A partir do nosso primeiro encontro, senti que Deus havia colocado Khaavian no meu caminho com um propósito único. Eu era a professora substituta dele e depois passei a ser a assistente da sua professora na classe, e sabia que isso seria um desafio para nós dois, mas Deus colocou um sentimento de paz em mim.

O ano seguinte foi um dos mais difíceis e estimulantes da minha vida. Durante esse período, pude conhecer os membros amorosos e cuidadosos da família de Khaavion que creem que ele conseguirá realizar tudo o que se propuser fazer.

Os novos colegas de classe de Khaavion não estavam preparados para sua aparência diferente e, consequentemente, no começo ele teve de suportar muitas perguntas e, infelizmente, comentários que devem tê-lo machucado mais do que se imaginava. Na primeira vez em que fomos à cantina, fomos recebidos com silêncio e sob os olhares de espanto de muita gente, e não com aceitação e boas-vindas.

Mais tarde, eu soube que Nick teve experiências semelhantes nos seus primeiros dias nas diversas escolas que frequentou, mas superou essa falta de aceitação inicial de modo muito parecido com o que Khaavion usou: tomando a iniciativa e encantando todos com quem falava.

Nunca tinha visto alguém produzir uma mudança tão espantosa simplesmente irradiando alegria e esperança. Observei aquele pequeno menino ajudando cada um à sua volta a ser uma pessoa melhor ao tratá-la com amor, gentileza e altruísmo.

Khaavion transformou seus desconhecidos e desconfiados coleguinhas de jardim de infância em amigos e defensores. Ele tem alguma coisa que faz você se sentir aceito e amado, e essa é uma característica rara nas pessoas. Além disso, ele oferece realmente uma bela imagem de Cristo pela maneira com que ama as pessoas pelo que elas são.

Depois de trabalhar com Khaavion por aproximadamente seis meses, comecei a pesquisar na Internet sobre outros que nasceram sem membros, esperando encontrar alguém que lhe servisse de exemplo. Ele estava aprendendo a ler e a falar mais, e eu sabia que ele era capaz de muitas coisas, e foi assim que encontrei Nick e fiquei maravilhada pelo que ele fazia e como alcançava outros para a glória de Deus.

Toda vez que eu via algo novo que Nick havia conquistado, ficava mais e mais esperançosa de que Khaavion seria capaz de fazer algumas dessas coisas, como nadar, deslocar-se na vertical e operar uma cadeira de rodas elétrica.

No começo, eu não percebi que Shynithia e sua mãe já sabiam acerca de Nick e que também haviam mostrado seus vídeos a Khaavian para inspirá-lo. Eu amo o modo como Deus determina as coisas antes mesmo de nós sabermos que elas acontecerão e orquestra experiências lindas e poderosas para seus filhos de formas espantosas.

Enquanto todos nós assistíamos aos DVDs de Nick, Deus olhava por nós e fez com que pudéssemos nos encontrar, e isso marcaria a primeira vez em que Khaavion falou com um homem exatamente como ele, alguém que podia dar a essa criança esperança para o futuro.

Eu estava cada vez mais determinada a dar a Khaavion a mesma inspiração que ele me dera e queria que ele encontrasse Nick e o visse como um mentor que poderia entendê-lo melhor do que ninguém. Queria ajudar Khaavion a perceber que ele não estava sozinho, que ele tem um propósito essencial e que, como Nick, ele pode fazer qualquer coisa que quiser.

No fim das contas, fiquei sabendo que Nick estaria em Nashville em julho de 2016 e escrevi um e-mail para seu escritório; sua assistente, Karla Mills, agendou um encontro para Khaavion, sua família e eu.

O encontro aconteceu em 22 de julho no hotel em que Nick estava hospedado em Nashville. Quando Nick chegou, no começo Khaavion estava tímido, que é como ele normalmente reage a pessoas novas. No final da sua conversa, porém, ele estava sorrindo, animado e alegre como costuma ser.

O noivo de Shynithia, que tem sido como um pai para Khaavion desde que este tinha apenas quinze meses de idade, também estava ali, e Nick encorajou a nós todos de maneira muito intensa. Talvez outros digam que têm empatia com as dificuldades de Khaavion, mas Nick é um dos poucos que realmente entendem o que significa não ter membros desde o nascimento.

Shynithia sempre insistiu para que seu filho não aceitasse limitações, e Nick apoiou seus esforços, incentivando Khaavion a tentar coisas novas e a continuar lutando, possibilitando, assim, um futuro melhor para Khaavion.

Nick disse que, se Khaavion um dia quiser seguir carreira como palestrante, ele o ajudará, encorajará e orientará. Ele pediu que fosse considerado parte da família e disse que sempre estará disponível se algum de nós tiver dúvidas.

Ao final do encontro, oramos juntos, e eu senti a presença de Deus de uma maneira que não havia sentido há muito tempo. Deus lembrou-me que ele havia dado um propósito para cada pessoa daquele círculo.

Quando Nick orou pela família, eu sorri, pois sabia que essa era uma experiência transformadora para todos os presentes. Khaavion tinha alguém exatamente como ele em quem poderia se espelhar, alguém para lhe dar motivação e encorajamento, e também lembrá-lo de que ele pode e irá cumprir um propósito profundo. Somos eternamente gratos por isso.

Khaavion ainda tem dificuldade como orador em razão de um problema na fala, mas, toda vez em que ele e eu olhamos as fotos do nosso encontro, ele diz “Nick”. Ele nunca mais se sentirá sozinho por causa da sua falta de membros, e eu sempre me sentirei grata e animada pela presença de Nick na vida dele e na minha. »

« 8 »

ALIADOS PELO EVANGELHO

Eu gosto muito da recompensa pessoal da mentoria individual. Não há nada igual a ver um jovem aplicando os conselhos e as lições oferecidas por nós, mas preciso admitir, que há muito a ser dito sobre mentoria numa escala bem maior. Em alguns casos, eu começo com um relacionamento de mentoria, mas, com o tempo, ele passa a ser uma aliança espiritual na qual trabalhamos juntos para atingir objetivos comuns unindo nossas forças.

Isso me leva a outro jovem com que tenho trabalhado. Mentoreá-lo talvez seja a melhor de todas as minhas experiências, porque sei que meus esforços serão multiplicados várias vezes. Esse rapaz ambicioso já estava fazendo a obra de Deus em grande escala ao recrutar centenas de jovens para o exército de Deus na terra.

Brian Barcelona e sua *One Voice Student Missions* (OVSM — Missões para Estudantes Uma Só Voz) abordam preocupações, como as pesquisas recentes mostram, de que cada vez menos jovens frequentam uma igreja de forma regular. Para atingir essa geração desigrejada, Brian desenvolveu um ministério que ajuda igrejas locais a entrarem em escolas do ensino médio e a plantarem clubes bíblicos. Os participantes encontram-se no horário de almoço para examinar a fé cristã e abrir a porta àqueles que de outro modo talvez nunca encontrariam o caminho para nosso Pai celeste.

Como um artigo de jornal sobre o programa de Brian nas escolas bem observou, quantos outros missionários cristãos sabem "exatamente a que horas os não cristãos chegarão, quando farão seu intervalo de almoço e a que horas sairão, cinco dias por semana, nove meses por ano?"[1]

Brian sabe como alcançar jovens que têm dúvidas sobre sua fé, porque era um deles até poucos anos atrás. Embora tenha crescido numa família cristã — seu avô fundou cinco igrejas e era um pastor itinerante —, Brian viu seus pais desviando-se da fé e isso o desanimou. Ele se considerou um ateu durante a maior parte da sua adolescência.

Brian tinha a sensação de que a maioria dos cristãos que conhecia não vivia de acordo com sua fé; além disso, ele ouviu discussões sobre coisas horríveis que ocorreram na igreja e entre seus membros, e achava os cristãos hipócritas. "Quando eu tinha uns quinze ou dezesseis anos, pensava que não era possível que Deus existisse se aqueles que alegavam conhecê-lo e amá-lo não viviam de acordo com seus ensinos ou mandamentos", contou ele.

Brian foi convidado por um de seus amigos cristãos para uma reunião do grupo de jovens da igreja dele, e, em várias ocasiões, ele recusou o convite, mas o amigo insistia semana após semana, sem desistir. Finalmente, o amigo lançou uma oferta especial. Ele prometeu comprar um *Jamba Juice*[2] para Brian se ele fosse à reunião de seu grupo de jovens, e Brian, que admirava a persistência do seu amigo e a maneira como ele vivia sua fé, finalmente cedeu. O *Jamba Juice* foi um bônus extra.

Brian ficou surpreso consigo mesmo naquele encontro quando se levantou no meio daquela igreja e desafiou Jesus a tocar nele. Foi uma ação ousada, mas imediatamente Brian sentiu "aquele amor louco vir sobre o meu corpo" e, então, ele começou a chorar.

---

[1]Chelsen Vicari, "Stop Trying to 'Attract' Youth; Go to Them" [Pare de tentar "atrair" os jovens; vá até eles], *The Christian Post,* 12 de Agosto de 2015. Disponível em: www.christianpost.com/news/stop-trying-to-attract-youth-go-to-them-142565/ .

[2]*Jamba Juice*: rede de casas de sucos, sorvetes e outros produtos com frutas, hoje já com algumas lojas no Brasil (N.T.)

Ao longo dos meses seguintes, Brian aceitou o amor de Deus por ele e percebeu que não importava como os outros cristãos agiam, isto é, se eram hipócritas ou verdadeiros seguidores de Cristo; a única coisa que importava era seu próprio relacionamento pessoal com Jesus Cristo.

Sua própria caminhada de fé do ateísmo à fé cristã o ensinou como alcançar outros adolescentes, e foi a isso que ele dedicou a sua vida. Ele lembra que, quando se considerava um não cristão, na época do ensino médio, os adolescentes cristãos passavam por ele todos os dias carregando as suas Bíblias e nunca paravam para se apresentar, muito menos para compartilhar sua fé. Brian admite que talvez tenha desdenhado todos os esforços de convertê-lo ou mudar suas convicções, mas ninguém se deu ao trabalho de pelo menos tentar, até que seu amigo o subornou para visitar seu grupo de jovens cristãos.

"Eu ficava incomodado por eles nunca divulgarem sua fé, pois, se alguém tivesse se importando o suficiente para fazê-lo, talvez eu tivesse sido salvo antes", disse Brian. "Talvez, nesse caso, eu não teria passado tantos anos de formação no ensino médio deprimido e com pensamentos suicidas".

Quando Brian aceitou Jesus Cristo como seu Salvador, sentiu-se inundado por um amor mais intenso do que qualquer coisa que conhecia. Pela primeira vez na vida, ele sentiu que Deus era real e estava presente em sua vida de uma forma muito pessoal. Brian continuou orando e, dois anos mais tarde, teve uma visão de que Deus queria atingir outros alunos do ensino médio do mesmo modo como o alcançara.

Em 2009, ele começou um clube bíblico em sua escola, a Elk Grove High School, com seis alunos. A participação aumentou para trinta e cinco e ficou estável por alguns meses, o que deixou Brian frustrado, mas ele continuou paciente. Até o final do ano letivo a participação havia aumentado para mais de trezentos alunos. Encorajado, Brian começou a implantar clubes bíblicos em outras escolas.

Em 2010, Brian sonhou com uma "salvação em massa" que aconteceria numa escola de ensino médio em Los Angeles. Ele se mudou para o sul da Califórnia, onde ele e uma comunidade de missionários em campos estudantis se uniram e formaram a *One Voice Student Missions*. Eles oraram e jejuaram por um reavivamento nas escolas secundárias dos Estados Unidos. No verão seguinte, a *One Voice* participou de um evento que trouxe mais de mil pessoas ao Senhor, a maioria delas estudantes.

Desde então, a *One Voice* tem crescido, graças a Brian e sua equipe de líderes cristãos dedicados. Em 2016, eles criaram setenta e seis clubes bíblicos em apenas seis meses, com a participação de mais de dez mil estudantes da região de Los Angeles. No começo de 2017, Brian tinha uma equipe de vinte e três voluntários trabalhando em tempo integral com ele, e tem sido incrível ver a rapidez com que transformaram a visão dele em realidade numa escala tão grande. Brian conseguiu esse sucesso por se manter focado em seus objetivos ou, como dizem no mundo dos negócios, "deixar que o mais importante seja o mais importante". Nesse caso, o mais importante é fazer a obra de Jesus na terra.

PLANTANDO A FÉ NAS ESCOLAS

O diretor de uma escola secundária no bairro Inglewood, em Los Angeles, onde sempre acontecem brigas entre as gangues, percebeu o quanto meu amigo é determinado quando Brian o visitou recentemente. A escola era assolada por gangues e brigas; inclusive, um tumulto entre os alunos havia acabado de ocorrer, quando Brian pediu um encontro com o diretor. Quando meu amigo perguntou: "Como podemos servir à sua escola?", primeiro o diretor pensou que seu visitante estava zombando dele.

Ele não tinha certeza de onde Brian vinha, mas a primeira coisa que pensou foi que alguns prédios cobertos de pichações no terreno da escola estavam precisando de uma pintura. Assim, ele descreveu isso como um projeto importante, caso Brian estivesse procurando um jeito de fazer uma contribuição.

Brian concordou em voltar duas semanas mais tarde com a tinta e uma equipe de pintura, e cumpriu o prometido. Em seguida, o diretor lhe perguntou: "E o que você quer de mim e da minha escola?" Brian disse que gostaria de começar um clube extracurricular na escola, como o clube de xadrez ou de *lacrosse*, mas a sua proposta seria para alunos cristãos interessados em estudar a Bíblia com seus colegas.

O diretor concordou — assim como muitos outros.

COMPARTILHANDO AS BOAS NOVAS

Brian acredita que as escolas públicas de ensino médio pelo país privaram seus alunos de saber as boas novas de Jesus, o que produziu uma geração de adolescentes que têm pouco ou nenhum fundamento na fé. Seu objetivo é mudar isso, levando o evangelho às escolas públicas. Ele diz que essa abordagem redefine o plantio de igrejas para os jovens de hoje, uma vez que os alunos têm uma experiência numa comunidade de fé durante os horários de almoço nas suas escolas. A OVSM adota escolas e oferece esperança e consolo a todos os alunos, incluindo aqueles que estão tentando sair das drogas, do álcool, do abuso, da negligência e do passado de crimes. Brian e sua equipe compartilham suas crenças, oferecem ajuda e deixam Deus fazer o resto.

O site da OVSM oferece a seguinte descrição da ambiciosa organização de Brian para compartilhamento da fé:

> A *One Voice* é mais do que um movimento ou ministério, é uma mensagem. Essa mensagem é simples: "Deus não abandonou as escolas secundárias dos Estados Unidos". Toda mensagem precisa de um mensageiro, e essa é a nossa função. Nossa comunidade é composta de pessoas de diferentes nações, histórias, igrejas e ministérios, e juntos trabalhamos para alcançar alunos e *campi* pelos Estados Unidos e, em breve, no mundo todo, com as boas novas de Jesus. Nós fomos chamados por Deus para salvar os perdidos e despertar a igreja para a realidade do campo missionário que está diante dela. Somos missionários para os alunos, somos missionários em *campi*, e também somos mensageiros para as nações do mundo.[3]

Essa não é uma declaração de um sonho impossível, pois Brian e sua equipe têm tido um sucesso incrível em alcançar alunos com todo tipo de passado. No início, ele estava fazendo um estudo bíblico numa

---

[3]One Voice Student Missions, Pasadena, Califórnia. Disponível em: https://onevoicestudentmissions.com/what-we-do.

escola quando os integrantes de uma gangue perseguidos pelos seguranças da escola entraram na sala aos tropeções. Não sabendo o que fazer, eles então se sentaram. Quando Brian terminou o estudo da Bíblia, os membros da gangue olharam para ele num silêncio esquisito, antes que um deles finalmente se manifestasse: "O que nós temos de fazer para sermos salvos?"

Mais tarde, o diretor daquela escola disse a Brian: "O que quer que você esteja fazendo, continue, porque as gangues têm procurado nossas salas de aconselhamento e os adolescentes dizem: 'Não queremos mais fazer parte da nossa gangue. Ajude-nos'".

E foi exatamente para isso que a *One Voice* foi criada. Eles querem ajudar estudantes que estão tentando realizar seus sonhos ao mostrar-lhes que Deus é quem realiza nossos sonhos. Como Brian testemunhou, o Senhor também é um salva-vidas.

Um funcionário da escola encontrou um bilhete deixado logo após um dos encontros de Brian. Era uma carta anônima endereçada ao presidente do clube bíblico e ao "cara que pregou", que, pos sinal, era eu. O autor da carta nos agradecia e, parafraseando, escreveu: "Ontem à noite eu pretendia me matar, mas eu fui para sua reunião na escola e encontrei esperança; hoje estou vivo".

Brian ficou profundamente emocionado com essa carta, que validava o trabalho dele como mentor em grande escala. Devo admitir que também me senti muito bem, sendo o sujeito que mentoreia o mentor!

SEGUINDO UM SONHO

Brian e eu temos uma passagem bíblica favorita que mudou a nossa vida. Quando li pela primeira vez a história do cego curado por Jesus, narrada em João 9:1-4, vi como ela se aplicava a mim; ela também me ajudou a encontrar meu propósito na terra. Brian, por sua vez, encontra paralelos entre os alunos do ensino médio e o homem cego, pois, como ele, muitos adolescentes nasceram cegos para a luz de Deus.

Nessa história bíblica tão conhecida, os discípulos perguntaram a Jesus: "Mestre, quem pecou: este homem ou seus pais, para que ele nascesse cego?" Jesus não está procurando um culpado; pelo contrário, ele diz: "Nem ele nem seus pais pecaram, mas isto aconteceu para que a obra de Deus se manifestasse na vida dele".

Essa resposta colocou-me no caminho de Deus para ser seu recrutador de almas pelo mundo e também inspirou Brian a ajudar adolescentes a encontrarem o caminho até Jesus Cristo e a vida eterna no céu. Mentorear Brian é um presente para mim, pois compartilhamos dos mesmos objetivos, e, ao ajudá-lo, eu coopero com ele para alcançar mais não cristãos e para colocá-los nas mãos de Deus.

Nosso Pai celestial deixou bem claro para mim que mentorear outras pessoas que tenham a mesma missão também faz parte do seu plano para mim, porque ele continua me enviando jovens como Brian Barcelona.

Na primeira vez que nos vimos, Brian contou um sonho que tivera alguns anos atrás em que nos encontrávamos. O que vem a seguir é a descrição que ele dá a esse sonho muito interessante — ou talvez devamos chamá-lo de premonição.

> Eu não sou exatamente um sonhador, portanto, isso é bem esquisito. Eu havia visto vídeos de Nick e lido sobre ele, mas esse foi um sonho muito aleatório. Eu estava num campo de golfe — outra coisa aleatória — com outro cara que havia sido meu mentor. Nick também estava ali, ainda que nunca tenhamos nos encontrado na vida real. Enquanto estávamos ali no campo, o outro mentor se afastou de nós e Nick olhou para mim e disse: "Você está pronto? Vamos lá!" E ele me conduziu em outra direção. Segui Nick e então acordei.

Quando Brian me contou seu sonho e perguntou o que eu pensava sobre isso, tive de admitir que ele parecia predizer que um dia eu iria mentoreá-lo. Brian aceitou isso, e eu realmente gostei de trabalhar com ele, porque ele leva a sério o que eu lhe digo e, então, coloca tudo em prática.

Esse não é sempre o caso com todas as pessoas que mentoreei. Alguns ouvem, mas não seguem os conselhos. Brian sabe que eu quero o melhor para ele, pois compartilhamos os mesmos objetivos, e sabe que, quando eu o desafio, é porque quero que ele tenha sucesso em longo prazo e em grande escala.

Brian contou-me que outros o incentivaram e lhe disseram que Deus iria usá-lo, mas ficaram nisso, ou seja, não ofereceram orientação nem se envolveram. Eu tenho dirigido uma organização cristã sem fins lucrativos e uma empresa motivacional por mais de dez anos e sei como Deus pode nos usar para seus fins, se nos envolvermos e servirmos outros cristãos fazendo a obra do Senhor. Tive fracassos e sucessos, e por essa razão tenho conselhos muito específicos para aqueles que mentoreio. Posso ajudá-los a evitar os erros que eu cometi — mas só se estiverem dispostos a seguir minha orientação.

Brian escutou, aprendeu e tirou proveito das minhas experiências. Alguns dos meus conselhos a Brian podem parecer contraditórios no começo. Por exemplo, eu lhe disse para pensar grande e ao mesmo tempo recomendei que fosse mais devagar. O sucesso precoce que ele experimentou ao implantar clubes bíblicos em escolas secundárias na periferia de Los Angeles foi muito empolgante. A novidade se espalhou entre educadores ansiosos por trazer influências positivas para suas escolas, e Brian recebeu convites para falar e começar clubes bíblicos no país todo.

Pode-se dizer que eu o ajudei a usar mais os freios e, ao mesmo tempo, a manter os olhos na estrada, pois o sucesso pode ser um risco maior do que o fracasso para uma grande expansão. Brian viu-se quase soterrado pelas oportunidades, e eu o aconselhei a ser disciplinado, a iniciar parcerias com líderes de igrejas locais e a fazer bom uso de trabalhadores voluntários para não assumir mais do que consegue administrar sozinho.

PLANEJAR O SUCESSO

Sugeri que Brian apertasse o botão de "Pausa" e separasse tempo para criar um plano de cinco anos baseado em seu plano inicial e que leve seu movimento para o mundo todo. Com meu incentivo, Brian elaborou um plano para implantar quinze mil clubes bíblicos pelos Estados Unidos. Isso parece uma proeza, mas Brian tem um modelo já comprovado. Ele acredita que os jovens tanto podem ser influenciados quanto podem ser influentes, tendo em vista que reagem a histórias sobre o poder de Deus para transformar sua vida. Assim, sua fé aumenta e eles percebem que é bom confiar e crer no Senhor.

Entretanto, na primeira vez em que lhe perguntei quais eram seus planos para a *One Voice*, ele apresentou várias ideias ambiciosas, porém vagas. Eu disse: "Essas são ótimas iniciativas, mas qual é o seu plano?" E ele enumerou as mesmas ideias vagas, e mais uma vez eu perguntei: "Mas qual é o seu plano?"

Finalmente, Brian encolheu os ombros e disse: "Acho que eu não tenho plano nenhum". Rimos e, então, começamos a materializar um plano para ele e sua organização. Brian tinha o objetivo de alcançar vinte e seis mil escolas secundárias pelo país, o que era admirável, todavia, quando perguntei como ele pretendia fazer isso, ele disse: "Eu não sei".

Eu acredito em sonhar grande, mas, quando era jovem, meus pais me disseram muitas vezes que eu precisava de mais do que um sonho; precisava de um plano, e eles estavam certos, é claro. Deus derramou bênçãos sobre mim em meus anos de juventude e inocência de tal modo que eu mergulhava cegamente em algum projeto — como meu plano de dar todas as minhas economias aos órfãos da África do Sul quando tinha dezenove anos — e parecia que o Senhor me guiava nisso. Brian teve uma experiência muito parecida nos primeiros tempos da *One Voice*.

Quando ele começou seu primeiro clube bíblico na época em que ele mesmo estava no ensino médio, Brian levou um ano para conseguir a presença de apenas trinta e cinco alunos, mas então o número de membros aumentou rapidamente. Ele parecia um pouco deslumbrado com seu sucesso quando nos conhecemos, mas Deus certamente estava trabalhando em seu favor naqueles primeiros dias, porque sem dúvida Brian estava fazendo a obra do Senhor.

Ainda assim, quando você está recrutando pessoas para Jesus, ou construindo casas simples para quem compra uma casa pela primeira vez, o sucesso precoce pode ser tanto uma bênção quanto uma armadilha. À medida que uma organização ou um negócio obtém mais sucesso, tudo se torna mais complicado, e então você precisa de mais ajuda, de mais material, de mais planejamento e também de mais financiamento.

Como eu disse a Brian, no começo você pode até não ter um plano, porém, cedo ou tarde terá de se organizar e criar um roteiro para o sucesso de longo prazo. Assim, começamos a trabalhar e elaboramos seu plano de longo prazo.

Brian, que nasceu em 1990, admitiu que ele e outros da geração millenium tendem a pensar no curto prazo. Ele cita estudos segundo os quais os *millennials* são tão bons em se expressar que pessoas mais velhas tendem a supor que eles sabem mais do que realmente sabem sobre coisas práticas, como planejamento organizacional e finanças. O legal de Brian é que ele sabe disso, ou seja, ele sabe que não sabe e gosta de receber orientação.

UMA VISÃO MAIOR

Eu aplaudo Brian por ser receptivo ao mentoreamento. Eu o incentivo e desafio porque desejo que ele cumpra o propósito que Deus lhe designou.

Eu lhe digo para despertar nos membros da sua equipe e nos seus alunos o mesmo amor, a mesma verdade e o mesmo encorajamento que despertei nele. Dei muita ênfase ao fato de que um dos melhores investimentos que ele pode fazer é mostrar à sua equipe o quanto ele gosta dos seus integrantes e se importa com eles todos os dias.

A *One Voice* não é uma operação para ganhar dinheiro, mas sim uma operação que transforma vidas. Ela não tem os recursos para pagar uma grande equipe e depende de voluntários que sejam cristãos verdadeiros. A maioria deles é de voluntários em tempo integral, uma raridade neste mundo, por isso é importante para eles saberem que seu trabalho é valorizado.

Jesus atraiu discípulos e seguidores porque derramou amor neles, e eles deram continuidade ao trabalho dele por causa desse amor. Aqueles de nós que estão fazendo seu trabalho hoje devem seguir seu exemplo.

Brian entende que o verdadeiro alicerce do seu trabalho é construir relacionamentos com os integrantes da sua equipe, com as igrejas locais, administradores de escolas, professores e os alunos que dirigem e frequentam os clubes bíblicos. Ele demonstra que aprendeu a arte de estabelecer relacionamentos quando vai para as escolas. Não começa imediatamente pregando o evangelho ou convidando para os clubes bíblicos; em vez disso, ele separa tempo para conhecer os alunos e professores, e os suborna exatamente como seu amigo de escola o subornou, mas, em vez de *Jamba Juice*, ele lhes oferece rosquinhas.

"Eu distribuo centenas de rosquinhas pelo campus e encontro todo tipo de aluno: os esportistas, os membros de gangues, os usuários de drogas. Eu só lhes mostro o amor de Deus e espero que abram seu coração para que possa ajudá-los a encontrar o caminho até o reino do Senhor. Fiz isso em escolas cheias de problemas na região de Compton, Los Angeles, e nas escolas super ricas e super sofisticadas de Beverly Hills. Adolescentes são adolescentes e lutam com o pecado em qualquer lugar, mas o coração deles está aberto se você se aproximar da maneira certa".

SERVIR COM HUMILDADE

Quando falo àqueles que mentoreio sobre minha fé, conto as partes boas e as ruins. Falo sobre como cheguei a duvidar da fé dos meus pais e do Senhor durante minha adolescência, porque pensava que um Deus amoroso não me traria ao mundo sem membros. Eu nunca me apresento como um cristão perfeito, e digo, sobretudo aos jovens, que é possível ter fé e ainda assim ter dúvidas. Você pode ter fé e cometer erros, e admito minha fraqueza porque essa é a verdade. Quero que os alunos se identifiquem comigo, e isso é algo que Brian percebeu ao me ouvir palestrar a grupos grandes e pequenos.

"Ao ouvir Nick, aprendi a não me aproximar dos alunos como se eu achasse que sou a melhor coisa que já aconteceu com eles. Ao contrário, eu me apresento como alguém que pode ajudá-los a encontrar Jesus Cristo, o qual pode ajudá-los a fazer qualquer coisa por meio da sua força e do seu amor. Recebemos alunos de todo tipo em nossos clubes, sejam eles membros de gangues, transexuais ou homossexuais. Não transigimos na nossa mensagem e dizemos a todos que, se estão vivendo em pecado, devem mudar seu modo de vida, mas, se aceitarem Jesus em sua vida, a bondade de Deus os levará ao arrependimento. Nós lhes dizemos que, quando você ama a Deus e tem um relacionamento com Jesus Cristo, sua vida será transformada para sempre", ele diz.

Jovens cristãos me ensinam tanto quanto eu lhes ensino. Brian tem conversado individualmente com muitos jovens da sua geração e diz que é importante entender o modo como eles pensam. São comunicadores talentosos e muitas vezes parecem confiantes e seguros, mas a verdade é que, como os demais jovens, eles têm suas inseguranças. Podem dar a impressão de não precisar de mentoria, mas, depois que você conquista a sua confiança, eles a recebem muito bem. Eles querem alguém que se importe o suficiente para orientá-los e para investir em seu crescimento.

"Essa é uma afirmação genérica, mas em geral eu penso que os *millennials*, e me incluo nesse grupo, podemos parecer muito espertos e confiantes, mas precisamos tanto de mentoria quanto de discipulado. Precisamos de orientação mesmo em assuntos básicos, seja quando falamos sobre construir a fé ou construir uma organização. Queremos construir alicerces fortes, e sabemos que nem sempre temos o conhecimento e a experiência necessários," diz ele.

"Gosto de Nick porque jamais havia encontrado um homem tão seguro quanto ao caminho que Deus lhe orientou. Seus conselhos vêm de um lugar de profunda fé e da segurança nessa fé, e ele sabe com que propósito Deus o chamou põe esse saber em cada pessoa que mentoreia e ama".

Brian diz que eu o ajudei a entender que há uma diferença entre o que é bom e o que é de Deus, e ele então aprendeu a discernir melhor as boas oportunidades daquelas que são ainda melhores por seguirem o propósito de Deus para sua vida.

"Com a ajuda de Deus, meu plano de implantar clubes bíblicos nas escolas pelo país é viável, e vou dedicar meu coração e minha alma a isso", contou Brian. "Nick me ajudou a navegar e a manter-me nesse caminho".

DE MENTOR A ALIADO

Brian é apenas seis anos mais jovem que eu, e posso ver nosso relacionamento evoluindo cada vez mais para uma parceria espiritual vantajosa para ambos, uma espécie de fraternidade, nos próximos anos. Pude ajudá-lo a se concentrar em seu propósito principal e em seu plano para o futuro, e isso tem sido gratificante e recompensador para mim.

Ele está pronto para se tornar um líder da sua geração, pois sua sabedoria vai além da sua idade, quando se trata de entender como atingir jovens e como conduzi-los ao caminho para Jesus Cristo. Creio que podemos ajudar um ao outro a fazer isso numa escala ainda maior para a glória de Deus.

Brian observa sabiamente que, quando se dirige a adolescentes não cristãos, ou que desejam um lar espiritual, ele segue o exemplo do nosso supremo Mentor. Jesus usou parábolas — por exemplo, ele comparou o reino dos céus a uma semente de mostarda — para que as pessoas conseguissem entender os conceitos básicos da fé cristã.

"Jesus falava de um modo que era real para eles, e Nick faz a mesma coisa em suas palestras", disse Brian. "Nós tentamos seguir o mesmo modelo quando falamos aos alunos nas escolas, ou seja, explicamos o evangelho da maneira mais simples possível. Antes de visitarem as escolas, também treinamos nossos voluntários a primeiro conhecer os alunos e os seus interesses, pois eles precisam saber que você se importa com eles antes de se importarem com o que você tem a dizer. Nós acreditamos num arrependimento cheio de alegria voltado para a nova e melhor vida que Deus nos dá. É como se você me desse um dólar velho e eu lhe desse cem dólares novos. Esse é um negócio que eles sempre aceitam. Do mesmo modo, nós lhes mostramos que o arrependimento não é algo triste, é alegre".

Aprendi que servir como modelo de vida cristã e como mentor leva muitas vezes a parcerias espirituais com jovens líderes cristãos talentosos e cheios de energia que partilham de minhas paixões e de meu propósito. Eles são movidos pelo desejo de trazer mais gente a Jesus Cristo, e eu creio que Deus tem grandes planos para pessoas como Brian Barcelona, Khaavion Stone e Bradon Schwarz, assim como ele tem planos para cada um de seus filhos que ora a ele com fé.

No próximo capítulo, contarei sobre um dos meus próximos projetos, que pode incluir uma parceria ainda maior com Brian e outros jovens líderes cristãos.

« 9 »

A grande tenda de Deus

Eu estava me preparando para falar na Igreja Lake Avenue em Pasadena, Califórnia, em 2010, quando alguém da igreja anunciou pelo sistema de alto-falantes que o auditório havia atingido sua lotação máxima de duas mil pessoas e que ninguém mais poderia entrar. Era possível ouvir resmungos de desapontamento por toda área da igreja, porque ainda havia muitos na fila querendo entrar.

Lembro-me de ter pensado: *Eu vim para pregar, e Deus está aqui para salvar, mas não temos um prédio suficientemente grande para todos ouvirem.* Então fiz uma oração: *Deus, precisamos de um local maior!* Assim que essas palavras passaram pela minha mente, tive uma visão de uma grande tenda branca, e então um número apareceu: *oito mil pessoas.*

A imagem de uma tenda branca enorme lotada com oito mil pessoas ainda estava viva na minha mente quando fui ao palco para pregar naquele dia. Eu não disse nada a respeito, mas uma semente havia sido plantada, e, nas semanas, nos meses e nos anos que se seguiram, a visão de pregar a milhares de pessoas numa grande tenda branca foi se transformando num sonho com o qual eu não sabia o que fazer, a não ser orar e guardá-lo para mim por vários anos.

Mas, então, alguma coisa começou a se agitar em mim. Dei alguns telefonemas para saber se seria possível obter a doação de uma tenda, mas meus quatro primeiros telefonemas não ajudaram muito. Meu quinto telefonema foi incrível, pois a pessoa disse tinham acabado de doar uma tenda capaz de acomodar oito mil pessoas a um ministério na África.

Tive um misto de emoções com aquela notícia, como você pode imaginar. Eu disse a Deus: *Abençoa aquele ministério na África e obrigado por confirmar que até mesmo a visão de uma tenda para oito mil pessoas veio de ti.* Poderia ter sido uma tenda para cinco mil pessoas ou qualquer outro número, mas o fato de terem dito oito mil foi muito animador.

Finalmente, compartilhei minha visão com nosso conselho de diretores e pedi-lhes que se juntassem a mim em oração para saber se Deus queria que eu a concretizasse. Publiquei uma nota no Facebook, dizendo que procurava a doação de uma tenda daquele tamanho, e um membro da diretoria doou uma quantia para esse fim. A ideia parecia estar ganhando impulso.

Existe alguma coisa encantadoramente antiquada — ou que lembra o Antigo Testamento — em fazer um culto numa tenda. Sou muito grato pelo apoio que recebi do conselho da *Life Without Limbs* durante todos esses anos. Eu não tinha ideia de qual seria nosso cronograma, mas, quando a doação aconteceu, cerca de três anos atrás, em 2014, eu disse ao conselho que parecia assustador tentar algo tão novo, único e grande para nós.

Em termos práticos, aquilo não fazia muito sentido no mundo moderno, uma vez que tendas grandes são caras, difíceis de transportar e de montar, sem falar que são mal preparadas para o sistema de ar condicionado ou de aquecimento quando o clima não é tão ameno. Por que simplesmente não alugar um auditório ou um teatro? Ao mesmo tempo, eu estava lutando em meu espírito porque a carteira de Deus tem recursos ilimitados. O aluguel do Staples Center em Los Angeles[1] custa mais de US$250.000 por dia. Eu imaginava várias noites em seguida, e, nesse sentido, a tenda parecia ser uma opção melhor.

---

[1]O *STAPLES Center* é um ginásio esportivo localizado na cidade de *Los Angeles*, Califórnia, nos Estados Unidos. Em 2009, o local foi usado para velar o corpo do cantor Michael Jackson. (N. T.)

Eu tinha de admitir que aquele era um sonho bastante confuso, mas, como ele persistia, eu pedi a todos que me ajudassem a orar a respeito. Com certeza, tendas têm um lugar de destaque na Bíblia, e desempenharam um papel importante ao longo da história do cristianismo. O Antigo Testamento descreve a "Tenda do Encontro" como o local em que as pessoas se reuniam para o culto. Êxodo 33:8-9 descreve: "Sempre que Moisés ia até lá, todo o povo se levantava e ficava em pé à entrada de suas tendas, observando-o, até que ele entrasse na tenda. Assim que Moisés entrava, a coluna de nuvem descia e ficava à entrada da tenda, enquanto o SENHOR falava com Moisés".

O apóstolo Paulo era um fazedor de tendas que usava o dinheiro que ganhava para financiar seu trabalho como evangelista. Em tempos mais modernos, muitos pescadores de homens como Aimee Semple McPherson, Oral Roberts e um dos meus heróis, Billy Graham, viajavam pelo país, organizavam avivamentos em tendas para grandes públicos e viam milhares de almas sendo salvas debaixo do teto de lona.

Algumas pessoas com quem falei compartilharam meu entusiasmo com os aspectos nostálgicos das tendas. Outros disseram que pregar numa tenda parecia ser um conceito antiquado em nossa época tão tecnológica. Por que enfiar milhares de pessoas numa tenda quando é possível atingir milhões via Facebook, Twitter ou YouTube?

Nós exploramos o uso de *feeds* de vídeo para expandir nosso alcance drasticamente. Por exemplo, tivemos um evento da *Life Without Limbs* que atraiu 20.000 pessoas para um estádio alugado no sul da Flórida e foi assistido por mais 144.000 online. A ideia de ter nossa própria tenda como local de encontro me seduziu porque poderíamos controlar muito melhor a qualidade do evento e também nos permitiria criar um sistema mais eficiente e efetivo para aqueles que aceitam Jesus a cada noite. O objetivo é garantir fruto de longo prazo ao inserir cada pessoa nova numa igreja local de modo que consiga o apoio e a orientação de que precisa para fazer parte da comunidade cristã pelo resto de sua vida.

Algumas igrejas não sabem como criar essa ponte, e é raro um evangelista cooperar bem com igrejas locais para que ajudem a guiar os novos membros, ou vice-versa. Muitas vezes, igrejas e evangelistas só se encontram para eventos especiais e não têm relacionamentos duradouros.

Evangelismo é o centro do que fazemos. Queremos encorajar todas as pessoas em sua caminhada com Deus e ver as igrejas dos Estados Unidos se mobilizarem e se unirem acima das denominações para aprender qual a melhor maneira de pregar o evangelho nos tempos modernos. Queremos também ajudar as igrejas a se relacionarem, a alcançarem e a compartilharem seu próprio testemunho com aqueles que não ouviram as boas novas.

A pergunta que nos fazemos é qual deve ser nosso papel. Podemos propor um programa para as igrejas, ou será que ter uma grande tenda oferecerá um potencial ainda maior para esforços conjuntos de divulgação? Pensei nisso durante alguns anos. O Senhor opera segundo seu próprio cronograma.

Minha atenção se desviou do conceito de tenda por aproximadamente cinco meses. Eu mal pensava nisso até que um dia acordei com o cérebro fervendo de ideias para meu grande sonho. Eu tinha um dia ou dois para pensar nisso, por isso liguei meu laptop e fiz uma busca nos classificados atrás de uma tenda para grandes encontros. Apareceu um anúncio em espanhol, idioma que agora leio e falo com proficiência graças a certa esposa que cresceu no México. Tratava-se de uma tenda com capacidade para cinco mil pessoas com um preço bastante razoável. Liguei para a pessoa que colocou o anúncio e ele me encaminhou ao proprietário, que descobri ser Buford Dowell, um ex-cantor e evangelista de setenta e nove anos que pregou em tendas por quarenta anos.

Na verdade, ele havia passado por tantas tendas que começou a produzi-las como negócio secundário. Buford era um sujeito pitoresco e especialista em tendas, confecção de tendas e grandes tetos de todo tipo. Embora ele já tivesse vendido a tenda para cinco mil pessoas anunciada nos classificados, ele prometeu ficar de olho em alguma oportunidade para mim.

Deus estava trabalhando, e eu podia sentir a presença dele. Não tinha ideia de como ou quando isso aconteceria, ou mesmo *se* aconteceria, mas esse sonho persistente estava me levando a algum lugar. Passado algum tempo, eu estava em Santa Barbara, Califórnia, para palestrar em um evento, depois do qual falei com um casal, que chamarei de Caroline e Richard, porque eles querem permanecer anônimos. Eles me perguntaram o que estava acontecendo com minha missão de ganhar mais almas para Jesus, e eu lhes contei sobre meu sonho recorrente da grande tenda branca. Eles ficaram intrigados.

Mais tarde, Caroline contou-me que acordara às 5 da manhã do dia seguinte e começou a procurar tendas na Internet. Quando dei por mim, ela estava convocando amigos, inclusive algumas celebridades, para ajudá-la em sua busca, e a onda continuava crescendo.

Em novembro de 2016, fizemos uma viagem de família a Dallas para visitar a mãe e a irmã de Kanae. Como Buford Dowell também vivia ali, tratei de acertar os detalhes para encontrá-lo pela primeira vez. Ele era uma pessoa tranquila, e, quando conversamos pelo telefone, percebi que ele tinha uma voz muito rouca, às vezes difícil de entender. Ao nos encontrarmos, ele explicou que, poucos anos antes, durante uma cirurgia de peito aberto, uma enfermeira havia rompido suas cordas vocais ao inserir um tubo de ar em seu esôfago. Sua voz fora arruinada.

Depois de contar essa história triste, Buford olhou para mim e colocou tudo aquilo na perspectiva correta: "Mas graças a Deus por Jesus". Pude ver que ele sabia que Deus ainda estava trabalhando na sua vida — e na minha. Em seguida, Buford contou-me que tinha um amigo que antes vendia tendas para Billy Graham e esse fabricante de tendas havia se oferecido para fazer-lhe uma tenda com grande desconto.

Depois de me despedir de Buford, mandei uma mensagem de texto para Caroline. Quando conseguimos conversar por telefone, falamos por um tempo sobre outras coisas antes que eu mencionasse que havia encontrado um bom negócio com uma tenda que satisfazia todas as minhas especificações. Ela prontamente disse: "Minha família gostaria de ajudar com a tenda". Eu não tinha certeza de que tipo de ajuda ela estava oferecendo, então perguntei o que ela queria dizer. "Queremos pagar por ela", respondeu.

"Pela tenda toda?", perguntei.

"Sim", ela disse. Caroline explicou que sua família tinha recursos financeiros consideráveis, e que frequentemente fazem contribuições quando "Deus nos conduz" para causas que o mereçam. Fiquei estupefato e não tinha palavras para agradecer, naturalmente. Com certeza Deus estava conduzindo a todos nós nessa causa.

Enquanto escrevo isso, nosso grande teto está em construção com data de entrega a ser definida. Temos muito trabalho a fazer e fundos para levantar, tendo em vista a compra de assentos e de um sistema de som, mas as coisas estão se ajeitando. Nós até identificamos vários locais em potencial para nossa primeira série de cultos na tenda na Califórnia.

Estou convencido em meu coração, e tenho dito há anos, que precisamos ter iniciativas de oração em massa todos os dias nos Estados Unidos. Assim que montarmos a tenda pela primeira vez, meu plano é ter trinta dias de oração, apenas oração, talvez um pouco de música, com o maior número possível de pessoas que conseguirmos colocar ali. Tenho também conversado com grupos como *Teen Challenge* e *One Voice* de Brian Barcelona para fazermos o máximo desse novo local. Estou ansioso por todas as oportunidades que nos esperam.

FAZER DISCÍPULOS DE TODAS AS NAÇÕES

Muitas vezes, pedem-me para plantar igrejas, mas nesta fase da minha vida, pelo menos, prefiro me dedicar ao evangelismo. Minha grande tenda é um esforço para tentar uma nova maneira de atingir aqueles que talvez se sintam mais confortáveis ali do que numa igreja. O local enorme também serve como símbolo da minha meta de longo prazo, que é trazer cristãos de todas as denominações para debaixo do mesmo teto, independentemente das diferentes doutrinas e tradições. Esta é minha visão maior: reunir todos aqueles que amam a Deus, vencer o ceticismo, o ego, as dúvidas e a teimosia, e me concentrar no que deveria ser nossa prioridade comum — a missão que Jesus deu a cada cristão que aguarda sua vinda e o juízo final: "Portanto, vão e façam discípulos de todas as nações, batizando-os em nome do Pai e do Filho e do Espírito Santo, ensinando-os a obedecer a tudo o que eu lhes ordenei. E eu estarei sempre com vocês, até o fim dos tempos" (Mateus 28:19-20).

Todos os cristãos creem que o Filho de Deus voltará um dia para derrotar Satanás e receber no céu aqueles que aceitaram Jesus Cristo como seu Salvador. Todos nós cremos em servir aos outros e em seguir seus mandamentos, e meu sonho é que possamos nos unir sobre uma base comum e fazer um grande esforço para convidar o maior número possível de não cristãos para a tenda de Deus.

Isso é especialmente importante agora, numa época em que, de acordo com o Centro de Pesquisas Pew, a frequência geral às igrejas está caindo. Segundo essa mesma pesquisa, quase vinte e cinco por cento da população adulta dos Estados Unidos se identificam como ateus ou agnósticos, ou alegam não ter uma religião específica, e esse número cresceu 16% desde 2007. A organização de pesquisa também apontou que, entre 2007 e 2014, o número de pessoas entrevistadas que afirmaram ser cristãos caiu de 78% para 71%.[2]

Um exército dividido é um exército vencido, como meu tio Batta gosta de dizer, portanto, os cristãos de todas as denominações e outros não denominacionais precisam se unir. Temos de aceitar que ser um seguidor de Cristo não tem nada a ver com uma agência eclesiástica, com uma visão pastoral ser melhor do que a de outro pastor ou com qual doutrina está certa. Trata-se do poder do Espírito Santo e do amor de Deus, o Pai, e seu Filho.

Precisamos encarar o fato de que temos uma missão básica na terra, e quando você vê que o Senhor é bom e experimenta seu amor e sua paz, quer que todos os outros também os experimentem. Nenhuma igreja cristã ou pastor tem a chave para a salvação eterna, pois essa chave está nas mãos de Deus; sendo assim, nossa função é trazer o maior número de pessoas até a sua porta enquanto servimos a ele aqui, e, para fazer isso, precisamos unir forças para o maior de todos os bens.

---

[2]Centro de Pesquisas Pew: *Religion and Public Life, "America's Changing Religious Landscape"* [Religião e vida pública, "O cenário religioso em transformação nos Estados Unidos da América"], 12 de maio de 2015. Disponível em: www.pewforum.org/2015/05/12/americas-changing-religious-landscape.

Efésios 4:11-13 diz: "E ele [Cristo] designou alguns para apóstolos, outros para profetas, outros para evangelistas, e outros para pastores e mestres, com o fim de preparar os santos para a obra do ministério, para que o corpo de Cristo seja edificado, até que todos alcancemos a unidade da fé e do conhecimento do Filho de Deus, e cheguemos à maturidade, atingindo a medida da plenitude de Cristo". Nossa missão é alcançar os perdidos, e podemos alcançar mais se trabalharmos juntos. Pense em como seria maior o nosso poder se todas as igrejas cristãs unissem seus recursos e agissem como uma grande máquina de recrutamento para o exército de Deus!

Por tempo demais, nós que compartilhamos as mesmas crenças básicas nos evitamos mutuamente. Na situação atual, poucas igrejas americanas conversam entre si; muitas têm programas de evangelismo, mas ações unidas são raras, e, como resultado, não há como verificar o progresso ou a falta dele.

A NECESSIDADE DE MAIS COMPAIXÃO E SERVIÇO

Um amigo pastor contou-me que sua filha adotara uma criança africana que passou pelo inferno. A criança havia sofrido abuso e abandono e precisava de aconselhamento profissional, mas não conseguiram encontrar uma organização de aconselhamento cristão que a ajudasse a vencer a depressão, o medo e o trauma. Eles finalmente procuraram um programa secular em outro estado, que era bem caro.

A filha do pastor fez uma pergunta que também me ocorreu: por que nossas igrejas não estão oferecendo os serviços de que tanto necessitamos em nossas comunidades? Houve um tempo em que nos voltávamos para nossas igrejas em tempos de necessidade, mas a ideia de servir a uma comunidade não parece mais ser uma prioridade para muitas igrejas. Na maioria das vezes, elas parecem estar obcecadas em aumentar o número de membros e em adquirir propriedades para ter prédios cada vez maiores.

Se eu fosse pastor, gostaria que minha congregação e minha comunidade me procurassem antes de procurar outros recursos; gostaria também que minha igreja fosse a melhor agência de serviços sociais, não só para meus membros, mas para qualquer um que precisasse de ajuda. Fiquei tão comovido com a história da filha do pastor e sua filha adotiva que passei várias horas reunindo uma lista de mais de cem dores ou necessidades que as igrejas em qualquer comunidade deveriam atender cooperando entre si e juntando seus recursos.

Vivo em Ventura County, Califórnia, onde há mais de cem igrejas. Você consegue imaginar o trabalho curativo que poderiam fazer se todas juntassem forças para criar uma rede de conselheiros e especialistas em tratamento para viciados, psiquiatras, enfermeiras, médicos, assessores financeiros, tributaristas e outros prestadores de serviços para sua congregação e as comunidades próximas? Por que achamos que a responsabilidade é apenas do Estado? A obra de Deus não é curar e ajudar os necessitados?

Mateus 9:28-29 descreve como Jesus entrou numa casa onde dois cegos o procuraram para serem curados. Jesus então lhes perguntou: "Vocês creem que eu sou capaz de fazer isso?" Eles afirmaram crer em seu poder curador, e então Jesus tocou seus olhos e disse: "Que lhes seja feito segundo a fé que vocês têm".

Jesus é compassivo. Ele está à porta e espera que abramos para que possa amar e curar todos nós. Ele ama os desconhecidos e até mesmo seus inimigos. Creio que todas as igrejas deveriam demonstrar o mesmo nível de compaixão, fazendo o máximo que puderem para curar e ajudar todos que as procuram; em outras palavras, não devemos esperar que outros façam o trabalho do Senhor por nós.

As igrejas precisam servir aos fiéis e aos que ainda não foram salvos, pois essa é uma forma de evangelismo, um método para trazer mais filhos de Deus ao seu rebanho, atendendo às suas necessidades e mostrando-lhes a compaixão de Deus. O mundo diz que eu sou um deficiente sem mãos e pernas, mas, para mim, uma igreja que não busca ajudar as pessoas, oferecendo-lhes tudo de que precisam para alimentar sua fé, é uma igreja deficiente. Se quisermos que as pessoas recebam Jesus Cristo em sua vida, temos de mostrar-lhes como ele opera na vida delas.

MUITAS PARTES FORMAM UM CORPO

Jesus não nos disse para construir as maiores igrejas que pudermos, mas sim para servirmos a seus filhos. Eu não quero ser um pastor com a maior igreja do país. Farei sua obra com alegria numa tenda aberta a todos que precisam de salvação, pois Deus nos disse para levarmos almas a ele, e devemos pensar grande apenas neste aspecto.

"Ora, assim como o corpo é uma unidade, embora tenha muitos membros, e todos os membros, mesmo sendo muitos, formam um só corpo, assim também com respeito a Cristo. Pois em um só corpo todos nós fomos batizados em um único Espírito: quer judeus, quer gregos, quer escravos, quer livres. E a todos nós foi dado beber de um único Espírito" (1Coríntios 12:12-13).

Nossa missão deveria ser alcançar todos aqueles que ainda precisam da bebida que traz salvação eterna. Há um pouco mais de 7 bilhões de pessoas na terra, e calcula-se que os cristãos representem 2,2 bilhões ou 31,5% desse total, divididos entre 50% de católicos, 37% de protestantes e igrejas não denominacionais, e 12% de ortodoxos. Estima-se que os muçulmanos, com aproximadamente 1,6 bilhão de membros, sejam o grupo religioso que mais cresce, e muitos calculam que seu número ultrapassará o número de cristãos nos próximos anos.[3]

Nosso trabalho nasceu para nós, mas sei que podemos realizá-lo porque vi várias igrejas e denominações se unirem cada vez mais nos últimos anos. Fiquei particularmente impressionado com os trabalhos em tendas de Steve e Barbara Telzerow, pastores da *International Christian Fellowship* [Comunidade Cristã Internacional] em Ljubljana, Eslovênia. Sua igreja é pequena, mas sua visão é grande[4].

---

[3]Tom Heneghan, *No Religion' Is World's Third-Largest Religious Group After Christians, Muslims According to Pew Study* [O grupo de pessoas sem religião é o terceiro maior grupo religioso depois dos cristãos e muçulmanos segundo um estudo da Pew], *Huffington Post*, 19 de dezembro de 2012. Disponível em: www.huffingtonpost.com/2012/12/18/unaffiliated-third-largest-religious-group-after-christians-muslims_n_2323664.html

[4]Veja http://harvestnetinternational.com/calendar/missions-conference/missionaries

Alguns anos atrás, eles me convidaram para falar numa campanha nacional que organizaram reunindo dezessete igrejas eslovenas, incluindo protestantes, ortodoxos e não-denominacionais. Mais de dezessete mil pessoas compareceram, num país de apenas dois milhões de habitantes.

Steve também é um sujeito que gosta de tendas. Historicamente, as igrejas cristãs na Eslovênia não trabalhavam juntas e mal se comunicavam entre si, mas Deus moveu Steve para me levar até lá. Ele sabia que precisava de toda ajuda possível, e começou visitando pastores, construindo pontes e consertando cercas. Ele trouxe perdão e reconciliação, e em pouco tempo, os pastores passaram a se reunir, orar e jejuar juntos. Agora eles têm encontros regulares e procuram meios de reunir seus recursos e trabalhar juntos. Eles trabalharam em equipe, convidando-me para falar sobre o evangelho de Jesus Cristo.

Eles estão num estágio na Eslovênia em que têm uma equipe e podem sentar juntos e conversar sobre como mobilizar dezessete igrejas para evangelizarem juntas, e também conseguem entrar em acordo sobre como discipular os novos convertidos e vê-los crescer e trazer mais pessoas. Com isso, eles esperam dobrar o número de cristãos evangélicos ali. Uma das primeiras coisas que os estudantes eslovenos aprendem quando começam a ir à escola é uma saudação atribuída a Primoz Trubar, o primeiro superintendente da Igreja Protestante Eslovena: "Espero que você conheça a verdade de conhecer Jesus". Assim, há uma longa história de compartilhamento da fé naquele país.

UMA ORAÇÃO COM UM PRESIDENTE

Durante minha viagem à Eslovênia em 2016, minha palestra motivacional para cinco mil alunos foi transmitida para cada escola fundamental e de ensino médio do país. Todas suspenderam as aulas e assistiram à palestra quando eu fui apresentado pelo presidente da Eslovênia, Borut Pahor.

Uma vez que o governo estava patrocinando minha presença ali, tive de me ater a temas inspirativos e não falar muito do evangelho, mas, em meu encontro privado de uma hora e meia com o presidente, compartilhei o evangelho com ele. Ele queria orar por seu país, e por isso se ajoelhou. Oramos pelos Estados Unidos também. Nós dois ficamos muito emocionados e ele observou que aquela era a primeira vez em que um visitante orou com ele naquele gabinete.

Steve Telzerow, da Comunidade Cristã Internacional, também estava presente e mencionou que, em 2017, seriam comemorados os 500 anos da Reforma, e o presidente Pahor disse que gostaria de ser o principal patrocinador dos eventos em homenagem à data.

Mais tarde, falei do meu amor por Jesus Cristo a mais de quatrocentas pessoas num evento organizado por Steve, Barbara e o ministério deles. O evento foi gravado em vídeo e retransmitido, tendo alcançado milhares de eslovenos. Fui também convidado a um show num canal de televisão nacional para uma entrevista de quarenta e cinco minutos, na qual a anfitriã admitiu não compreender até recentemente o significado de ter fé. E então, ao preparar-se para nossa entrevista, ela leu meu livro *Indomável* e me disse: "Ele salvou a minha vida".

Uau! Foi maravilhoso ouvir aquilo, especialmente num show de TV transmitido para toda Eslovênia. Ela contou que meu livro a ajudou a perceber que fé não é simplesmente uma filosofia, mas uma crença e um modo de vida de acordo com nossa crença no Senhor Jesus Cristo como nosso Salvador.

Ela terminou de ler meu livro e buscou cura, restauração e o plano de Deus para a vida dela. Seu coração havia sido partido, e Deus entrou e preencheu aquele vazio. Ela ficou emocionada com a experiência e a descreveu em lindas palavras. A entrevista foi incrível, uma das mais profundas conversas a respeito da fé que já tive num show de TV com alcance nacional.

Estou relatando minhas experiências na Eslovênia porque elas demonstram como é vantajoso quando todo tipo de cristãos trabalham juntos debaixo da mesma tenda. Steve e Barbara não tinham ideia de que seus esforços para trazer-me à Eslovênia resultariam num encontro tão significativo com o líder de seu país e uma entrevista na televisão que foi uma das mais emocionantes que já fiz sobre o poder da fé. O que importa é aproveitar a ocasião.

Ao trabalharmos juntos para compartilhar nossas crenças, Deus entra em ação e faz mais por nós do que jamais poderíamos sonhar. Acredito que é assim porque ele quer nos incentivar a deixar de lado diferenças insignificantes e de opinião e deseja que nos concentremos na missão muito mais importante de salvar os que não são cristãos e de conduzir suas almas até os portões do céu.

PROCLAMAR A FÉ PARA QUE OUTROS POSSAM OUVIR

Eu também vi o poder da unidade cristã em ação no país que adotei. Entre os esforços notáveis que testemunhei em primeira mão estão os da *Proclaim*, uma organização sem fins lucrativos cuja missão é reunir as igrejas em benefício das comunidades de Madison County, Indiana.

Os líderes da igreja Gary Godbey, Bill Obras, Brad Henderson e outros cristãos ligados ao trabalho em tendas grandes, começaram a organização como um ministério para eventos de evangelismo.

A *Proclaim* e seus membros são dedicados à Grande Comissão, e conforme me informou meu amigo Jay Harvey, pastor sênior da Igreja Cristã Pendleton, "eles reúnem as comunidades para mostrar que as boas novas são de fato boas".

Eles trabalharam por vários anos para organizar um culto de Páscoa para a comunidade, no qual tive a honra de falar e do qual participaram membros de quinze igrejas da região. Todos concordaram que algo muito especial aconteceu naquele dia; na verdade, eles realizaram dois cultos para acomodar a multidão de mais de quinze mil pessoas. Algumas tiveram de assistir ao evento em um telão no ginásio de uma escola secundária porque não havia assentos suficientes, e, segundo estimativas, quase mil pessoas entregaram seu coração a Jesus naquele dia.

Deixarei que o pastor Harvey relate o que aconteceu naquele dia. Mais importante ainda, ele também compartilhará a jornada de fé que aconteceu tardiamente em sua vida, graças ao seu amor pelo basquete que, segundo me informaram, é a segunda maior religião em Indiana!

Quando Nick assumiu o palco no evento de Páscoa, fui imediatamente atraído por seu senso de humor. Aquela era a primeira vez que eu via ou ouvia Nick falar. A maioria dos oradores supõe que precisa começar com alguma coisa engraçada ou contar uma piada para aquecer a plateia, e isso sempre me deixa nervoso, pois não é preciso ser engraçado ou contar uma piada para ser um ótimo orador e comunicador do evangelho. Mas esse não é o caso de Nick! Seu humor autodepreciativo e suas narrativas foram ótimos; era como se todos nós estivéssemos sentados na sala de estar da casa dele ouvindo esse homem de Deus abrir seu coração.

Nick e eu trabalhamos juntos pela primeira vez atendendo a um pedido de Gary Godbey (presidente da *Proclaim*), que já o conhecia. Naquele momento, eu havia me tornado o pastor titular de uma grande igreja em Pendleton, Indiana, que Gary frequentava. Minha história e meu estilo de comunicar o evangelho serviam perfeitamente para ajudar Nick em seus esforços para alcançar os alunos em todo estado de Indiana com sua turnê *antibullying* chamada *Stand Strong* [Fique firme].

Nick e eu havíamos desenvolvido um relacionamento muito sólido e de grande confiança, tanto que, quando me pedem para trabalhar com Nick e ajudá-lo nas escolas ou prisões, eu simplesmente o ajudo da melhor maneira possível. Acredito no que ele está fazendo, porém — melhor ainda —, acredito na pessoa Nick.

Eu não cresci na igreja; na verdade, eu só ia à igreja quando isso significava que eu poderia jogar no time de basquete. Vi-me como tantos outros nesta vida, isto é, buscando alguma coisa sem perceber que essa coisa é Jesus.

Aos trinta anos, eu estava casado e tinha dois filhos, quando minha mulher, nossos filhos e eu começamos a frequentar uma igreja. Ouvi o evangelho e continuava voltando e ansiando por mais daquilo que hoje sei que é a bondade de Deus e seu apelo. Eu me entreguei depois de uns dois anos, dediquei minha vida toda a Jesus e fui batizado. Fui liberto do vício do álcool e nunca mais bebi depois do meu batismo em 25 de abril de 1999.

Sou pastor há mais de cinco anos, mas tenho escrito e feito palestras há mais de dez anos. Meu ministério e meu chamado é servir à igreja apenas de maneira a ajudar as pessoas a entenderem que têm a responsabilidade de ser gente que reconcilia, perdoa e ama de uma maneira estranha ao restante do mundo.

Quando o corpo de Cristo se une por meio de um ministério para-eclesiástico nascido de Deus e de pessoas que buscam a Deus, não há como negar o fruto resultante. Como pastor, fico muito satisfeito por ter isso tão perto de mim e saber que posso contar com o ministério da *Proclaim* para me ajudar a me aproximar de outros ministérios e alcançar mais gente por intermédio de Cristo. A *Proclaim* é poderosa. A *Proclaim* é de Deus e está transformando.

É TEMPO DE UMA NOVA ABORDAGEM

Eu compartilhei essas histórias inspiradoras com você porque acredito que meus amigos na Eslovênia e em Indiana estão realizando um trabalho vital: a saber, a missão de Deus. Acredito que precisamos de uma avaliação honesta sobre as condições do cristianismo hoje, pois os filhos da casa de Deus não podem estar divididos.

Sou a favor de todas as denominações e de todos que não pertencem a uma denominação. Sou a favor do evangelho e do reino do céu. Precisamos um do outro, todos nós. 1Coríntios 12:12 ensina: "Ora, assim como o corpo é uma unidade, embora tenha muitos membros, e todos os membros, mesmo sendo muitos, formam um só corpo, assim também com respeito a Cristo".

Todos nós somos batizados por um Espírito. Alguns versículos adiante o apóstolo diz: "Se o pé disser: 'Porque não sou mão, não pertenço ao corpo', nem por isso deixa de fazer parte do corpo. E se o ouvido disser: 'Porque não sou olho, não pertenço ao corpo', nem por isso deixa de fazer parte do corpo" (versículos 15, 16).

Todos nós somos parte do corpo de Cristo, e a versão terrena desse corpo está em lento declínio nos Estados Unidos. A membresia nas principais igrejas protestantes caiu de aproximadamente quarenta e um milhões em 2007 para trinta e seis milhões em 2014, de acordo com o Centro de Pesquisas Pew. Hoje a idade média em suas congregações é cinquenta e dois anos e está aumentando. Na Igreja Católica, a queda é ainda maior: a última década, ela perdeu três milhões de membros. Seminários e institutos bíblicos estão perdendo alunos e muitos estão fechando.[5]

Receio que, a menos que sigamos os exemplos que mencionei, perderemos a próxima geração de cristãos e de líderes espirituais. Sendo assim, precisamos reorganizar, repensar e reacender nossos esforços para trazer não cristãos a Jesus Cristo.

Muitas igrejas estão fazendo um trabalho maravilhoso, porém, na maioria das vezes, elas parecem estar mais voltadas para dentro do que para fora. Estão tão concentradas em proteger seu território, impor sua doutrina ou construir os maiores impérios que negligenciam a missão essencial. São ilhas, e não abertas; são autossustentáveis, e não servem a Deus.

Não há ensino suficiente do evangelho. Igrejas demais insistem na comunhão, sem fazer evangelismo suficiente entre não cristãos ou mentorear os novos cristãos que ainda precisam criar um relacionamento íntimo e pessoal com Deus. Muitas são adeptas de recrutar novos membros enquanto deixam de criar um núcleo forte de uma geração para a seguinte. Muitas igrejas têm um relacionamento de negócios com seus membros em vez de ter um relacionamento de transformação.

A membresia das igrejas está diminuindo, e os não cristãos não se aproximam, o que significa que temos de ir atrás deles e oferecer-lhes as informações, a motivação e inspiração a cada passo do caminho. Não podemos apenas seduzi-los e então esperar que continuem engajados; na verdade, precisamos apoiá-los e encorajá-los para construir um alicerce sólido e duradouro de fé e também ajudá-los a permanecer no caminho por toda vida.

Minha filosofia para educar cristãos é:

---

[5]Centro de Pesquisas Pew: *Religion and Public Life, "America's Changing Religious Landscape"* [Religião e vida pública, "O cenário religioso em transformação nos Estados Unidos da América"], 12 de maio de 2015. Disponível em: www.pewforum.org/2015/05/12/americas-changing-religious-landscape.

- Uma igreja saudável entende a importância de alcançar os perdidos e os cristãos indo até eles.
- Devemos ensinar, alimentar e apoiar um a um como indivíduos únicos no início da sua caminhada com Deus.
- Precisamos mostrar aos cristãos maduros como sustentar a fé lendo as Escrituras, de modo que possam construir seu relacionamento pessoal com Deus ao longo da vida.
- Precisamos ensinar os professores e liderar os líderes da próxima geração de cristãos.
- Devemos servir à comunidade, assim como Jesus fez, com amor a todos.
- Devemos criar ambientes de adoração que alimentem a alma e o espírito, sem abrir concessões na Palavra de Deus.
- A comunidade cristã deve esforçar-se para ser a maior fonte de esperança e ajuda em cada bairro, cidade, estado e nação.
- Nossas igrejas não são clubes sociais, mas sim quartéis-generais do exército de Deus e, como tal, devem ser a fonte de orientação menos crítica, mais inclusiva, acolhedora e focada do mundo.

Depois da última ceia, Jesus ofereceu uma despedida aos onze discípulos que permaneceram. Na parte final desse discurso de despedida, na noite anterior à sua morte na cruz, Jesus orou ao seu Pai por unidade entre os discípulos: "para que todos sejam um, Pai, como tu estás em mim e eu em ti" (João 17:21).

Ele é o nosso Pai e nós somos seus filhos e precisamos encontrar meios de servi-lo juntos, apesar das nossas diferenças. Quando vejo meus filhos brigarem por causa de seus brinquedos, isso me machuca, pois quero que brinquem juntos, se amem e se apoiem na casa que todos nós compartilhamos. Estou certo de que nosso Pai celestial se entristece quando seus filhos discutem e se evitam.

Precisamos dar ao Espírito Santo uma chance de nos guiar, uma vez que somos instrumentos nas mãos dele. Em vez de dirigir nossa atenção para nossas diferenças, devemos nos unir no que temos em comum, isto é, o fato de que Jesus nos salvou e é o Senhor. Há pessoas perdidas lá fora, portanto, precisamos unir forças como cristãos e encontrar maneiras de alcançar essas almas perdidas e salvá-las. Em outras palavras, devemos ir aos quatro cantos do mundo e fazer discípulos!

A GRANDE COMISSÃO

Tenho um sonho recorrente de um dia estar diante de Deus, quando ele me fará duas perguntas.

A primeira: "Você me conhece?"

A segunda: "Quem você trouxe com você?"

Creio que o objetivo da primeira pergunta é estabelecer uma identidade cristã, a o passo que o da segunda pergunta refere-se ao cumprimento da missão primária de todos os cristãos na terra. Em Mateus 28:18, o Jesus ressurreto subiu a uma montanha na Galileia e ordenou que seus seguidores fossem e batizassem pessoas de todas as nações no nome do Pai, do Filho e do Espírito Santo. Ele também nos diz em Marcos 16:15: "Vão pelo mundo todo e preguem o evangelho a todas as pessoas".

Essa orientação dada por Jesus Cristo, nosso Salvador ressurreto, é conhecida como a Grande Comissão. Eu fiz dela a minha missão, e incentivo cada cristão que encontro e cada igreja que visito a manter isso em mente como seu propósito central todos os dias. Os membros de uma grande igreja uma vez me perguntou como eu descubro o segredo e consigo fazer com que mais pessoas se juntem à causa. Eles me perguntaram em particular se eu conheço algum professor eficiente que esteja alcançando membros da geração mais jovem e atraindo-os em massa para cultos de adoração.

Pouco depois disso, outro líder de igreja disse-me que seu crescimento havia estagnado subitamente, depois de alguns anos de rápida expansão. Esse pastor também se perguntava como crescer e conservar os membros.

Minha resposta a ambos foi que eu não estou interessado em números, mas sim em almas, e creio que nossa missão essencial com cristãos não deve ser construir as maiores igrejas e lotá-las com cristãos. Meu objetivo é alcançar os que ainda não creem e ainda não ouviram as boas novas.

Meu incentivo a pastores de toda parte é unirem-se debaixo da mesma tenda para cumprir essa missão essencial, a Grande Comissão. Não estou me referindo apenas à minha tenda, é claro, mas meu grande teto servirá como exemplo para outros cristãos interessados em trabalhar juntos.

Muitos líderes eclesiásticos compartilharam comigo suas frustrações porque não sabem como alcançar aqueles que ainda não aceitaram Jesus Cristo como seu Salvador. Eles se esforçam para capacitar os seus membros de modo que compartilhem sua fé fora dos muros da igreja. Cada vez mais membros pensam que sua única responsabilidade é, simplesmente, comparecer aos cultos semanalmente para alimentar suas almas. Gostaria de encorajá-los a saírem e partirem o pão com os não cristãos em qualquer oportunidade.

Para ajudar as igrejas que estão procurando maneiras de trazer mais filhos de Deus para seu rebanho, elaborei os nove pontos da Grande Comissão, que são apenas sugestões baseadas nas minhas experiências de falar às pessoas sobre Jesus e fazer o maior número possível de discípulos.

1. Alcançar os perdidos e ensiná-los como evangelizar.

Quando entreguei minha vida a Jesus, queria dizer ao mundo todo: *Jesus vive!* A paz que eu sentia era incrível, e também senti a restauração da minha alma e, pela primeira vez, tive certeza do meu propósito e da minha identidade. Eu sabia que meu destino em Deus era maior do que qualquer coisa que eu pudesse imaginar ou alcançar.

Todos os cristãos deveriam sentir-se ansiosos por compartilhar sua fé, e todas as igrejas deveriam trabalhar juntas para alcançar aqueles que ainda não encontraram esse caminho. Eles precisam entender que não há barreiras para entrar, e quando Jesus entra em nossa vida, ele se encarrega de toda culpa e de todos os vícios. Não há condenação para aqueles que encorajam outros a aceitar Jesus, por isso queremos que todos saibam que Deus os ama.

Não existe propósito maior para nós do que conhecer a Deus e amá-lo com todas as nossas forças, toda nossa alma e todo nosso espírito. O segundo maior propósito é amar nossos próximos como a nós mesmos, e demonstraremos esse amor ao ajudá-los a identificar seus valores, seu propósito e seu destino.

2. *Ensinar os cristãos a se alimentarem sozinhos: ler, estudar e orar.*

Na verdade, não se trata de alimentar as pessoas; trata-se de criar um exército de fiéis para recrutar e servir aqueles que ainda irão receber Jesus Cristo em sua vida. É estranho que muitas igrejas cristãs tenham objetivos comuns, mas, raramente conversem entre si; e é ainda mais raro que trabalhem juntas para atingir esses objetivos.

3. *Servir à comunidade.*

Muitas vezes penso que as igrejas cristãs estão entre as comunidades de fé mais disfuncionais do mundo. Estou para visitar um país com oitenta igrejas, e ali, em vez de todas ou de a maioria delas cooperarem com os esforços da comunidade, talvez três ou quatro estejam fazendo alguma coisa juntas, como organizar uma distribuição de alimentos. Imagine como elas poderiam ser mais efetivas e quantas almas a mais poderiam levar a Jesus se todas trabalhassem juntas!

4. *Ensinar os novos cristãos.*

As igrejas raramente se unem para apoiar e servir às pessoas depois que estas proclamaram sua fé. Elas não continuam alimentando esses novos recrutas ou ajudando-os a amadurecer na fé. Você não pode esperar que alguém que acaba de atender a um apelo de conversão no domingo tenha imediatamente uma profunda compreensão das responsabilidades e das bênçãos associadas ao fato de ser cristão. Um sermão por semana não basta; em outra spalavras, é preciso que haja uma ponte para cristãos iniciantes e para os mais experientes de modo que possam crescer em sua compreensão da Palavra de Deus.

5. *Ensinar os cristãos a alimentar outras pessoas.*

Aqueles entre nós que cresceram em famílias cristãs fortes são afortunados, porque nossos pais nos ajudaram ao nos educarem na fé, lendo a Bíblia para nós e explicando o significado das Escrituras. Eles também atuaram como mentores e modelos no modo como viviam os Dez Mandamentos. Esse aprendizado em casa desperta em nós o desejo de alimentar outras pessoas que têm fome da Palavra de Deus. As igrejas precisam estar ativamente engajadas em formar a próxima geração de guias, mentores e exemplos cristãos, e a maneira mais eficiente de fazê-lo é trabalhando juntas.

6. *Criar um ambiente de adoração atraente.*

Eu cresci numa igreja muito tradicional, e nós cantávamos hinos que eram parte dessa rica tradição, embora alguns jovens não os considerassem muito interessantes. A ideia da adoração é louvar a Deus, e nós o fazemos ao cantar para magnificar sua excelência. Nós exultamos nele ao adorá-lo e agradecemos a ele dizendo-lhe que o amamos como uma família de cristãos.

Não quero que esse propósito se perca nem seja enterrado, e fico preocupado com o fato de algumas igrejas se preocuparem em competir entre si para saber qual é mais piedosa e qual exibe mais sua fé, em vez de se concentrarem em amar a Deus, compartilhar esse amor e transmiti-lo.

Cada um tem suas preferências quando se trata de cultos de adoração, e creio que todos nós queremos experimentar intimidade e crescimento com Deus. Quando nos reunimos para adorá-lo, penso que Deus tem um prazer a mais, uma vez que ele habita nos louvores do seu povo. Penso que o fato de adorarmos juntos nos oferece um vislumbre do céu, onde adoraremos Deus face a face como o Autor da nossa fé.

7. *Desenvolver os talentos dos discípulos.*

Eu incentivo os líderes eclesiásticos a olharem para sua congregação como um exército de evangelistas com uma abundância de conhecimento, talentos e dons que precisam ser identificados e aplicados no mundo. Quantos grandes recrutadores estão por aí? Quantos conhecem o evangelho e são capazes de ensiná-lo de maneira convincente? Quantos conselheiros, bons ouvintes e incentivadores existem em cada igreja? Precisamos fazer o melhor que pudermos com nossos recursos humanos e aproveitar seus talentos para formar o exército de Deus.

8. *Tornar-se a maior fonte de recursos gratuitos da comunidade.*

Insisto para que os líderes eclesiásticos em todas as comunidades reúnam seus esforços para serem os maiores fornecedores de recursos para aqueles que estão em necessidade, seja pela distribuição de alimento, no aconselhamento conjugal, em programas *antibullying*, em programas de prevenção de suicídio, em atividades para jovens, em programas para idosos, em aulas de ginástica, no cuidado de crianças, seja em outras propostas possíveis. Existe alguma maneira melhor de compartilhar nossa fé do que dividir nossas bênçãos com aqueles que talvez ainda não conheçam a alegria e satisfação da nossa vida cristã?

9. *Cuidar da nossa real missão.*

Alguns pastores querem ser homens de negócios e desenvolvem uma mentalidade de CEO corporativo voltada para o crescimento constante. Dedicam-se a tornar suas igrejas maiores, como se fosse uma competição, mas a verdade é que não se trata uma competição. Acredito que práticas saudáveis para administração de entidades sem fins lucrativos devem ser seguidas na operação de qualquer igreja quando se trata de finanças e funcionários, mas uma igreja não é uma empresa. É a casa de Deus, e seus líderes precisam se concentrar em convidar o maior número possível de pessoas e, então, garantir que se sintam suficientemente confortáveis para ficarem por ali até a eternidade.

« 10 »

Aventuras na fé

Viajei quase cinco milhões de quilômetros pelo mundo nos últimos quinze anos, falando a mais de seiscentos milhões de pessoas ao vivo ou por transmissões pela televisão em sessenta e três países. Também tive a honra de me encontrar com dezesseis presidentes, primeiros-ministros e outros chefes de estado.

Talvez eu não esteja no país com o propósito específico de compartilhar minha fé, embora isso nunca me afaste da minha missão mais importante, mas estou sempre procurando meios de alcançar aqueles que talvez estejam em busca de um caminho para o céu, e deixo claro para todos que estou disposto a conduzi-los a Jesus Cristo. Preciso ser cuidadoso quando estou em países que não são favoráveis a cristãos ou aos evangelistas em geral. Os coordenadores e promotores que me levam a esses lugares estão arriscando seus pescoços, por isso preciso seguir o que foi combinado para protegê-los, principalmente porque não quero ser responsável pela punição de alguém por causa de algo que falei ou fiz; por esse motivo, tento não violar sua confiança e fé em mim.

Se o governo que nos recebe não quer que eu fale sobre minha fé, em geral eu não o faço — a menos que alguém me faça uma pergunta durante uma sessão de perguntas e respostas ou entrevista. Quando recebo uma questão, geralmente tenho a liberdade de respondê-la. Às vezes, eu mesmo dou uma dica de que podem me fazer determinadas perguntas e então aproveito a oportunidade para compartilhar um pouco.

Em 2008, fui convidado por oficiais chineses a falar para estudantes de faculdade numa campanha de prevenção ao suicídio, e, depois da palestra, abri a reunião para perguntas do público. Um estudante perguntou-me sobre ser cristão, e, enquanto eu respondia, outra pessoa começou a chorar alto e gritou: "Como você pode amar um Deus que lhe deu uma vida de sofrimento sem braços ou pernas?"

A pergunta perfeita! Respondi como sempre respondo. Eu disse a ele e aos outros alunos que ninguém de nós é perfeito, ou seja, todos nós temos rachaduras ou marcas de alguma maneira. A resposta é colocar nossos pedaços rachados e quebrados nas mãos de Deus, pois creio que assim o propósito dele para nós será revelado ao longo do tempo.

Eu encontrei meu propósito numa vida sem membros, e Deus me dirigiu para levar uma vida sem limites. Minha falta de membros me forneceu uma plataforma, um ponto de acesso a conversas sobre Deus, fé e esperança. Aprendi que, embora Deus talvez não faça o milagre que busquei, dando-me membros, ele me colocou numa posição de ser um milagre na vida de muitas outras pessoas.

Minha missão não é conseguir membros para mim mesmo, mas sim ajudar as pessoas a terem sua vida redimida e restaurada para que possam viver com propósito e verdade, e aceitar Jesus Cristo como seu Salvador.

Aproveito essas oportunidades como momentos para ensinar, porém — mais uma vez —, tento não criar problemas nem ofender ninguém. No Paraguai, fiz um pequeno sermão num momento em que não deveria, e uma pessoa na plateia levantou a voz e disse: "Será que dá para garantir que nem ele, nem qualquer outra pessoa fale sobre Deus de novo?"

Uau, aquela não foi uma resposta típica. Em geral, quando alguém se irrita, tenta me envolver num debate político ou ataca a minha fé, uso a saída diplomática. Eu lhe digo que Deus o ama como ama a todos nós e prometo orar por ele. O amor conquista tudo!

Muitas vezes sou convidado a falar a adolescentes e jovens sobre os perigos da intimidação ou lhes digo que o suicídio não é uma opção porque Deus os ama e está sempre perto deles. Às vezes, sou convidado a um país para servir como advogado para os deficientes.

Não importa o motivo pelo qual estou ali, sempre convido meu público e as autoridades que encontro a orar comigo ou permitir que eu ore por eles. Isso tem conduzido a algumas conversas muito interessantes, incluindo uma especialmente extraordinária com o presidente da Macedônia que descreverei mais adiante neste capítulo.

INDO PARA O TOPO

É impossível saber como será um encontro com um chefe de Estado. Às vezes, eles são calorosos e estão sinceramente interessados em compartilhar suas crenças e pensamentos; outras vezes, são mais distantes e formais, nem um pouco dispostos a ter uma conversa profunda. Eu entendo. São pessoas muito importantes e ocupadas, com responsabilidades incríveis e assuntos complexos em sua mente, e não têm tempo para conversar à toa com visitantes.

Normalmente, eles se dispõem a partilhar uma pequena parte de sua agenda comigo quando conhecem meus vídeos e meus livros, e vários deles contaram que ouviram falar de mim pela primeira vez quando seus filhos lhes mostraram meus livros, vídeos no YouTube ou minha página no Facebook.

O presidente da Hungria, János Áder, e sua esposa Anita Herczegh, que têm três filhas e um filho, estão entre esses cujos filhos os apresentaram ao meu trabalho. Eu os encontrei em 2013 durante minha turnê mundial de evangelismo por vinte e seis países, e, imediatamente, pude sentir seu amor e preocupação genuínos por seu país. Tivemos uma conversa profunda sobre o amor deles a Deus e seu desejo de servir ao seu povo com a ajuda do Senhor.

A impressão que me deixaram foi de serem pessoas inteligentes, além de puras de coração e autênticas. Eles reconheceram que precisam de Deus, e este é o princípio da sabedoria, saber que ele é real, que precisamos dele e devemos honrá-lo em tudo o que fazemos e ele nos abençoará em troca.

É claro que nem todo chefe de Estado é cristão, mas fico grato quando encontro alguns que não são mas que me dão a oportunidade de servir como exemplo positivo para eles e seus cidadãos. Sempre que eles se dispuseram a passar mais do que alguns minutos comigo, constatei que nossa conversa pôde ser profunda e até comovente. Às vezes, porém, eles me deixam balançando a cabeça, tentando entender o que acabou de acontecer.

TIMING COMPLICADO

Isso é totalmente possível quando falam algo que não entendo ou tentam me dar uma ideia do que está na sua cabeça. Foi o que aconteceu quando me encontrei com o presidente da Macedônia, Gjorge Ivanov, no primeiro semestre de 2016. Fiquei grato por essa oportunidade, especialmente porque eu sempre quis passar mais tempo na Macedônia, um país lindo e histórico que, como a Sérvia, integrava a antiga república da Iugoslávia.

Entretanto, aquele não era o melhor momento para essa visita, pois, na ocasião, o país experimentava uma reviravolta. Apenas dois dias antes de eu chegar houve um encontro violento entre as forças de segurança e centenas de migrantes e refugiados que estavam tentando romper uma cerca ao longo da fronteira do país com a Grécia.

Então, no dia seguinte, houve manifestações na capital do país, Skopje, contra uma decisão do presidente Ivanov, que anistiou cinquenta e seis oficiais e políticos que estavam sendo investigados por supostamente grampearem os telefones de vinte mil cidadãos, além de outros crimes. Os manifestantes até saquearam o gabinete do presidente e tentaram incendiá-lo, mas sem sucesso. (Mais tarde, ele voltou atrás na anistia.)

Isso me deixou com os nervos à flor da pele, logicamente, pois eu estava ali para a maior iniciativa evangelística jamais tentada na Macedônia, onde os cristãos ortodoxos são o maior grupo religioso, seguido pelos muçulmanos — que compõem quase um terço da população. Havíamos ouvido relatórios indicando que muitos membros do governo e jornalistas desconfiavam de evangelistas e do que eu diria em minha palestra.

Conheci alguns macedônios, e podemos dizer que eles são teimosos e céticos porque têm uma longa história de sofrimento. Com toda agitação em seu país e as críticas à sua anistia, supus que o Presidente Ivanov cancelaria nosso encontro, mas ele não o fez.

Durante nossa reunião, havia cerca de cinco mil manifestantes nos degraus do Congresso. Esse ambiente e a recepção que o presidente Ivanov me ofereceu foram um grande contraste com nossa parada anterior na Sérvia. Ali, fui recebido por um alto oficial com um sobrenome muito parecido, o primeiro-ministro Aleksandar Vucic. (Sem *j* no sobrenome e nenhum parentesco, que eu saiba.)

O primeiro-ministro Vucic e eu tivemos uma conversa interessante, aberta e franca, um tempo maravilhoso e um dos melhores encontros que jamais tive com um chefe de Estado. Falamos sobre o sistema de educação sérvio, os rumos políticos do Ocidente e os desafios de ser um líder no mundo moderno. Fiquei impressionado com sua humildade e simpatia.

Falamos por cerca de uma hora e foi uma conversa realmente muito boa. Ele falou sobre a importância de educar os jovens e o crescente empreendedorismo na Sérvia, e comentou também os desafios de ser um líder. Não concordei com todas as decisões que ele tomou em seu gabinete, mas, aparentemente, suas convicções vêm do coração, e não do ego. Ele estava com lágrimas nos olhos ao me agradecer por orar pela Sérvia e por inspirar seus jovens, e eu fiquei igualmente emocionado.

UMA EXPERIÊNCIA DE APRENDIZADO

Meu encontro de uma hora com o presidente Ivanov foi bem diferente. Ele se comportou como um professor que dá uma aula, o que faz sentido — ele tem um Ph.D, já dirigiu o departamento de estudos políticos de uma faculdade de direito e lecionou em várias universidades do mundo, incluindo a *Yale Divinity School*, nos Estados Unidos. Talvez eu devesse ter levantado minha mão para ter a palavra, porque não houve uma troca em nossa conversa.

Ele passou o tempo todo no "modo" aula, falando sobre sua vida e sua filosofia, e destacou que eu preciso expandir minha base de conhecimento espiritual, além de ler a Bíblia e textos cristãos.

O presidente Ivanov promove a diversidade religiosa e compartilhou comigo sua filosofia sobre os benefícios de falar com a natureza, inclusive pedras e árvores. Ele declarou que eu deveria parar de ler e falar sobre a Bíblia e passar mais tempo falando com a natureza, pois isso faria de mim uma pessoa melhor e me traria um bom carma. Ele pareceu supor que a única razão para eu ser cristão era que eu não sabia de nada.

Aquilo me irritou, e eu finalmente falei. "Com todo respeito, senhor, estou tentando trazer esperança a mulheres que vivem em favelas, e creio que é mais proveitoso falar a elas sobre o amor de Deus e a possibilidade de redenção do que sugerir que falem com árvores. Os pais delas as venderam como escravas sexuais quando eram crianças, e elas não têm tido muita esperança".

Ele ficou quieto por alguns momentos e, então, mudou de canal e começou uma aula aleatória sobre a Igreja Ortodoxa e como seus integrantes não sabem mais como aproveitar o poder da oração. Ele havia conversado com sacerdotes ortodoxos sobre esse assunto e concordaram que cerca de quatrocentos anos atrás as pessoas deixaram de dizer "amém" corretamente e, assim, perderam o poder da oração.

Eu não estou inventando isso. O homem mais importante da Macedônia então iniciou uma longa explicação sobre a maneira apropriada de dizer "amém" de modo a aproveitar todo poder da oração. Tentei não rir enquanto ele repetia, de várias maneiras, mas sempre em voz alta e cantante, *Ahhhh-MEEEEE-nnnn!*

Tive dificuldade para ficar sério quando o presidente Ivanov destacou que um "amém" correto precisa ser alongado e pronunciado a exatamente 539 decibéis para mobilizar integralmente seu poder de chegar aos ouvidos de Deus. Por algum motivo, isso me fez pensar no que aconteceria se eu apenas dissesse "amém" com alguns decibéis a mais. Será que pombas começariam a cair do céu?

Aquele líder belicoso parecia pensar que estava me esclarecendo com seu impressionante conhecimento, e não tentei convencê-lo do contrário. Apesar da minha suposta falta de sabedoria e sofisticação e minha recusa em falar com arbustos, ele me convidou a falar em seu acampamento para líderes de jovens um dia. Ele observou que um palestrante que já fora convidado era o Dalai Lama, e perguntei-me se o líder budista tibetano havia recebido a mesma aula sobre como dizer um "amém" correto. Provavelmente não.

No final, o presidente Ivanov permitiu que eu orasse por ele e me agradeceu por vir a seu país para falar sobre Deus. Sou grato também pelo convite a falar em seu acampamento para jovens, assim como agradeço por cada oportunidade de compartilhar minha fé, seja com líderes mundiais em seus gabinetes ornamentados (ainda que ligeiramente chamuscados) ou com crianças órfãs nos cantos mais pobres do planeta.

VÃO POR TODO O MUNDO E PREGUEM

Minhas aventuras globais de fé nem sempre foram agradáveis. Em algumas ocasiões foram assustadores. Volto para casa fisicamente exausto da maioria das minhas viagens, mas estou ardendo mental e espiritualmente porque fazer a obra de Deus é uma aventura para mim. Toda vez que recebo um convite para encontrar um presidente ou primeiro-ministro, isso é a cereja do bolo — e uma oportunidade em potencial de causar impacto, ainda que pequeno.

Primeiro, assumo que há somente 50% de chance que o encontro realmente acontecerá, afinal de contas, essas são pessoas muitos ocupadas. Tento respeitar o tempo delas. Muitas vezes nossos encontros são breves e pouco mais do que uma oportunidade de tirar fotos ou cumprimentar, porém, houve ocasiões em que fiquei emocionado com esses encontros de alto nível. Em alguns poucos eu até ouso pensar que talvez tenha aberto a porta para a influência de Deus.

Encontrei minha primeira presidente em 2008, na Libéria: Ellen Johnson Sirleaf. Ela estudou em Harvard e foi a primeira mulher eleita para governar uma nação africana. Sua liderança fez com que a Libéria avançasse vários passos afastando-se de um passado dominado por ditadores, pela violência e pela corrupção. Em 2011, ela dividiu o

Prêmio Nobel com duas outras mulheres (Tawakel Karman, do Iêmen, e sua compatriota da Libéria, Leymah Gbowee).

Durante nosso encontro em 2008, tivemos uma conversa profunda e significativa e oramos um pelo outro. Em particular, ela me agradeceu por ajudar a despertar a consciência numa região em que muitas crianças nascidas com deficiências foram assassinadas ou abandonadas. Fiquei muito impressionado com ela, e creio que ela queria melhorar a vida do seu povo.

Um dos meus encontros mais emocionantes e gratificantes com um líder nacional aconteceu em 2013, no Equador, onde me reuni com o presidente Rafael Correa no Palácio de Carondelet. Eu era um dos vários convidados de honra perfilados no alto dos degraus do palácio para uma cerimônia. Era basicamente um encontro de um minuto com uma oração de um minuto, e não tive a oportunidade de falar mais demoradamente com ele, mas alguma coisa entre nós deu um "clique".

Naquele momento, Correa, um presidente católico formado em economia que estudou nos Estados Unidos, estava debaixo de pressão para legalizar o aborto em seu país, e parte dessa pressão era resultado da prevalência de estupros no Equador.

Havia forças entre os próprios aliados do governo insistindo na legalização, e, durante a cerimônia, adolescentes fizeram uma manifestação, levantando cartazes a favor do direito ao aborto. Eu havia visto reportagens sobre defensores da livre escolha dizendo que as mulheres devem ter o direito ao aborto de crianças com deficiências.

Aquele era um assunto muito delicado e controverso no Equador, mas não o discuti com o presidente; apenas disse que oraria por ele e seu país. Olhei dentro de seus olhos e disse que iria orar para que ele fosse abençoado, que o amava e agradeci-lhe por permitir que eu viesse a seu país para influenciar seus jovens.

Ele concordou com a oração. Quando eu orei, olhei para ver se ele baixaria sua cabeça, algo que sempre faço quando me ofereço para orar por um chefe de estado. Quando curvam a cabeça e fecham seus olhos, creio que são sinceros em querer minha oração. Isso também demonstra que não têm medo de fechar os olhos em público, o que não é um indicador infalível, e sim um parâmetro mais fluido de quão autênticos são em sua caminhada com Cristo.

Quando terminei de orar, abri meus olhos e o abracei. Alguém fez uma foto, e foi tudo. Nove dias depois, ele fez uma declaração pública, dizendo que, enquanto fosse presidente, o aborto não seria legalizado e que renunciaria caso a Assembleia Nacional decidisse legalizar o aborto sem sua concordância.

Num relato sobre sua decisão, o presidente Correa disse que era contra qualquer iniciativa para legalizar o aborto de bebês com possibilidade de nascerem portadoras de deficiência porque, "depois do encontro com Nick Vujicic", ele pensou no que o seu país poderia fazer com mais pessoas como eu.

Uau, se alguma vez eu tive dúvidas sobre a importância de ser um modelo de vida e tentar viver sem limites, aquilo com certeza serviu de lembrete. Penso que o presidente me viu como um exemplo do que até mesmo alguém com graves deficiências é capaz de fazer neste mundo.

Houve outras situações em que senti que meus encontros com chefes de Estado eram apenas eventos simbólicos e oportunidades de tirar fotos por motivos políticos, e não uma produtiva troca de ideias. Às vezes cheguei a pensar qual seria o plano de Deus em ocasiões nas quais sou convidado apenas para um breve encontro com um presidente ou primeiro-ministro.

Minha experiência no Equador trouxe uma resposta a isso. Você nunca sabe qual impacto pode ter sobre alguém por simplesmente andar na fé e servir como um exemplo sadio da bondade e da amabilidade de Deus. Eu não tenho certeza de ter feito alguma diferença na decisão do presidente em se pronunciar contra o aborto em seu país, afinal, ele é católico e tem altos princípios morais. Ainda assim, talvez eu lhe tenha dado força e um senso de propósito mais profundo nessa questão.

Quando ouvi que ele me mencionara como influência positiva, fiquei muito feliz e agradeci a Deus por me colocar mais uma vez numa posição para realizar a obra dele. Eu também prometi nunca mais subestimar o poder dele para influenciar outras pessoas por intermédio de mim, e digo isso com humildade, mas creio que Deus me pôs ali naquele dia por uma razão, assim como ele me pôs na terra para servir aos seus propósitos. O mesmo se aplica a você! Eu o incentivo a abrir-se para a presença de Deus em sua vida. Pergunte-lhe todos os dias o que você pode fazer para servi-lo.

Apenas como um comentário adicional, o presidente Correa foi eleito para um segundo mandato de cinco anos. Ele deixou o cargo em 2017, depois de servir ao seu país por dez anos como presidente. Li uma notícia sobre esses dez anos no cargo. "O Equador tirou mais de 1,5 milhão de pessoas da pobreza, dobrou o salário mínimo, duplicou os gastos com saúde por pessoa, reduziu o desemprego em mais de 4% e estendeu a seguridade social a centenas de milhares de pessoas pela primeira vez, entre outras conquistas sociais e econômicas". Não tenho mérito algum nas decisões do presidente Correa ou em seu sucesso; somente ele próprio e Deus o merecem.[1]

Como servo de Deus, quero levar o maior número possível de pessoas até os portões do céu. Minhas viagens também são explorações, pois, onde quer que eu vá, procuro aqueles que mais precisam do amor de Deus. Procuro aqueles que são ignorados ou até mesmo abusados por seus governos, oro por eles e também tento promover mudanças ao passar pelos corredores do poder e tentar convencer os líderes a fazerem mais pelos que mais precisam.

Minha esperança é levar a presença de Deus aos seus gabinetes de modo que ele possa influenciá-los. Creio que Deus me coloca em cada encontro, seja com um líder mundial ou com qualquer pessoa que deseja uma oração, uma palavra, um abraço ou uma apresentação ao poder do Espírito Santo.

Honestamente, quando estou na sala de alguns chefes de estado, garanto que sou capaz de sentir o cheiro da corrupção e ver a vaidade e o orgulho emanando deles. Consigo sentir o mal naquele ambiente, mas esse é apenas mais um motivo para estar ali, apresentar a bondade

---

[1]"*Ecuador Celebrates 10 Years Of The Citizens' Revolution*" [O Equador celebra 10 anos da revolução dos cidadãos], *Neritam* (blog), 8 de março de 2017. Disponível em: https://jagadees.wordpress.com/2017/03/08/ecuador-celebrates-10-years-of-the-citizens-revolution.

de Deus e representá-lo — eu sempre me apresento como um embaixador do Senhor.

Digo aos chefes de estado que minha única missão é ajudá-los no conhecimento de que Deus os ama e que todos nós precisamos da sua força e sabedoria. Destaco que toda decisão deve honrar a Deus, porque, se nós o honrarmos, ele nos honrará.

Realmente creio que uma nação que honra a Deus é uma nação abençoada. Não conheci nenhum país que não precise de cura em algum nível. Todos nós precisamos de cura, todos nós precisamos de ajuda, e todos nós precisamos de Deus. Infelizmente, vivemos num mundo de gente que pode ser egoísta, orgulhosa e gananciosa.

Recusei encontros com alguns líderes que me causaram a impressão de serem corruptos e quererem me usar apenas para reforçar sua imagem entre os cristãos. Às vezes, os riscos são simplesmente grandes demais quando acho que não poderei ter uma conversa significativa e influenciar positivamente, sendo apenas uma presença simbólica.

Não é minha função dizer a um presidente o que ele deve fazer ou julgar as decisões de líderes. Eu não censurei o presidente da Macedônia por impedir a entrada de refugiados ou por perdoar aqueles que abusaram do poder que exerciam, mas fui a ele como vou ao encontro de todos, com amor e respeito. Contudo, nunca esqueço minha missão primária, que é plantar as sementes de fé com a convicção do Espírito Santo. Oro para que os poderosos usem seu poder de forma sábia e benevolente, pois essa é a missão de cristãos e cidadãos. Mesmo quando reclamamos de nossos líderes em privado, eles continuam precisando das nossas orações, porque nossas nações exigem que eles as sirvam bem.

Quando alguém publica fotos on-line comigo ao lado de políticos, sou por vezes criticado pelos opositores desses políticos. Minha intenção não é aprovar tudo o que fazem; aliás, em muitas ocasiões, eu não concordo com certas políticas, por isso é importante deixar claro que ser visto com um presidente, um primeiro-ministro ou uma autoridade não significa que eu apoio tudo o que ele faz. Jesus procurou prostitutas, criminosos e pecadores, não porque concordava com seu estilo de vida, mas porque sua missão na terra era salvar as almas perdidas e fazer o sacrifício definitivo por nossos pecados.

Já ouvi pessoas me dizerem que eu não deveria ir a determinados lugares por causa das más influências ali, mas eu uso a armadura de Deus, o que não significa assumir riscos desnecessários. Eu nunca viajo sozinho. Tenho uma equipe à minha volta e centenas, ou até mesmo milhares, de pessoas que oram por mim. Sei também que os anjos de Deus estão comigo e que o Espírito de Deus vive em mim. Eu não me coloco em situações de perigo, mas vou a lugares escuros para brilhar a luz de Jesus e mostrar a esperança real que pode ser encontrada em Cristo.

SERVIR COMO FORTALEZA

O fato de viver nos Estados Unidos, especialmente na Califórnia, poderia ter me deixado cego para as necessidades em todo o mundo se eu não tivesse presenciado tantas delas pessoalmente. Há muitos países nos quais somente os ricos usufruem da tecnologia e dos confortos modernos. Um número excessivo de pessoas pelo mundo é ignorado enquanto os poderosos esgotam os recursos de seu país. Pior do que isso, aqueles que têm o poder de ajudar os mais necessitados recusam-se a fazê-lo.

Em Montenegro, outra ex-república da Iugoslávia e país no qual a família do meu pai tem raízes, o governo não permite que igrejas ou pessoas formem organizações sem fins lucrativos. Na região dos Bálcãs, é comum que os governos cobrem impostos sobre cada doação a entidades sem fins lucrativos, o que dificulta o trabalho desses grupos para oferecer assistência aos necessitados.

Como os cristãos influenciam nações e seus líderes? Temos de andar pela fé até as suas capitais, orar por eles e pedir que o Espírito Santo os toque e os coloque no caminho para seguir os planos de Deus.

É só o que podemos fazer, pois somos os mensageiros, e é Deus quem faz o resto. Tento ser seu embaixador e influenciar, orar e conversar com líderes de governo sempre que surge uma oportunidade, pois quero representar sua bondade, seu amor e sua integridade aonde quer que eu vá. Na maior parte do tempo, as pessoas entendem isso e me tratam bem, mas nem sempre.

A CONTROVÉRSIA RUSSA

Eu tive um ano muito ocupado em 2016 e até fui à Rússia para uma turnê de palestras motivacionais que incluiu Ecaterimburgo, Cheliabinsk, Sochi, Minsk e o Kremlin em Moscou. A Rússia é um dos vários países nos quais a discriminação de deficientes ainda é comum. Noventa por cento dos seus edifícios não têm acesso para deficientes e a maior parte do transporte público, incluindo quase todo extenso sistema metroviário de Moscou, também é inacessível. O governo de Vladimir Putin tomou algumas medidas para melhorar o acesso a edifícios públicos e aos sistemas de transporte, mas os ativistas a favor dos deficientes ainda têm muitas críticas à forma como são tratados na Rússia.

Fui convencido a crer que poderia haver uma oportunidade de me encontrar com o presidente Putin em Moscou. Ele tentou ganhar pontos políticos ao patrocinar os atletas paraolímpicos de seu país, e eu estava ansioso para incentivá-lo a estender seu apoio a todos os 12,7 milhões de deficientes de seu país. Eu havia visitado a Rússia duas vezes antes, mas isso parecia ser uma grande chance de influenciar seu líder mais poderoso. Você nunca sabe até tentar, não é? A esperança é tudo!

Mal sabia eu que seria envolvido numa enorme tempestade de controvérsias; na verdade, essa tempestade ocorreu ao meu redor em escala internacional, ainda que eu não tivesse consciência disso naquela época. Em 14 de abril, no dia em que cheguei a Moscou, o editor de uma rede de rádio e jornal pró-Putin, Yevgeniy Arsyukhin, escreveu um editorial sobre mim que causou uma celeuma internacional — e eu não soube de nada até voltar para casa.

O título do artigo era "Nick Vujicic e a abdicação da evolução" (o que quer que isso signifique). No artigo, ele parecia sugerir que pessoas deficientes como eu deveriam ser mortas ao nascer, e, se vivessem, jamais deveriam ter permissão para ter filhos. Havia também uma frase que, traduzida, dizia: "E nós nunca deveríamos permitir que as pessoas deficientes alcancem o topo da pirâmide social".

No desenrolar do artigo, o autor defendeu que apenas afirmava o que muitos pensavam no passado e que essas não eram suas opiniões pessoais. O site on-line da BBC noticiou: "No artigo, Arsyukhin — que é editor-chefe da estação de rádio coligada ao jornal — apresentou sua visão de como a atitude da sociedade com relação às pessoas deficientes mudou ao longo dos séculos. 'Nossa aversão à feiura, doença e morte foi implantada em nós pela evolução e seleção natural', escreveu ele, acrescentando que 'indivíduos defeituosos não deveriam produzir descendentes, é melhor que morram ao nascer. E nós nunca deveríamos permitir que pessoas deficientes alcancem o topo da pirâmide social'".[2]

Ele acrescentou: "Entretanto, cerca de três mil anos atrás, houve uma mudança colossal na mente dos homens — eles desafiaram a seleção natural, não desejando viver de acordo com as suas leis... Jesus selou essa revolução. Ele colocou os pobres acima dos bem-sucedidos de uma vez por todas, e, dali em diante, pelo menos formalmente, a simpatia pelos deficientes é parte integrante da civilização".

Para coroar tudo isso, Arsyukhin fez-me um ataque pessoal por tentar inspirar as pessoas. De acordo com a tradução e o relato da BBC a respeito da controvérsia, ele escreveu: "Seus fãs repetem entusiasticamente banalidades como: 'Ele nos deu autoconfiança; se ele foi capaz de ter sucesso, nós também podemos e teremos!' Mas bem no fundo, todos eles — ou quase todos — sentem pena e até repulsa de seu ídolo... E não há nada de monstruoso nisso".

A REPERCUSSÃO

Eu não leio jornais russos nem ouço rádios russas. Não falo nem entendo a língua, por isso perdi a história e sua enorme repercussão. Depois soube que o promotor de eventos russo que me trouxe ao país decidiu não me contar sobre a polêmica porque não queria me entristecer.

Enquanto isso, minha equipe nos Estados Unidos recebia telefonemas de repórteres do mundo todo, mas, como não haviam ouvido nada

[2]Dmytro Zotsenko, *BBC Trending* (blog), *"Russians Respond to 'Disabled Should Die Straight Away' Row"* [Russos respondem à linha "Deficientes deveriam morrer ao nascer"], 22 de abril de 2016. Disponível em: www.bbc.com/news/blogs-trending-36085624.

da minha parte, diziam: "Sem comentários", o que foi interpretado como "Nick não ficou ofendido".

O colunista russo não ouviu nada da minha parte, mas ouviu de inúmeras outras pessoas que escreveram, telefonaram e o criticaram fortemente nas mídias sociais. Algumas o chamaram de fascista e realizaram um abaixo-assinado on-line pedindo a demissão dele. Documentou-se que esse abaixo-assinado contou com mais de noventa mil assinaturas.

O artigo foi retirado do site em que ele o publicara e substituído por uma declaração, segundo a qual o jornal "respeita a opinião de seus leitores". Porém, acrescentava: "Ficou claro para nós que muitos dos oponentes não leram o texto na íntegra, limitando-se no máximo a alguns parágrafos". Arsyukhin deu uma entrevista no rádio na qual afirmou que os leitores de hoje, acostumados com a Internet, tendem a ler apenas as manchetes e resumos, ao passo que seu artigo fora intencionalmente escrito de 'forma mais complicada', sem conclusões óbvias, e precisava ser lido até o fim para ser completamente entendido, segundo uma reportagem da BBC".

Na entrevista no rádio, Arsyuhkhin também se desculpou com aqueles que se sentiram ofendidos por suas ideias, dizendo que não entendia que outras desculpas os ativistas do abaixo-assinado poderiam exigir. A BBC traduziu sua meia desculpa como: "Em resumo, esse debate... chama a atenção para os problemas dos deficientes, mas também atrai atenção negativa para eles. Talvez eu tenha errado ao começar esse debate, pelo menos dessa forma... mas ele acabou indo para essa direção — graças às pessoas sem cérebro que replicam apenas o primeiro parágrafo e não leem o que vem depois. Portanto, peço desculpas de uma vez por todas".

Honestamente, depois de ler as traduções do artigo na mídia e o estranho pedido de desculpas do autor, eu não sabia o que fazer com tudo aquilo. Talvez alguma coisa tenha se perdido na tradução e Arsyukhin realmente estava tentando mostrar como os tempos mudaram para melhor no caso dos deficientes na Rússia, ou talvez sua intenção fosse dizer que *deveriam* mudar para melhor.

Qualquer que fosse sua intenção, eu o perdoei e orei por ele. Também sou grato a todos aqueles que me defenderam e sugiro que cada um que assinou aquela petição faça um esforço de passar um pouco de gentileza à próxima pessoa deficiente que encontrar, pois isso transformaria algo potencialmente doloroso em algo bom, você concorda?

UMA LEI PERTURBADORA

Ainda espero um dia me encontrar com o presidente Putin para promover mais acessibilidade e um tratamento melhor aos deficientes em seu país. Eu também gostaria de falar com ele sobre manter a Rússia aberta a missionários cristãos, pois ele e seu governo têm dado sinais confusos nessa questão. Em sua fala por ocasião da Páscoa ortodoxa de 2016, Putin elogiou os cristãos por "reavivarem os elevados valores éticos e morais, preservando nossa rica herança histórica e cultural" e por ajudar a manter a paz civil.[3]

No entanto, mais cedo naquele ano, em julho, seu governo havia aprovado uma legislação conhecida como a Lei Yarovaya, que resultou numa repressão ao trabalho missionário e evangelístico estrangeiro na Rússia. Fiquei sabendo que essa lei foi criada em parte porque alguns não estavam pagando as taxas requeridas para realizar encontros religiosos, taxas estas que começam em US$750, ou seja, não são excessivamente elevadas.

Em poucas semanas, a polícia russa prendeu Don Ossewaarde, um missionário batista dos Estados Unidos, enquanto fazia um estudo bíblico semanal e o acusou com base na nova lei que exige que missionários tenham autorizações, restringe as atividades religiosas aos prédios das igrejas registradas e torna ilegais as igrejas em lares. Ossewaarde foi declarado culpado e teve de pagar uma multa de mais de seiscentos dólares.

---

[3]Sarah Eckhoff Zylstra, *US Missionary May Get Russia's Anti-Evangelism Law Overturned* [Missionário dos EUA pode fazer com que a lei antievangelismo da Rússia seja revogada], 24 de janeiro de 2017. Disponível em: www.christianitytoday.com/news/2017/january/us-missionary-may-get-russia-evangelism-law-overturned.html.

Até a última vez em que verifiquei, houve pelo menos mais trinta e duas prisões e dezoito condenações de missionários com base nessa lei por motivos como distribuir Novos Testamentos numa estação de trem. De acordo com a *Christianity Today* e outros relatos na mídia, entre as pessoas presas havia cinco pentecostais, dois batistas, dois adventistas do Sétimo Dia e quatro outros protestantes.

Como você pode imaginar, acho isso muito perturbador, uma vez que discussões abertas sobre crenças espirituais são saudáveis e importantes. Concordo que evangelistas não devem tentar forçar outros a mudar sua fé, mas não se trata disso. O objetivo deveria ser abrir a porta, explicando àqueles que estão curiosos o que mais existe lá fora e deixar que tomem suas próprias decisões.

Muitos ateus, muçulmanos e budistas conversam comigo sobre suas convicções, e eu gosto muito desses diálogos. Tenho certeza do que creio e não me sinto ameaçado por aqueles que abraçam uma fé diferente — a menos que limitem os direitos ou ameacem a segurança dos outros.

Quando você restringe as discussões sobre espiritualidade numa sociedade ou limita um país a uma única ou a nenhuma fé, você corre o risco de tirar a esperança das pessoas que estão em dificuldade ou são ignoradas num mundo em que a corrupção e o mal são forças poderosas. A alma é nossa parte mais importante, então, quando a sua alma está em paz no que se refere à fé, é mais provável que você seja feliz, realizado e mais propenso a servir aos outros — é isso que torna uma sociedade saudável.

Na Rússia, Don Ossewaarde e outros apresentaram recursos, e há indicadores de que a corte suprema do país pode concluir que a lei viola a constituição russa. Protestos contra a lei foram registrados pelas igrejas protestantes da Rússia, pela Aliança Evangélica Europeia e pela Comissão dos Estados Unidos para Liberdade Religiosa Internacional. Existem até mesmo reportagens segundo as quais o presidente Putin teria aprovado a lei como demonstração de solidariedade com a Igreja Ortodoxa Russa, mas não sei se isso é verdade.

Nos Bálcãs, muitas vezes há muros entre a igreja e o governo, contudo, ao mesmo tempo o sistema escolar ainda ensina a ortodoxia, os santos e a fé, embora muitas vezes se trate menos da fé do que da identidade russa e da história do país.

Tenho conversado com a Igreja Ortodoxa Russa sobre a realização de um dia nacional de oração em seu país, e pessoas próximas ao presidente Putin sinalizaram que pretendem organizar um encontro quando minha estada em Moscou não ocorrer por motivos comerciais. Então, isso ainda pode acontecer. Sei que sua agenda é fluida e variável, mas assumirei o risco de ir e conversar com ele.

NOSSA MISSÃO COMUM

Eu gostaria de orar com o presidente Putin pelo povo russo e por um relacionamento ativo entre Deus e eles. Meu objetivo com ele e todos os líderes nacionais é olhar em seus olhos, conhecê-los, orar com eles e dialogar. Se uma nação ou seus líderes não querem que eu fale sobre minha fé, ofereço uma mensagem inspiradora ou sobre *bullying* para construir relacionamentos e estabelecer conexões que um dia permitirão que eu compartilhe ou ao menos demonstre minhas convicções cristãs. Ao longo do processo, eu preparo o caminho através do qual espero fazer discípulos.

Criar relacionamentos que abram a porta para compartilhar a fé também é a missão da *Encompass World Partners* [Incluir Parceiros do Mundo Todo, em tradução livre], que apoia missionários em trinta e quatro países. Trabalhei com a *Encompass* no Sudeste Asiático para ajudar um aluno de faculdade com síndrome de Down, uma vez que nessa região as crianças com deficiências são consideradas uma vergonha para suas famílias. Os pais são incentivados a abortar ou a abandonar bebês nascidos com deficiências, e, de modo geral, as comunidades não têm um sistema de apoio para pessoas com necessidades especiais.

A *Encompass* pediu-me para visitar a comunidade desse estudante com síndrome de Down e disseram que minha palestra abriu a porta para "plantar mais sementes de verdade em seus relacionamentos" com as pessoas da região.

Desejo plantar sementes de esperança e verdade para os cidadãos de cada país que visito. A controvérsia gerada pelo artigo russo escrito a meu respeito e a nova lei antievangelismo naquele país com certeza não conseguiram que eu diminuísse meu ritmo, abandonasse ou mesmo questionasse minha missão de servir como embaixador e recrutador de Deus onde quer que eu vá. Esse papel também significa servir como advogado e dar apoio a pessoas com deficiências e a todos os outros que sofrem ao redor do mundo.

CONTINUAR FAZENDO MISSÃO NUM MUNDO PERIGOSO

Tenho procurado aproveitar a tecnologia de modo que não tenha mais de viajar tanto quanto no passado. Quando eu era mais jovem e solteiro, viajar pelo mundo era um tipo de aventura, mas, agora com uma mulher e dois meninos em casa, é muito difícil deixá-los por longos períodos de tempo, pois sinto demais a falta deles.

Quero continuar a fazer a obra de Deus e a servir como fonte de esperança e inspiração para as pessoas em todos os lugares, por isso não deixarei de viajar, mas espero diminuir o número de viagens. Minha equipe e eu temos trabalhado com transmissões simultâneas, podcasts, transmissões por Skype e outras ferramentas tecnológicas, além de usar todas as outras formas de mídias sociais para alcançar mais e mais gente.

O mundo é mais perigoso agora, e essa é outra preocupação, principalmente porque escapei por um triz de algumas situações. Apenas um dia depois que saí de Mumbai em 2008, terroristas detonaram bombas em três locais que visitamos, incluindo meu hotel, a estação de trem e o aeroporto. Houve muitos outros contratempos menos assustadores, mas ainda assim absurdos.

A controvérsia russa lembrou-me de um "incidente internacional" que surgiu sem que eu percebesse durante minha visita ao Vietnã em 2013. A pessoa encarregada da minha presença na cidade de Ho Chi Minh havia contratado guardas de segurança privados para me escoltarem do aeroporto para o hotel, e esses guardas tinham motocicletas, carros com sirenes e se empolgaram um pouco demais.

Eles interromperam todo o tráfego a fim de abrir o caminho para meu veículo, ligaram as luzes vermelhas e até dirigiram nas pistas erradas — e tudo isso é ilegal. Mais tarde, a polícia os multou e recolheu vários de seus veículos, e a mídia local lançou uma grande campanha para impedir que empresas de segurança privadas sejam tão agressivas.

Desculpe, Ho Chi Minh. Na próxima vez, vou tomar um Uber no aeroporto! Não uso segurança privada com frequência, mas às vezes meus anfitriões julgam que isso é necessário. Creio que, quando Deus me chama para um lugar, ele o tornará seguro para mim, até porque não há lugar mais seguro do que aquele em que Deus nos quer; não que eu não tenha tido um susto ou dois.

Certa noite, eu estava viajando por Belgrado, na Sérvia, quando irromperam alguns tumultos em resposta a alguma ação do governo. Estávamos dando uma volta num grande quarteirão da cidade, e, quando partimos, tudo estava calmo, mas os agitadores estavam bem atrás de nós, e nem ficamos sabendo. Ao voltarmos para nosso ponto de partida, a área toda havia sido destruída. As janelas e as luzes da rua estavam quebradas, mesas e cadeiras haviam sido atiradas nas ruas e nos carros, e prédios ardiam em chamas. Ficamos chocados, e a calma deu lugar ao caos.

Agradeci várias vezes a Deus por não termos sido feridos. Alguns disseram que tivemos sorte, mas definitivamente acredito que Deus nos protegeu porque estávamos fazendo a sua obra.

ENCONTRAR INSPIRAÇÃO EM OUTRAS PESSOAS PELO MUNDO

Existe uma grande vantagem em viajar que provavelmente me colocará na estrada pelo menos durante algumas semanas por ano. Essa vantagem é *você*! Já encontrei muitas pessoas maravilhosas e inspiradoras em minhas viagens, e também fiz inúmeros amigos e aprendi tanto com as pessoas que encontrei em meus eventos de palestras, em hotéis, restaurantes e aeroportos. Todos vocês fizeram com que eu me sentisse tão bem recebido, tão amado e tão parte da família de Deus.

Sou sincero em dizer que tenho sido inspirado por vocês e por milhares de pessoas alegres, cheias de fé, que amam a Deus e têm desafios muito maiores do que os meus.

Não há experiência mais impactante do que entrar num orfanato ou abrigo para escravas sexuais e encontrar meninos e meninas, homens e mulheres que sofreram os piores tipos de abuso e negligência cheios da alegria e do amor de Deus. Como eu poderia não ser inspirado por eles?

Já mencionei antes que conheci trinta pessoas que nasceram sem membros como eu, e também encontrei inúmeras outras que perderam membros por causa de bombas em zonas de guerra, acidentes horríveis ou infecções. Quero concluir essa parte do livro com o inspirador relato de uma jovem extraordinária cuja história é diferente de qualquer outra que eu tenha ouvido.

Conheci Beata Jaloch, uma fisioterapeuta de Cracóvia, durante um evento de palestras na Polônia. Ela havia escrito que esperava conhecer-me, então, encontrei-me com ela e um pequeno grupo depois da minha palestra. Eu poderia falar muito tempo sobre essa jovem e por que ela me inspira, mas penso que ela conta essa história melhor do que eu.

Só quero acrescentar que recentemente vi fotos na página de Facebook de Beata nas quais ela participava de um concurso de beleza, voava num paraglider, saltava nos ares num paraquedas para dois, fazia mergulhos e subia num balão de ar quente com seus amigos.

Minha foto favorita mostra Beata pousando no solo dentro do cesto de passageiros de um balão de ar quente, que acabou virado de lado no chão. Vemos Beata deitada de barriga para cima no cesto, rindo histericamente. O fato de essa jovem poder rir com tanta alegria já é um milagre em si, mas, ainda mais espantosa é sua missão de ser um milagre na vida de outros depois de toda dor e tragédia que ela experimentou nos últimos anos.

Amo o fato de Beata, que suportou essa tragédia, ter decidido em seu coração servir como milagre a outros que sofreram e ainda sofrem. Ela diz que sabe que Deus tinha uma razão para seus ferimentos e um propósito para ela, e está em busca de respostas, certa de que elas virão. Nesse ínterim, ela não está apenas esperando e sentindo pena de si mesma; em vez disso, ela tem uma visão para o futuro e a persegue.

Ficarei honrado em ajudá-la de todas as maneiras que eu puder, assim como me dedico a ajudar qualquer pessoa que eu puder alcançar.

Minha missão é ver as pessoas tendo vidas realizadas aqui na terra e guiá-las até o lar celestial, onde a vida eterna nos aguarda.

Espero que este livro o inspire a fazer disso a sua missão também.

Quando a vida não corre como planejamos

Por Beata Jalocha

» No sábado, 18 de maio de 2013, eu estava trabalhando como fisioterapeuta em Cracóvia e saí do meu apartamento para visitar um paciente. Essa era a primeira vez em que tudo na minha vida estava começando a ir bem. Eu trabalhava num centro de reabilitação para pacientes com problemas neurológicos e havia conquistado uma posição permanente, depois de trabalhar em meio período como substituta. Entre os pacientes havia aqueles com lesões na coluna vertebral.

Eu me sentia necessária. Em sua tragédia, esses pacientes me mostravam o que é importante na vida, e eu tentava ajudá-los. Em geral, passava minhas tardes em salas de ginástica trabalhando com eles. Meu emprego me proporcionava algum equilíbrio na vida e meu trabalho era muito importante para mim, mas também me desafiava física e mentalmente. Eu gostava dele. Eu gostava de desafios, e cada paciente era um novo desafio.

Naquele dia de 2013 eu tinha um horário agendado com uma paciente. Na verdade, deveríamos ter nos encontrado antes, mas remarcamos o horário a pedido dela, o que era algo raro para mim por ser tão ocupada. No dia do novo horário, deveríamos nos encontrar às 10 da manhã, mas tive vários atrasos a caminho do seu apartamento e esses atrasos acabaram sendo fatídicos.

Eu poderia ter ido a pé até a casa dela, que era na mesma rua que a minha, mas decidi ir de carro porque pretendia ir a outro lugar mais tarde. Quando cheguei, não conseguia lembrar o número do seu apartamento, que estava gravado no meu celular, mas a bateria havia acabado. Voltei para casa em busca de recarregar a bateria do celular e enviei uma mensagem informando que chegaria trinta minutos mais tarde.

Assim que meu celular carregou, dirigi de volta e estacionei perto do seu quarteirão; então, tive de mudar de vaga, pois uma policial estava multando os carros e eu não tinha certeza se podia parar na primeira vaga. Sendo assim, depois de encontrar um lugar melhor, estacionei, saí do carro e devo ter dado uns doze passos.

Não me lembro de nada do que aconteceu depois. Os policiais que me acudiram primeiro disseram que eu parecia estar consciente, mas, ainda assim, não tenho nenhuma lembrança do que houve.

Minha mente apagou as vinte e quatro horas após o acidente. É provável que a dor tenha tido algo a ver com isso, uma vez que todas as minhas costelas e minha coluna estavam quebradas, e uma das minhas pernas fora totalmente esmagada. O pior eram minha coluna danificada e a perda de controle da parte inferior do meu corpo.

O fato de eu estar viva é um milagre, pois o impacto de ser atingida por um homem que caiu de uma altura tão grande foi enorme. Disseram-me que pacientes com danos tão graves na coluna deveriam ser operados o mais depressa possível para descomprimir a medula, porque isso pode causar paralisia irreversível. Eu estava esperando por essa cirurgia, mas primeiro operaram minha perna quatro dias depois do acidente, e apenas sete dias depois operaram minha coluna. Foram os piores sete dias da minha vida.

Não sei o motivo de não terem me colocado em coma induzido para que eu não sentisse dor. Sofri muito. Menos de duas semanas depois, minha mãe, que ficou comigo o tempo todo, teve um AVC e ficou internada dois andares abaixo no mesmo hospital. Não tenho palavras para dizer o quanto isso foi difícil para mim.

Preocupados com a possibilidade de eu não estar recebendo a atenção médica adequada, meu ex-namorado e minha irmã entraram em contato com a imprensa e divulgaram o que havia acontecido comigo. Fui entrevistada por repórteres enquanto estava deitada numa cama de hospital, quase incapaz de respirar porque quase todas as minhas costelas estavam quebradas. Eu tinha a impressão de que havia um enorme saco de pedras sobre meu peito.

Por causa das fraturas em quase toda espinha vertebral, tive de ficar deitada imóvel por mais de um mês, e tudo o que eu podia fazer era olhar para uma pequena área do teto. Eu tinha grande dificuldade de entender o que me diziam durante esse tempo e só podia sussurrar, porque tinha dificuldade para respirar e sentia como se estivesse me afogando lentamente.

Quando a imprensa reportou que eu precisava de ajuda financeira para pagar as contas médicas e outras despesas relativas aos meus ferimentos, as pessoas responderam generosamente, o que me deu um maior senso de segurança e ajudou-me a chegar onde estou hoje, o que é um longo caminho de onde estava nas primeiras semanas depois do acidente.

No primeiro aniversário do meu acidente, eu queria sentir alguma coisa positiva, algo que despertasse novamente minhas emoções, que eu havia trancado a sete chaves. Estava relutante em deixar minha casa sozinha, e não gostei de me sentir tão temerosa. Então, fiz algo que Nick havia feito: pulei de um avião num paraquedas com um instrutor. Eu quis me desafiar, e isso me ajudou a me libertar.

Depois, alguns meses mais tarde, competi no concurso mundial Miss Cadeirante na Polônia. Não venci o concurso, mas fui vice-campeã e Miss Popularidade na competição. Vencer não era o importante para mim; aquilo foi um exercício motivacional de que eu precisava.

Quando você está confinado a uma cadeira de rodas, tem a tendência de recuar. Você quer se esconder porque está envergonhado e constrangido. Tive momentos nos quais quis desparecer, entretanto, meu treinamento como fisioterapeuta e meu sistema de crenças me dizia para não desistir.

» «

Minha saúde continua sendo um desafio. Estou paralisada das costelas para baixo e não tenho controle sobre a parte inferior do corpo.

Por outro lado, sou quase independente. Dirijo meu próprio carro, mesmo por longas distâncias, e pretendo viver de maneira independente para aliviar minha família dessa responsabilidade. Preciso fazer isso por eles e por mim mesma.

Apesar da dor constante, estou sempre olhando para o futuro, esperando conhecer novas pessoas e oportunidades, e esse é o motivo pelo qual fui à palestra de Nick em 2016.

Escrevi aos organizadores e eles me convidaram para um encontro particular com Nick e outras pessoas deficientes após a sua palestra. Durante esse encontro, Nick contou-nos que pretendia começar uma fundação para ajudar pessoas deficientes no mundo todo, e o primeiro projeto seria na Polônia.

Isso foi muito animador para mim, pois tenho um sonho semelhante. Na Polônia, pouco se sabe sobre pessoas com deficiências e de como tratá-las e integrá-las na sociedade, por isso meu sonho é criar um verdadeiro centro de reabilitação, dedicado a pacientes com lesões na medula. Toda equipe teria pleno conhecimento do que é necessário para ajudar a curar pessoas com lesões traumáticas de coluna.

Quero ajudar outros porque, como uma fisioterapeuta que sofreu lesões graves na medula, sei que não basta alguém lhe ensinar como se locomover numa cadeira de rodas. Alguém precisa lhe mostrar como viver e enfrentar o impacto emocional de estar nessa cadeira. Os três últimos anos desde meu acidente têm sido um desafio gigantesco. Ainda estou procurando respostas, ainda lutando para recuperar minha vida daquele acontecimento horrível e incapacitante.

Por mais difícil que tenha sido para mim, você não me encontrará escondida em algum canto escuro. Ao contrário, você me verá saltando de paraquedas, fazendo mergulhos e voando como uma recém-formada mulher piloto de planador. Faço essas coisas para provar que ainda assumo riscos e abraço novas experiências. Alguns duvidaram de minha capacidade para pilotar sozinha um planador, mas provei que posso!

Contei a Nick que elaborei um programa de quatro etapas para tratamento, que inclui treinamento mental, treinamento para esportes, habilidades para a vida diária e fortalecimento da autoestima. Sei o quanto é difícil reconstruir seu corpo, sua mente e seu espírito, porém, é preciso lutar para reconquistar sua vida e seu propósito.

Nick me encorajou e espero que um dia trabalhemos nisso juntos, o que seria maravilhoso. Só o fato de pensar em ajudar outros dessa maneira já mantém meu foco interior. Preciso de metas semelhantes a essa para conseguir conviver com o que aconteceu comigo.

A verdade é que há dias em que começo a duvidar de mim. Não sinto mágoa ou raiva, mas, às vezes, somente dor e tristeza. Há dias em que é realmente difícil para mim, embora eu tente não ser um fardo para ninguém. Mas creio que nada acontece sem uma razão e que Alguém lá em cima tem um plano para mim que devo cumprir. Também acredito nas pessoas e que o bem volta para nós. »

« PARTE III »

Termine BEM

« 11 »

MEU PAI — UM MODELO DE VIDA

Meu pai costumava dizer que minha carreira como as mãos e os pés de Jesus foi prenunciada quando eu tinha somente dezoito meses de idade. Meus pais me levaram a um acampamento da igreja em Virginia durante nossa primeira visita aos Estados Unidos, em 1984. Era verão, estava muito quente e úmido, e eles me levaram num passeio no carrinho de bebê para tentar me refrescar naquela tarde.

Um presbítero que acompanhava o grupo do acampamento encontrou-nos no caminho, inclinou-se sobre mim e disse alguma coisa, mas eu estava tendo um raro momento de timidez. Em vez de lançar meu charme de bebê, eu me virei, afastando-me dele. Talvez eu estivesse incomodado por causa do calor, talvez não estivesse com vontade de fazer contato com outro desconhecido ou apenas precisasse de um descanso. Eu ainda não tinha dois anos, caso contrário, eu colocaria a culpa nos "terríveis dois anos".

Apesar de eu evitá-lo, mais tarde o presbítero chamou meus pais e perguntou se poderia falar sobre mim em seu sermão a todo o acampamento no culto daquela noite. Meus pais concordaram, embora não tivessem ideia do que ele pretendia dizer. O título do seu sermão era: "Sem lugar para se esconder" e baseava-se em 2Coríntios 5:10: "Pois todos nós devemos comparecer perante o tribunal de Cristo, para que cada um receba de acordo com as obras praticadas por meio do corpo, quer sejam boas quer sejam más".

O presbítero falou sobre minha reação tímida a ele e comparou minha tentativa de me afastar com o que acontecerá no Dia do Juízo, quando as pessoas que não foram fiéis a Deus ocultarão suas faces dele. Ele citou Apocalipse 6:16: "Eles gritavam às montanhas e às rochas: 'Caiam sobre nós e escondam-nos da face daquele que está assentado no trono e a ira do Cordeiro!'"

Meus pais disseram que o pregador também se referiu a Salmos 139:7: "Para onde poderia eu escapar do teu Espírito? Para onde poderia fugir da tua presença?"

Penso que meu pai queria dizer que, mesmo sendo muito jovem, eu já estava servindo como lição a outros cristãos num sermão, embora eu francamente ache que o presbítero forçou um pouco a questão. Desviar minha cabeça de um estranho não é exatamente a mesma coisa que desviar de Deus no Dia do Juízo, mas vou desculpar meu pai por isso, porque, afinal de contas, ele é meu modelo de homem cristão devoto.

Quando lembro de meu pai, penso muitas vezes em Provérbios 13:20: "Aquele que anda com os sábios será cada vez mais sábio". Meu pai, Boris Vujicic, agora anda com Deus no céu, embora a lembrança de sua pessoa e de seu maravilhoso espírito nos acompanhe em cada momento de cada dia. Ele partiu num domingo, 14 de maio de 2017. Aproximadamente um ano e meio antes, ele foi diagnosticado com câncer terminal, pouco depois de concluir o livro que escreveu, chamado *Raising the Perfectly Imperfect Child* [Criando o filho perfeitamente imperfeito]. Sim, esse sou eu. Meu pai também me ajudou com este livro e, naturalmente, ele e minha mãe têm sido fontes de força, apoio e inspiração ao longo de toda minha vida.

Assim como eu talvez seja um modelo de vida para muitos outros cristãos perfeitamente imperfeitos, meu pai foi o meu, e sinto isso não somente porque ele tinha uma fé tão grande em Deus, mas por causa do modo como ele viveu cada dia. Ele sempre acreditou que a melhor maneira de atrair não cristãos a Jesus é ser um exemplo vivo dos valores cristãos. Ele era um soldado de Cristo fiel, paciente, humilde, amoroso e disciplinado.

Papai sempre foi um pilar de força e um exemplo de coragem, e isso foi especialmente verdadeiro depois de ele receber o segundo maior choque da sua vida. (Eu fui o primeiro choque, claro.) Em seu livro, meu pai escreveu sobre sua dependência da força de Deus após meu nascimento, pois não havia nenhuma indicação de que eu chegaria sem os membros. Inicialmente, ele e minha mãe tiveram dificuldade para entender o plano e propósito do nosso Pai celestial para seu primogênito tão incomum.

O segundo maior choque na vida de meu pai também exigiu que ele pedisse forças a Deus e aconteceu logo depois que seu livro foi submetido ao editor, em 2015. Ele recebeu o diagnóstico de colangiocarcinoma (um tipo de câncer) em estágio IV e a notícia de que teria apenas quatro a oito semanas de vida.

Meu pai nunca havia tido problemas graves de saúde, por isso aquela foi uma notícia chocante. Dois anos antes, seu irmão Milos havia sido diagnosticado com câncer de pâncreas e morrera dezesseis semanas depois. Papai sabia o quanto esse tipo de câncer pode ser doloroso, e orou por força e graça. Ele consultou outros médicos, e eles não sabiam ao certo onde seu câncer havia começado, pois foi encontrado em seu pâncreas, fígado e pulmões. A maioria pensava que ele viveria apenas um mês ou dois se não iniciasse a quimioterapia, porém, mesmo se o fizesse, teria mais um ano de vida, no máximo.

Papai nos surpreendeu com sua força e resiliência. Ele viveu muito além do curto prazo que os médicos lhe deram em seu diagnóstico inicial. Passou um bom tempo sem sofrer muita dor, o que é um verdadeiro milagre, já que ele desistiu dos tratamentos padrão logo depois de poucas semanas.

PERMANECER NA FÉ

Meu pai sempre dizia que um dos pontos altos da sua vida foi ter netos, e justamente quando estava começando a curti-los ele entrou naquele vale de sofrimento e dor, um dos mais profundos da sua vida. Ele enfrentou esse calvário inesperado com tanta graça e dignidade que eu jamais vi em alguém que enfrentava a morte.

Ele atribuiu sua atitude positiva a suas crenças cristãs que o acompanharam a vida toda. Dizia que o câncer um dia esgotaria suas forças e venceria o seu corpo, mas jamais tiraria dele sua fé ou a paz que obtinha por saber que seu Pai no céu e a vida eterna esperavam por ele.

Viver como modelo de vida cristã no mundo de hoje já é um desafio suficientemente grande quando se vive de modo saudável e sereno, mas permanecer na fé e viver com graça enquanto seu corpo está lutando contra o câncer é muito mais difícil. No entanto, desde o princípio papai baseou-se em suas convicções espirituais e pôs sua fé em ação, inspirando a nós todos e ensinando por meio do seu exemplo.

Meu pai percebeu pela primeira vez que sua energia estava diminuindo quando jogava tênis no verão de 2015. Ele também começou a tirar uns cochilos, ocasionalmente duas vezes por dia, o que era muito incomum para ele. A única outra diferença física foi que seu costumeiro copo de vinho ao jantar começou a embrulhar seu estômago e fazê-lo sentir-se um pouco enjoado. Mais ou menos na mesma época, alguns outros tios e tias estavam tendo problemas de saúde e, assim, meu pai concordou em fazer um checkup e uma colonoscopia. Os resultados dos exames de sangue vieram todos bons, embora às vezes ele apresentasse inchaços e cãibras.

Uma vez que papai continuava tendo dores de estômago, minha mãe marcou outra consulta, o que levou a mais uma rodada de exames de sangue que indicaram que os níveis de função hepática estavam um pouco altos. O médico solicitou uma ultrassonografia e descobriu um tumor em seu fígado; uma ressonância magnética detectou três tumores no fígado e um no pâncreas. Além disso, surgiram manchas em seus pulmões, embora meu pai jamais tenha sido um fumante.

Quando Milos recebeu seu diagnóstico e os médicos lhe disseram que teria somente cerca de dezesseis semanas de vida, mesmo com quimioterapia, meu tio seguiu as recomendações deles. Ele se sentiu muito mal durante seu tratamento e morreu quatro meses após seu diagnóstico.

Tudo isso estava na nossa mente quando papai recebeu seu diagnóstico.

Seus médicos lhe disseram que ele teria apenas um mês ou dois conosco a menos que fizesse quimioterapia, o que poderia lhe proporcionar mais seis meses, aproximadamente. Meu pai relutou muito em fazer quimioterapia em razão do que havia acontecido com seu irmão.

Hoje em dia, quando há uma crise de saúde numa família, todo mundo tende a correr para a Internet e buscar algumas respostas. Em nosso caso, minha mãe, irmã e cunhada são enfermeiras, e meu irmão Aaron tem especialização em biologia e física, e eles reúnem uma experiência e expertise consideráveis. É importante saber quais perguntas fazer a seus médicos e quais fontes da internet são confiáveis, portanto, a profundidade do conhecimento deles foi muito útil.

Minha mãe e minha irmã haviam acompanhado pessoalmente o impacto devastador do tratamento padrão com quimioterapia nos pacientes, pois sabiam que muitos membros da comunidade médica consideram a quimioterapia uma opção muito agressiva por causa do dano em potencial aos órgãos e sistema imunológico dos pacientes.

A tendência atual é usar medicamentos e protocolos especificamente voltados para destruir as células cancerosas ou seguir um plano de tratamento que reforça as defesas naturais do corpo para atacar o câncer. Alguns defendem os chamados tratamentos naturais ou alternativos, como sucos de vegetais crus e frutas, vitaminas e outros suplementos, ou uma combinação dos dois.

Por meio de familiares e amigos tínhamos contato com médicos do mundo todo. Por ocasião de um evento de palestras para a organização humanitária *Lifeline*, que ajuda as pessoas mais necessitadas no país de origem da minha família, a Sérvia, conheci Alexander e Katherine Karadordevic, o príncipe herdeiro e a princesa. Eles foram muito úteis ao recomendar e nos encaminhar a médicos especialistas.

Minha família procurou vários oncologistas para conhecer sua opinião, mas existem tantas opiniões e tratamentos diferentes — padrão e experimentais — que a mente fica confusa. Você ouve falar de algumas pessoas que conseguiram viver durante anos além das estimativas dos médicos, enquanto outros sucumbiram em questão de dias ou semanas.

Embora houvesse algumas discordâncias quanto à origem do câncer, se havia sido no fígado ou no pâncreas, nossos consultores médicos concordavam que era um câncer muito agressivo e que o tempo de papai era limitado. Nosso desafio era encontrar o melhor tratamento que permitisse uma qualidade de vida sem dor e sofrimento.

Acabamos encontrando um oncologista em Los Angeles que utiliza um tratamento quimioterápico modificado, o qual, segundo ele, seria menos intenso do que os protocolos padrão. O tratamento prometia ser mais fácil para os pacientes, com menos efeitos colaterais agressivos, como dor intensa, náusea e vômitos. Esse médico prometeu que seus métodos alternativos teriam menos efeitos negativos sobre a saúde geral de papai.

PERSEGUINDO SONHOS

Evitar a dor sempre é uma boa opção e, no nosso caso, era uma prioridade. Meu pai e eu compartilhamos uma tolerância muito baixa a dor e doença, e papai demorou duas semanas para considerar suas opções de tratamento. Não é preciso dizer que ele orou sobre isso e nós oramos por ele também, e, apesar de suas preocupações com efeitos colaterais, ele concordou em tentar a quimioterapia.

Infelizmente, seu medo de passar mal com o tratamento logo se confirmou. Cada paciente reage de forma diferente e, por essa razão, talvez as promessas do médico se baseassem em resultados mais positivos que outros. Papai fez dois tratamentos em duas semanas sem efeitos colaterais extremos após o primeiro, mas com um mal-estar violento após o segundo. Ele sofreu de náuseas intensas, vômitos e diarreia; além disso, também não conseguia comer e mal conseguia beber.

Minha mãe e minha irmã quiseram levá-lo ao pronto-socorro, mas papai se recusou, pois pensava que seria mantido ali durante a noite e preferia estar em casa com a família. Fui chamado para convencê-lo a ir ao PS, pois a grande preocupação delas era que papai estivesse desidratado, o que pode levar a falência renal. Eu lhe prometi que não o deixaríamos no hospital a menos que houvesse algo terrivelmente errado.

Minha mãe o levou de carro ao hospital mais ou menos às 10 horas da noite de um domingo. A sala de espera estava lotada, e minha mãe lhes disse que papai estava tendo uma reação muito ruim à quimioterapia, mas isso não pareceu fazer diferença para as pessoas de plantão. Enquanto esperavam, ele foi ficando pálido e disse que se sentia muito fraco. Mamãe temia que seus rins estivessem falhando.

UM ANJO DE MISERICÓRDIA

Bem quando minha mãe estava começando a entrar em pânico surgiu uma enfermeira que se apresentou como amiga da família. Ela é vizinha da minha prima que vive perto de nós na Califórnia e reconheceu meus pais porque os vira nas comemorações de 4 de Julho na casa de minha prima no verão. Meus pais não a reconheceram, mas ficaram agradecidos quando ela se ofereceu para ajudá-los.

Ela os levou para a sala de atendimento, aplicou soro em meu pai para diminuir sua desidratação e esperou com ele até o médico chegar. Em seguida, apresentou meus pais como seus amigos ao médico da emergência e pediu que ele cuidasse bem deles. Ter alguém que os ajudasse naquela sala fez uma enorme diferença. O médico cuidou muito bem do meu pai, que se sentiu melhor quando a desidratação foi resolvida. Eles lhe deram dois litros de soro.

Naquela noite, papai decidiu que não continuaria com a quimioterapia, e eu sempre o provocava por ele ser cauteloso. Ele vivia me advertindo por causa da minha tendência de correr riscos, mas foi bem irônico, então, que meu pai escolhesse o caminho menos cuidadoso nessa decisão tão importante.

Ele estava disposto a trocar qualquer tempo extra que a quimioterapia pudesse lhe oferecer por uma qualidade de vida melhor durante o tempo que lhe restava conosco. Nós não o culpamos, pois, se ele tinha apenas algumas semanas de vida, não queria se sentir tão mal a ponto de não poder estar com seus entes queridos. Graças à sua fé, papai não tinha nem um pouco de medo de morrer; alilás, ele era muito aberto e honesto em relação a isso.

Depois dessa experiência, papai seguiu um tratamento com sucos verdes e couve que minha irmã criou para ele com base na sua pesquisa sobre tratamentos naturais de câncer para regenerar o fígado e reforçar o sistema imunológico. Alguns de seus tumores eram bem grandes, mas papai dizia frequentemente: "Alguém com esses problemas não deveria se sentir tão bem quanto eu me sinto".

APROVEITANDO NOSSO TEMPO AO MÁXIMO

Assim que deixou a quimioterapia e se sentiu melhor, ele nos reuniu para um café da manhã. Ele leu sua Bíblia e então falou sobre a importância de ficarmos perto de Deus e de sua Palavra; ele também pediu perdão por qualquer coisa que pudesse ter feito para nos ferir ou ofender. Papai estava iniciando seu processo de despedida dessa vida terrena, e esse encontro de família foi o primeiro de muitos nos quais falamos sobre nossa fé, nosso amor um pelos outros e as muitas bênçãos que havíamos compartilhado.

Quando se deparam com a morte, algumas pessoas não querem falar sobre ela; outras assumem o papel de vítimas. Meu pai procurou preparar sua família e a si mesmo compartilhando sua fé e seu amor. É claro, tenho certeza de que ele teve momentos de tristeza e desespero, pois cheguei a ver seus olhos cheios de lágrimas ao brincar com seus netos.

Nós também não escondemos nossa tristeza, mas queríamos aproveitar ao máximo os dias que ainda nos restavam com ele. Preparamos refeições ao ar livre, tivemos reuniões de oração e passeios. Meus pais até foram num cruzeiro de três dias, o que foi um ótimo presente e uma oportunidade de relaxarem depois de tanto estresse.

Encarar o fim da vida faz uma pessoa pensar, é claro, e naturalmente, meu pai se preocupava em perder os acontecimentos importantes que cada pai espera viver. Minha irmã Michelle sempre falou em ter meu pai ao seu lado quando caminhasse até o altar no dia de seu casamento, mas, infelizmente ele nunca teve essa oportunidade.

Papai foi grato pelo tempo que passou com nossos filhos, Kiyoshi e Dejan, este último nosso segundo filho que nascera apenas três semanas antes de papai ter seu diagnóstico. Ele queria que seus netos o conhecessem e se lembrassem dele, e nós iremos garantir que isso aconteça.

Pouco depois do diagnóstico de papai, nós nos reunimos para tirar algumas fotos de família, e papai chorou durante a sessão com o fotógrafo. Quando alguém disse que estávamos fazendo as fotos para ele, ele sorriu tristemente e disse: "Eu vou embora, por isso elas são para vocês, não para mim".

O PODER DA ESPERANÇA

Todos nós optamos por orar pelo melhor resultado possível em vez de cair em lamento e desespero. Oramos por orientação e sabedoria de Deus, e também oramos para que seu plano fosse meu pai continuar na terra como exemplo para outros cristãos que enfrentam crises.

Quando alguém que você ama é diagnosticado com uma doença fatal, tudo o mais na sua vida perde importância. Nosso emprego, sem falar em todas as preocupações e planos mais urgentes, tudo desaparece da nossa consciência. Tudo em que eu conseguia pensar era meu pai e no quanto ele significava para mim e minha família.

De modo geral, meu pai se dedicava à sua família em vez de a si mesmo, isto é, o homem que enfrentava a morte nos consolava. Um dia, ele pediu que eu fosse até a sua casa para ajudá-lo a colocar suas coisas em ordem para que mamãe não tivesse que se preocupar quando ele fosse embora. Papai não queria que ficássemos concentrados em sua doença e insistiu para que fizéssemos o máximo com o tempo que restava.

Desafios semelhantes a esse nos fazem perceber que cada dia é um presente e que, depois da nossa fé em Deus, nossos relacionamentos são nosso maior tesouro. Expressamos nossa gratidão pelo fato de que, pela primeira vez em uma década, todos os membros da nossa família imediata, bem como muitas tias, muitos tios e primos, viverem no mesmo continente e no mesmo estado de modo que podíamos passar tempo com meu pai.

Meu irmão Aaron, sua esposa e minha irmã Michelle haviam seguido meus pais para a Califórnia, onde eu já vivia há muitos anos.

Pudemos nos reunir em torno de papai juntamente com tias, tios e primos, o que não teria sido possível estivéssemos espalhados por vários continentes.

Não consigo imaginar como teria sido difícil para a família se meu irmão, sua esposa e Michelle não estivessem por perto. Oramos várias vezes juntos durante esse período e agradecemos a Deus por termos um ao outro para nos apoiar mutuamente nesse tempo difícil.

Aproveitamos cada oportunidade de celebrar como família depois do diagnóstico de meu pai, o qual nos inspirou ao aguentar firme e ao provar que as previsões dos médicos estavam erradas. Kanae e eu sempre amamos ver papai brincar com Kiyoshi e ficamos ainda mais gratos por ele estar aqui por ocasião do nascimento de nosso segundo filho e poder segurá-lo e amá-lo.

Para meu pai, aquilo trazia um sabor agridoce, uma vez que ele estava muito feliz por ter netos, mas ficava triste ao pensar que não estaria aqui para vê-los tornando-se adultos.

Depois que me casei, várias vezes ele me confessou que, quando eu era mais jovem, ele não pensava que algum dia eu encontraria uma esposa e teria filhos. Ele sentia que Deus enviara Kanae e meus filhos. Papai gostava de segurar nossos meninos e cantar canções folclóricas sérvias para eles. Às vezes, suas lágrimas corriam enquanto cantava, mas mesmo assim ele continuava cantando.

Deus permite que passemos por vales para que ele possa nos guiar através deles e, assim, possamos compartilhar nosso testemunho de pedir e receber sua força. Sou realmente grato pelos altos e baixos. Sim, é difícil ter gratidão quando seu mundo parece estar ruindo à sua volta, especialmente quando alguém que você ama está sofrendo. Ainda assim, sempre há alguma coisa pela qual você pode agradecer.

Apesar de todas as lágrimas e tristeza pelo câncer de meu pai e seu falecimento, sou grato por ter testemunhado a força da sua fé num tempo de tanta provação. Minha mãe e meu pai ficaram mais próximos do que nunca, e meu pai nunca demonstrou tanta paz. Nossa família sempre foi unida, porém, nós nos unimos mais ainda. Nosso amor transbordou.

A glória de Deus se revelou em tudo, e isso é o principal. Sabíamos que, se papai perdesse sua batalha contra o câncer, ele iria encontrar seu Pai nas mansões celestiais, então, sua morte foi a vontade de Deus, e nossa perda foi o lucro de Deus.

Enquanto escrevia seu livro narrando como foi me criar, *Raising the Perfectly Imperfect Child* [Criando o filho perfeitamente imperfeito], papai ficou impressionado com o fato de Deus não ter dado a ele e a mamãe a possibilidade de ver como seria a minha vida, pois sua fé estava sendo provada pelo fogo, a fim de fazer deles cristãos mais fortes. Deus transformou aquilo que parecia uma grande tragédia — uma criança gravemente deficiente — numa bênção, não só para meus pais, mas para muitos outros. A criança "imperfeita" acabou sendo perfeitamente adequada ao plano de Deus.

"Deus trouxe uma vitória que eu não conseguia ver no começo, quando Nick nasceu, por isso aprendi a confiar no plano dele", disse meu pai". "Eu estava pensando nisso quando recebi meu diagnóstico de câncer em estágio IV. No começo, aquilo foi mais um grande choque, outro tapa na cara. Eu me senti como Jó, cuja fé foi testada pela perda dos membros da família e de seus animais. Na história de Jó, ele é inicialmente afetado pelo sofrimento das pessoas à sua volta, mas, depois Deus o prova novamente ao trazer o sofrimento diretamente a ele. O mesmo aconteceu comigo. Em vez de me preocupar com Nick e seus desafios, eu é quem fui confrontado com um grande desafio físico. Deus estava me provando diretamente, assim como fizera com Jó".

Papai contou que, enquanto trabalhava em seu livro e relia suas lições, fez as pazes com o diagnóstico de câncer e entregou o resultado a Deus. "Ao concluir o livro, em alguns aspectos senti que minha carreira estava concluída e meu propósito cumprido, então, pude aceitar esse novo desafio e aproveitar ao máximo o tempo restante com minha família".

Quando ficamos sabendo do diagnóstico de papai, não sabíamos se ele teria saúde suficiente ou mesmo se estaria conosco quando seu livro fosse publicado. Foi outra grande bênção compartilhar aquela experiência com ele, pois seu livro ensinou-me muito sobre o grande homem de fé que meu pai sempre foi.

Compareci a várias sessões de autógrafos de papai e sou grato por ele ter ouvido leitores dizerem que gostaram do livro e agradecerem por seus conselhos. Meu pai foi uma pessoa bastante reservada, por isso foi um esforço para ele escrever sobre seus sentimentos e suas experiências, ainda mais falar sobre isso em entrevistas e sessões de autógrafos. Ele se dispôs a baixar sua guarda porque imaginava que outros pais e filhos poderiam se beneficiar. Além disso, ele sentia que Deus me criara para um propósito e que parte desse plano era trazer esperança e encorajamento a outras pessoas com deficiências.

Meu pai ficou profundamente tocado com as respostas positivas de seus leitores. Eu recebo muito retorno gratificante do meu público, por isso acho que foi muito legal meu pai ter recebido a gratidão de tanta gente também.

Para mim, ser cristão é ter um impacto positivo na vida de outras pessoas e guiá-los na direção da vida eterna, e meu pai merece crédito por qualquer coisa boa que eu faça na terra. Eu lhe disse que haverá uma longa fila no céu com aqueles que esperam para lhe agradecer, e as sessões de autógrafos que fizemos juntos são uma pequena amostra disso, um pequeno aperitivo do céu para ele.

Quando o conheci melhor, de homem para homem, tive uma visão mais clara de sua força tranquila, seu coração generoso e de seu dom de empatia com outros. Meu pai era mais quieto do que eu, mas sem dúvida ele é um verdadeiro modelo de vida cristã. Esse é o legado de meu pai como cristão devoto, o fruto de sua vida como um exemplo poderoso de obediência e confiança em Deus, e isso ficará comigo e espero que com meus filhos também.

UM MODELO DE GRAÇA

Nós não culparíamos meu pai se ele se tivesse se afastado da vista de todos a fim de preparar-se para sua jornada até a vida eterna. A perspectiva de morrer num curto prazo pode levar qualquer um ao desespero, porém, uma vez papai demonstrou graça e força sob pressão.

Nós lidamos com muitos desafios em nossa vida dizendo: "Bem, essa não é uma situação de vida ou morte", exceto quando você é confrontado com algo que é exatamente isso, pois nesse momento sua perspectiva muda num instante. Encarar a morte colocou a realidade do céu e sua fé em Deus em foco, disse papai. Quando você recebe o diagnóstico de câncer em estágio IV, a morte também se transforma numa realidade maior.

Quando somos jovens, achamos natural que nossos pais estejam sempre por perto; quando ficamos mais velhos, assistimos ao seu envelhecimento e nos conscientizamos de que nosso tempo juntos é limitado. Ainda assim, não esperamos perder nossos pais aos sessenta e poucos anos quando tantos vivem até os setenta e oitenta; na verdade, nunca estamos prontos para deixá-los partir.

Meu pai e eu tivemos várias conversas de coração para coração depois do seu diagnóstico. Ele lembrou-me de que, como cristãos, sabemos que haverá uma segunda vinda de Cristo e que todos os fiéis serão chamados ao céu. Cremos que existe vida após a morte, e papai contou que esse conhecimento o sustentou e deve sustentar-nos ao longo dessa provação. No final, todos estaremos juntos no céu, e essa é a nossa esperança e nosso consolo. Tudo se resume à fé. Meu pai disse que não podia imaginar que cessaremos de existir depois de deixarmos nossos corpos terrenos.

A questão com a qual ele teve de se confrontar era: "Estou pronto para encarar Deus?" Ele quis garantir que estaria preparado espiritualmente. Papai lembrou-se de que, quando sua mãe estava morrendo, aos setenta e sete anos, ela disse lamentar apenas que não veria seus netos crescerem, e ele sentia a mesma coisa, mas, apesar disso, ele estava pronto para se encontrar com Deus.

Papai dizia que todos nós precisamos sempre ter em mente que o céu é real e agradecer porque ele estava bem preparado para a vida eterna na graça de Deus. Eu entendia e cria naquilo de todo coração, mas é claro que queremos que nossos pais sempre estejam presentes em cada acontecimento na vida de nossos filhos.

O FARDO DE UM PAI

Nós costumávamos provocar papai por ele se estressar com as coisas, mas agora sou eu quem me vejo no espelho perguntando-me como me tornei tão estressado. O reflexo de meu pai olha para mim. Exatamente como ele fazia, eu me vejo preocupado com questões da família e das finanças e todas as coisas com as quais os adultos precisam lidar. Nós éramos diferentes em muitos aspectos, no entanto, noto cada vez mais as semelhanças. Dou o crédito a minha mãe e ao meu pai por transmitirem suas melhores características para mim, especialmente sua fé e determinação.

Cheguei à conclusão de que a missão de meu pai era cumprir o plano de Deus para ele e ajudar seus filhos a irem além do que ele jamais poderia ir. Ele veio de uma família de imigrantes muito pobres, e só recentemente fiquei sabendo que meu pai sofria *bullying* de um professor porque ele era um dos poucos cristãos na sua escola. Seu próprio pai havia sido um pacifista na Sérvia, e membros da família foram intimidados e excluídos por se recusarem a pegar em armas no exército.

Meu pai passou a falar mais sobre sua vida quando a morte parecia estar mais próxima. Posso ver que cheguei mais longe e mais alto sobre os ombros do meu pai. Deus me impulsionou como modelo de vida cristã, mas meu propósito foi alimentado pelos sacrifícios, pela sabedoria e pelas as lições aprendidas com minha mãe e meu pai. Meu pai trabalhava em três empregos ao mesmo tempo durante vários anos, enquanto também atuava como voluntário na implantação de igrejas, no aconselhamento individual e na criação de três filhos.

Depois que eu me tornei pai, muitas vezes me perguntei: *Como meus pais criaram um filho sem braços ou pernas?* Nossos dois filhos saudáveis já são um desafio. Mais de uma vez tive de pedir mais força a Deus para conseguir ser um pai tão bom quanto o meu.

A única coisa em que meu pai e eu divergimos seriamente foi minha convicção de que deveria visitar outras igrejas sem manchar ou corromper a minha fé. Os seus próprios pais tiveram de praticar sua fé secretamente, portanto, meu pai vinha de uma tradição na qual as pessoas eram extremamente leais às suas igrejas e denominações. Ele queria que seus filhos frequentassem sua igreja como família, mesmo quando nos tornamos adultos. Papai sempre dizia: "Se essa igreja não é boa o bastante para meus filhos, por que seria boa o bastante para mim?"

O problema se intensificou quando me tornei adulto e comecei a falar por toda parte em muitas denominações diferentes. Como soldado de Cristo, eu queria compartilhar meu testemunho com o mundo, mas papai queria que eu me dedicasse a uma carreira em contabilidade e administração de empresas, pois pensava que eu seria melhor num emprego em escritório do que viajando pelo mundo.

Meu pai também temia que eu tivesse levado uma vida muito protegida dentro da igreja de nossa família e tinha receio de que eu fosse influenciado por outras igrejas mais do que as igrejas fossem influenciadas por mim. Escutei suas preocupações, mas me sentia chamado e estava convicto.

Na ocasião, eu só podia orar pedindo que Deus cuidasse do coração de meus pais, pois me sentia chamado a fazer algo que eles não queriam que eu fizesse. Nós batemos de frente por termos visões diferentes do meu futuro, mas, no fim, meu pai entendeu que eu podia sair para o mundo sem perder o foco da minha fé.

Fiz o melhor para honrar meus pais e sou grato por ter me formado em contabilidade e planejamento financeiro, porque me beneficiei de várias maneiras do que aprendi. Sou grato por ter seguido o chamado de Deus a inspirar esperança e plantar sementes de fé em pessoas do mundo todo. Meu Pai no céu criou-me para esse trabalho, e meu pai na terra foi meu exemplo de vida e inspiração.

Ao longo de sua crise de saúde e por toda sua vida, a âncora do meu pai foi a sua fé. Era uma bênção ver sua fé em ação. Sua esperança o elevava cima dos desafios e das circunstâncias de sua enfermidade, e sua gratidão atingiu novas alturas. Ele e minha mãe se sentiram abençoados pelo tempo que passaram juntos.

Quando meu pai ainda se sentia suficientemente forte para escrever, eu lhe pedi que nos desse alguns conselhos de despedida. Eu não tinha certeza de que ele iria querer fazer isso — ele era tão humilde —, mas estou feliz porque ele o fez, e aqui está, exatamente como com suas palavras.

Reflexões de um pai

Por Boris Vujicic

» Doenças e enfermidades podem levar sua saúde e até sua vida, mas não podem tirar sua paz e nem sua fé.

Depois de encarar um câncer em estágio IV, você mantém a mesma fé e convicção. Você ora. Você confia em Deus. É isso que tenho feito.

A Bíblia diz que nossos dias estão contados e que nada acontece sem o conhecimento do Pai; nem mesmo um pardal cairá no chão sem o consentimento dele. No fim das contas, é isso que me dá paz. Não importa se faço quimioterapia, bebo sucos ou faço qualquer outra coisa. Creio que não podemos mudar ou acrescentar um dia sequer à nossa vida a menos que Deus o tenha predeterminado.

Nada faz com que Deus mude sua mente, até porque ele já levou tudo em conta, mas muita gente tem dificuldade em entender isso. Alguns argumentam que Deus muda de ideia e citam o texto em que o profeta Isaías foi enviado ao rei Ezequias e lhe disse para colocar sua vida em ordem, pois ele iria morrer. Aquele rei justo se entristeceu e orou a Deus.

O interessante é que Deus mandou Isaías voltar até Ezequias e dizer-lhe que prolongaria sua vida em mais quinze anos. Alguns dizem que Deus mudou de ideia; entretanto, minha opinião é que Deus conhece o futuro e, portanto, desde o início já previra esses quinze anos adicionais, ou seja, já estava predeterminado quanto tempo esse rei viveria.

Creio que, se Deus determinou me salvar, eu serei salvo. Alguns assumem essa atitude ao dizer que Deus decidiu previamente se nossa vida terminará no céu ou no inferno, mas penso que isso é interpretar erroneamente o livre arbítrio. Deus o concede a nós, mas ele sabe quais serão nossas escolhas e pode prever o que acontecerá. Deus é perfeito e sempre está certo.

No começo, o médico disse que eu talvez eu tivesse mais dois a seis meses de vida, e agora, enquanto escrevo isso, já se passaram treze meses. Pode ser mais um ano ou mais dez anos. Essencialmente confio minha vida à sabedoria de Deus e acredito que não irei morrer um dia antes nem um dia depois do tempo que ele me concedeu, e estou em paz com isso.

Penso que Jesus sentiu a mesma coisa enquanto estava aqui na terra, pois sabia que o tempo em que haveria de morrer havia sido determinado por Deus. Quando inimigos ameaçaram jogar Jesus de um penhasco, aquele ainda não era o momento de morrer, mas, quando o momento certo chegou, Jesus disse: "É chegada a hora".

Ele era Deus encarnado e reconheceu esse fato. Acredito que Deus me deu uma prorrogação no final do jogo, pela qual sou muito grato, e continuo esperançoso. Uma senhora de nossa igreja também recebeu o prognóstico de seis meses de vida em razão de um câncer, e ela continua forte onze anos depois. Essas são palavras de encorajamento, o que é sempre bom ouvir.

Minha confiança está em Deus, e sei que a sua vontade, e não a minha, será feita. Procurei viver uma boa vida cristã, porém, a Bíblia diz que Deus levará os justos para o lar a fim de poupá-los do sofrimento e das calamidades que virão.

Não sabemos o que está diante de nós, portanto, não conseguimos entender que a morte pode ser uma bênção. Os olhos de Deus veem tudo, e, se Deus determinar que minha hora chegou, que seja, pois ele sabe o que está por vir e sabe o que consigo e não consigo suportar.

É reconfortante saber que minha família está pronta para aceitar o que Deus decidir. Quando Nick era apenas uma criança, tinha muitas perguntas sobre morrer e a vida após a morte. Lembro-me de três perguntas que ele me fez um dia.

1. Como será o céu?
2. Vou ter braços e pernas no céu?
3. Vamos nos reconhecer e viver como uma família no céu?

Talvez eu tenha de responder à questão número um antes do que imaginava, mas com certeza espero ter um longo, longo tempo para pensar nas outras duas. O que me deixa feliz com essas perguntas, porém, é o fato de ainda tão jovem meu filho supor que todos nós estaríamos juntos no céu um dia. Não consigo imaginar um céu sem minha família.

A prorrogação da minha vida até agora talvez seja um tempo para nós aceitarmos plenamente e agradecermos por nossa fé comum e nossas convicções cristãs. Levando tudo em consideração, no momento em que escrevo ainda tenho uma boa qualidade de vida, e agradeço a Deus por cada minuto.

Sou grato por ter presenciado o primeiro aniversário de Dejan e também por tê-lo visto andar e amar seu irmão Kyioshi. Alegro-me cada dia mais pela oportunidade de estar com eles, pelo brilho do sol, pelas montanhas que vejo, pelo tempo em que estou na igreja e com meus entes queridos. Muitas vezes, reflito em cada momento e penso: *Disseram que eu não estaria mais aqui agora, então isso é um bônus.*

Passei a apreciar a vida em aspectos que nunca vira antes. Não sou ligado a posses, exceto por uma coisa: eu estava aguardando a aposentadoria e a possibilidade de viajar mais. Havíamos planejado uma viagem à Sérvia, mas não consegui fazê-la. Eu adoraria ter visto mais do mundo, mas isso não é tão essencial.

Como uma pessoa normal, você pode desfrutar sua família, a comida, a bebida e a paz de espírito. Seria bom viver mais dez ou quinze anos e ver meus netos crescendo – isso seria uma bênção agradável –, porém, não tão importante quanto ser salvo e ter fé em Deus.

Por causa da minha fé, não sinto uma perda devastadora com meu diagnóstico, mas talvez eu seja uma pessoa estranha. Só quero ter certeza de que Dushka ficará bem. Nós dividimos as coisas entre nós: ela cuida de todas as finanças e da contabilidade, e eu não faço ideia de nada. Eu estaria perdido se ela não pagasse as contas, mas, graças a Deus, ela não ficará perdida sem mim. Na maior parte do tempo eu não sei o que ela está fazendo com o dinheiro, e digo-lhe que confio nela até o delegado entrar pela porta e dizer que temos de sair.

Sou muito grato por nossos filhos terem a mesma fé em Deus e a mesma esperança, e sei que todos eles estarão com ele também. Todos eles têm um futuro além desta vida e isso me dá muita segurança.

Também fico consolado em saber que todos os meus filhos estão bem estabelecidos. Nick, com sua deficiência, foi uma enorme preocupação no início da sua vida, mas ele se saiu incrivelmente bem. Posso ir em paz sabendo que Nick, Aaron e Michelle continuarão saindo-se bem.

Quando você passa a olhar para a realidade de estar com Deus depois de morrer, ele se torna muito mais real. Talvez eu definitivamente não sinta falta do que está aqui, porque desfrutarei os outros aspectos da vida além da morte. Não sei se terei consciência do que acontece aqui depois de partir, não sei quanta consciência teremos, mas Deus sabe e os anjos também.

Tenho algumas indicações de que talvez seja possível saber o que acontece, porque há uma passagem em Apocalipse em que aqueles que já morreram perguntam a Deus por quanto tempo ele permitirá que o mal assole a terra antes de trazer juízo e restauração. Isso parece ao menos sugerir que quem está no céu sabe o que acontece aqui.

Também sou grato por conseguir terminar meu livro sobre a criação de Nick. Comparecer às sessões de autógrafos fortaleceu minha família e a nossa fé. Gente do mundo todo conhece Nick e, desde que ele pediu orações por minha vida no Facebook, muitos oram por mim.

Com todos orando, creio que Deus está respondendo. Na Bíblia, Tiago diz que, se há alguém doente entre nós, os presbíteros devem orar e Deus curará aquela pessoa. Interpretei essa passagem literalmente e a coloquei em prática, pedindo que os presbíteros de minha igreja orassem por mim e me ungissem.

Todos os suplementos vitamínicos e sucos são bons, mas, acima de tudo, o fato de manter a boa saúde deve-se a Deus. Minha vida está nas mãos dele e creio que essa é a resposta de Deus às minhas orações. Tudo isso faz parte de seu tempo calculado e predeterminado para mim, e saber disso é encorajador para todos e outros em nossa igreja. Muitos oraram por mim, dizendo que precisam de mim por perto. Foi animador muitos virem a mim e dizerem que sua fé foi for talecida ao me verem lidar com essa situação com confiança e calma.

Sinto que suas orações por mim foram respondidas, e isso as ajudou em sua fé. Entendo que não se trata do que isso significa para mim, e sim de desenvolver a fé dos que estão à minha volta. Sob esse aspecto, continuei sendo um soldado no exército de Deus ao servir de exemplo para outros cristãos. Como mencionei antes, o câncer e outras doenças podem levar sua vida, mas não podem levar sua paz nem sua fé. »

« 12 »

NÃO IMPORTA O QUE VIER

Depois do diagnóstico de câncer de meu pai no outono de 2015, tivemos várias discussões sérias em família. Uma de nossas preocupações era que os integrantes da nossa família pareciam suscetíveis a cânceres, tendo em vista que o irmão de meu pai havia morrido de câncer no pâncreas e outros parentes parentes morreram de câncer de cólon. Com base nesse histórico, naturalmente ficamos preocupados com a possibilidade de alguma forma da doença atingir nossa família de novo.

Kanae estava insistindo comigo para fazer um check-up anual, e entendi que ela estava cuidando de mim. Ela sabe que evito médicos e hospitais sempre que posso, pois passei tanto tempo da minha vida sendo picado por médicos que preciso estar gravemente doente para procurá-los por livre e espontânea vontade.

Os médicos também não parecem entusiasmados quando me veem, porque os procedimentos médicos considerados de rotina para a maioria das pessoas se tornam mais complicados para mim por causa do meu corpo singular. Algo simples como medir a pressão sanguínea ou retirar uma amostra de sangue é um desafio quando uma enfermeira não tem à sua disposição as veias principais nos braços e nas pernas.

Também resisti aos exames periódicos porque havíamos ido ao pronto-socorro várias vezes com Kyioshi por causa de suas dores misteriosas, e eu me sentia esgotado com aqueles períodos nas salas de espera do hospital e de todo aquele ambiente médico.

Ainda assim, algo continuava a me incomodar. Eu não havia contado a Kanae ou a qualquer outra pessoa que, algumas semanas antes de saber o diagnóstico de câncer do meu pai, eu tivera espasmos de dor semelhantes aos de Kyioshi. Eles duravam apenas alguns segundos e eram intermitentes, e ocorriam algumas vezes por semana.

Sinto muito se isso é informação demais, mas não existe outra maneira de descrever esse tipo de coisa. Resumindo, eu sentia dor ao urinar, mas talvez tenha ignorado isso, já que era algo esporádico, porém, depois do diagnóstico de meu pai, senti que, perante minha família, eu tinha a responsabilidade de fazer um check-up.

A Bíblia conta que, quando Ezequias adoeceu e encarou a morte, o profeta Isaías disse: "Assim diz o SENHOR: 'Ponha em ordem a sua casa, pois você vai morrer; não se recuperará'" (2Reis 20:1).

Naquele momento, eu estava contemplando não a minha morte, mas o câncer de meu pai em estágio IV, e nossa batalha com a dor misteriosa de Kiyoshi fez com que eu me sentisse vulnerável. Fiquei inspirado pelo modo como meu pai entregou seu medo a Deus e colocou sua vida em nas mãos dele. Quando eu lhe disse o quanto admirava sua serenidade e aceitação, meu pai lembrou-me de Mateus 6:27: "Quem de vocês, por mais que se preocupe, pode acrescentar uma hora que seja à sua vida?"

Em vez de ficar aborrecido, sentir pena de si mesmo ou lamentar, papai dedicou toda sua energia a deixar suas coisas em ordem de modo que mamãe não tivesse que lidar com nenhum grande problema depois da sua morte.

Admirei meu pai por aquilo, mas senti que eu não estava no mesmo patamar. Eu disse a mim mesmo que era mais jovem, minha família era mais jovem, e eu tinha pelo menos metade da minha vida pela frente, pois meu pai estava com mais de sessenta anos e eu mal havia completado trinta.

Ele era espiritualmente maduro, porém, eu ainda não alcançara tal estágio. Essa é uma conclusão humilhante para alguém que viaja para inspirar outras pessoas com a sua fé. Eu aceito essa lição de humildade.

Isso deve ser o plano de Deus, porque ele continua me dando tais experiências.

Eu estava prestes a passar pela maior de todas.

UMA CAMINHADA PELO VALE

Quando fui fazer o check-up, meu médico pediu uma ressonância magnética e uma colonoscopia. Normalmente, esses são procedimentos ambulatoriais, mas não para mim. Como não conseguem monitorar minha pressão sanguínea com facilidade ou inserir uma agulha para aplicar soro, os médicos precisam usar minha veia jugular, o que não é uma ideia nem uma experiência agradável, acredite.

Anestesiar-me durante uma cirurgia é outro desafio, pois as fórmulas usuais para anestesia não se aplicam ao meu corpo especial. A mesma quantidade usada para uma pessoa normal pode facilmente apagar o Nick para sempre.

E eu era um paciente novo para esse médico, portanto, ele teve de pesquisar muito. Depois de estudar suas opções, ele sugeriu fazer uma colonoscopia virtual em vez de usar o método usual, e eu honestamente caí na gargalhada quando ele disse isso e fiquei imaginando o médico usando um capacete de realidade virtual como se estivesse jogando videogame no meu sistema digestivo.

"Ainda não," ele disse, pois essa abordagem de alta tecnologia não requer que eu seja anestesiado. Em vez disso, eles usam tomografias, raios-X e computadores para produzir imagens em 3-D do meu trato digestivo.

UM ASSUNTO DELICADO

Sempre fico contente quando adotam o procedimento menos invasivo possível, mas a má notícia é que a versão virtual de uma colonoscopia é dolorosa, porque você não está sob anestesia, além de ser mais cara. Mas como desconfio tanto de anestesias, concordei em realizar a colonoscopia virtual, embora tivesse grandes ressalvas em relação a seu potencial de dor.

Eu me convenci de que teriam de me dar algum tipo de analgésico, ainda que fosse somente um comprimido. Pois é, tenho uma história longa e dolorosa com a dor, mas tenho uma teoria semicientífica muito boa que explica minha grande covardia com relação a tudo o que envolve médicos, hospitais e principalmente agulhas.

Creio que minhas terminações são hipersensíveis ou hiperativas, ou apenas hiper. Algumas pessoas têm a pele fina; eu tenho pouca pele. Tenho metade da quantidade de pele que tem a maioria das pessoas, e isso deve ter alguma relação, pois pareço ser dez vezes mais sensível ao toque. Se há insetos em meu corpo, eu o percebo imediatamente, e isso pode ser meio enlouquecedor quando você não tem braços nem mãos para espantá-los.

Já escrevi antes sobre o pesadelo que foi a viagem pela Europa quando deixamos uma janela aberta em meu quarto de hotel e os mosquitos da Transilvânia cobriram meu corpo de picadas, porque eu não podia combatê-los. A coceira daqueles insetos vampiros quase me enlouqueceu.

Muito antes daquela experiência horrível, eu vivi algo ainda mais horripilante em minha infância na Austrália, quando pensei que estava ficando louco. Eu tinha mais ou menos treze anos de idade, quando senti coisas invisíveis rastejando sobre meu rosto, cabelo, peito e ombros.

Olhei no espelho e não consegui ver nada, mas não tinha dúvidas de que alguma coisa estava se arrastando pelo meu cabelo. A sensação fazia meu rosto se contorcer e minha cabeça coçar. Fui novamente ao espelho para examinar as áreas que se contorciam e coçavam, mas não conseguia ver nada. Aquela impressão arrepiante cessava por alguns instantes e então recomeçava. A sensação era muito real, apesar da falta de evidências visíveis, tanto que implorei várias vezes que minha mãe me examinasse. Ela também não conseguia encontrar nada, por isso, pedi que ela coçasse minha cabeça para ter algum alívio.

Eu realmente pensei que estava ficando doido e minha mãe também. Um dia, quando senti algo rastejar em minha bochecha, corri até um espelho de aumento e me virei para uma luz forte. No momento em que estava tudo pronto para ver a causa daquilo, a sensação passou, então, esperar para ver se ela voltaria.

Consigo ser bem paciente quando estou numa caçada e sou capaz de olhar para uma linha de pesca durante horas. Assim, apliquei minha paciência de pescador para espreitar a origem da minha coceira. Esperei e esperei por talvez vinte minutos antes de senti-la novamente.

Olhei para o espelho debaixo da luz forte e dessa vez vi um minúsculo pontinho movendo-se sobre minha bochecha. Pisquei para limpar os olhos e olhei de novo. Ainda estava lá.

Confirmação!

Eu não estou louco!

Meu percevejo facial, se é que posso chamá-lo assim, parecia ser menor do que o ponto no final desta frase, porém, definitivamente estava havendo algum tipo de lento movimento rastejante pelo meu rosto. Gritei, chamando mamãe, e ela veio dar uma olhada. Ela precisou de um instante para enxergar, mas também viu.

"Ah, Nick, você está com lêndeas," disse ela tristemente.

"Lêndeas?"

Eu? Lêndeas?

"O que é uma lêndea?"

"Piolho, filho".

Minha mãe é uma profissional da medicina, então, não havia dúvidas quanto ao seu diagnóstico. Ela sabia como tratar e acabar com piolhos, mas não ficou feliz com a descoberta, porque, se um membro da família pega piolhos, eles podem se espalhar por todos os demais. Todo mundo teria de ser examinado e tratado se também tivesse lêndeas.

Mamãe pode ter ficado assustada, mas fiquei muito satisfeito porque finalmente descobri o que estava me incomodando. Provavelmente, fui a pessoa mais feliz do mundo ao descobrir que tinha lêndeas. Aceito os piolhos, e obrigado, Senhor, por me mostrar que só tenho bichos e não estou doido.

Minha mãe comprou o medicamento para tratar piolhos na farmácia, mas primeiro tivemos de descobrir de onde eles vinham. Não foi difícil encontrar a resposta, mas ela era mais do que repugnante. Nós rastreamos as lêndeas e vimos que vinham do meu quarto.

Descobrimos que aqueles insetos sorrateiros estavam entrando pela tela na janela e fizeram seu lar num ninho de passarinho abandonado debaixo do beiral do telhado. Tiramos o ninho para eliminar a fonte da infestação e, em seguida, minha mãe aplicou o shampoo, depois de lavar e enxaguar na minha cabeça com sabonete, para desinsetizar seu menino, assinalando o fim das minhas arrepiantes sensações de rastejamento no rosto.

DESVENTURAS MÉDICAS

Não são muitas as pessoas que conseguem sentir criaturas tão minúsculas andando sobre elas. Depois desse incidente, todos nós concordamos que eu tenho pele hipersensível, e esse alto nível de sensibilidade, infelizmente, também me faz subir as paredes se alguém de jaleco branco se aproximar de mim com uma agulha hipodérmica.

Muita gente tem medo de agulhas. Ninguém gosta de receber uma injeção. Sou conhecido por desmaiar só com a mera menção de uma injeção, então, não preciso dizer que estava com os nervos em frangalhos à medida que o dia se aproximava. Eu estava no limite e, então, quase passei dos limites por causa de uma confusão no cronograma. Você precisa tomar algo para limpar o cólon na véspera da colonoscopia. Se você já passou por esse procedimento, sabe como é horrível. Mesmo que alguém nunca tenha passado por esse procedimento, provavelmente pode imaginar o quanto isso ele é deplorável.

Aquela bebida tem gosto de giz misturado com soro de leite e os efeitos daquela mistura pútrida deixam até mesmo a pessoa mais orgulhosa humilde num instante.

Fiz meu dever na noite anterior e sobrevivi aos resultados desejados, porém indesejáveis. Estava me sentindo como um bom soldado na manhã seguinte e enchi-me de coragem e fiz o que precisava fazer. Minha colonoscopia estava agendada às 11 horas da manhã. Quis me certificar de que tinha o endereço certo, portanto, liguei para o consultório de meu médico para confirmar tudo algumas horas antes da consulta.

Gelei quando a recepcionista disse que não havia nenhum horário agendado para mim naquele dia! Eu passara metade da noite fazendo minha limpeza e agora ela me dizia que eu não tinha um horário agendado?

"Estou limpo, portanto, vou de qualquer maneira", disse eu.

Eles talvez não estivessem prontos para mim, mas eu estava pronto para eles.

A secretária do médico disse que tentariam dar um jeito para eu fazer a colonoscopia virtual, mas havia certa preocupação de que eu tivesse usado a poção de limpeza errada para o procedimento. Depois de alguma discussão, decidiram que uma limpeza é uma limpeza.

Eu estava liberado para ir. Que alívio! Eu não queria ter de beber nem mais uma gota daquela mistura horrorosa. Pela primeira vez na vida, fiquei feliz em ver meu médico. É claro que eu estava delirando. Isso não se repetirá.

UMA AMEAÇA GRAVE

Quando me disseram que a colonoscopia virtual seria dolorosa, achei que estivessem falando em "dor virtual", e não em dor real, mas eu estava errado. A dor foi intensa, e, mais uma vez, isso poderia estar no capítulo de "informação demais", mas basicamente eles enchem você de ar para a radiografia. Eu me senti como um balão de festa humano, e não era uma festa divertida.

Fiquei aliviado quando acabou, mas não por muito tempo. Durante o procedimento, eles encontraram a fonte da dor que eu estava sentindo, e aquilo representava uma ameaça grave. Havia um tumor em minha bexiga, uma massa considerável pendurada por uma haste presa à parede superior da bexiga. Era algo muito raro, o que tornava tudo ainda mais assustador.

Foi também um choque. O médico disse que teriam de raspar o tumor todo para dizer se era canceroso ou benigno, o que significava mais uma operação e mais desafios para meu corpo incomum. Dessa vez, eles administraram a anestesia através de uma máscara e também encontraram uma veia em meu pé para o acesso venoso.

A preocupação era generalizada, é claro. Eu estava preocupado com meus pais, que já estavam lidando com o câncer que arriscava a vida de papai, mas me preocupava também com Kanae, pois ela já tinha muita coisa sobre seus ombros por cuidar dos nossos filhos pequenos.

Agradeci por sermos uma família de muita fé que ora. Oramos diariamente para agradecer a Deus por suas bênçãos, então, não nos sentimos como cristãos "de tempo bom" quando chega o tempo da adversidade. As linhas já estão abertas e aguardam nosso telefonema, como dizem os comerciais.

Muitas orações foram feitas por minha mulher, por meus pais e irmãos, por outros parentes, por amigos e por mim também. Constatou-se que precisávamos de cada oração feita e talvez de mais algumas. Minha cirurgia aconteceu às 9 da manhã, perto de casa na Califórnia, e, ao receber alta, pensei que o pior tivesse passado.

Só receberíamos os resultados da biópsia depois de alguns dias, portanto, tudo o que eu podia fazer era recuperar-me e esperar. Na primeira noite em casa, observei um pouco de sangue na urina e dor ao urinar, mas meu médico disse que isso era esperado. Nossa preocupação aumentou quando a dor se intensificou e surgiram coágulos visíveis. Não doíam tanto quanto cálculos renais, mas eu estava sofrendo de verdade.

Talvez eu tenha gemido algumas vezes. Ok, eu uivei de dor. As enfermeiras da família — minha mãe e minha irmã Michelle — foram chamadas para uma consulta e emitiram imediatamente um decreto: "Vá para o pronto-socorro agora!"

DE VOLTA AO PRONTO SOCORRO

Eu estava bebendo água de acordo com as ordens médicas, mas havia sangramento na minha bexiga e os coágulos estavam se acumulando, levando a um aumento da minha bexiga. Você pode imaginar. Meu pobre corpo estava se transformando num balão de água prestes a explodir.

Fomos salvos de uma longa espera na sala de emergências por uma amiga da família, a mesma enfermeira que ajudara meu pai a ser atendido rapidamente durante sua visita ao PS. Ela me acompanhou até um médico que me examinou imediatamente. Aplicaram um cateter para aliviar a pressão e a dor, e então me transferiram para um quarto onde passaria a noite, de modo que pudessem monitorar o sangramento.

No fim daquela noite, Michelle veio dar uma olhada em mim. Ela já havia trabalhado como enfermeira voluntária a bordo do *Africa Mercy*, o maior navio-hospital privado do mundo, portanto, já havia visto de tudo. Quando verificou a bolsa do meu cateter, levou um susto. Ela estava cheia de sangue muito vermelho, o que não era um bom sinal.

Michelle chamou meu médico, que havia ido para casa, e exigiu que ele voltasse ao hospital imediatamente. Ele protestou, dizendo que um pouco de sangue era esperado, mas Michelle assumiu as minhas dores e indignou-se, dizendo-lhe que sabia como deveria ser uma bolsa de cateter normal, e aquilo não era normal.

Não mexa com Michelle quando ela se transforma na superenfermeira. Meu médico voltou ao hospital e viu que ela estava certa, e então me mandou para uma cirurgia de emergência. Dezesseis horas após minha primeira operação, lá estava eu de volta sobre a mesa de cirurgia.

Minha pressão sanguínea caiu para níveis perigosos e minha dor era indescritível. Eu gritava tanto que meu rosto ficou vermelho-brilhante. O anestesista temia que eu desmaiasse, e então colocou o acesso venoso na minha nuca. Minha nuca!

Kanae, Michelle e meus pais estavam ali, mas tiveram de sair da sala por causa de meus gritos de tormento. Nunca na vida gritei como aquela vez. Nunca me senti tão perto da morte, e definitivamente não me sentia pronto para ela.

Sim, eu sou cristão e estou totalmente preparado para uma vida eterna no céu, mas isso não significa que eu estivesse pronto para deixar a terra, não com dois filhos pequenos e uma mulher que adoro. A ideia de deixá-los me torturava mais do que qualquer sofrimento físico que estivesse experimentando.

Eu estava com trinta e três anos de idade e minha vida nunca estivera tão cheia de bênçãos e de amor. São estranhas as coisas que passam pela nossa mente quando a morte nos espreita. Tive o pensamento bizarro de que tinha acabado de desenvolver um plano de dez anos para meu ministério, então, Deus não iria querer que eu fosse agora. Foi quando lembrei o antigo ditado: "O homem faz planos e Deus ri".

Também passou pela minha cabeça o pensamento de que Deus estava de "marcação" com a família Vujicic. Já estávamos sofrendo com o diagnóstico horrível de meu pai e agora eu mesmo me sentia perto da morte.

Papai pode viver mais do que eu, pensei. *Isso não pode ser o fim.*

Enquanto me preparavam para a cirurgia, fui ficando cada vez mais assustado e entrei em pânico. Comecei a chorar e não conseguia parar. Minha mãe se aproximou de mim e perguntou o que estava errado. Eu não conseguia responder por causa da dor e dos soluços. Mal conseguia respirar.

Minha mãe é uma mulher cheia de fé. Ela se inclinou para mim e sussurrou ternamente: "Você não sabe que, se esta for a sua hora, vai ficar tudo bem, pois você sabe para onde está indo? Você vai para um lugar muito melhor. Então, por que está assustado?"

Tudo o que eu conseguia dizer na minha cabeça era: *Eu não quero morrer; essa não pode ser minha hora!*

LUTANDO PELA VIDA

Vi pelo rosto da minha mãe e a expressão séria das enfermeiras que minha vida estava em perigo. Aquilo não era um exercício de treinamento, ou seja, Nick pode ser abatido. Alguém disse que minha pressão continuava caindo; além disso, meu cateter estava entupido e criava uma pressão incrível sobre minha bexiga. Eles tinham medo de me anestesiar por eu estar numa situação tão frágil.

De repente, minha dor ficou tão intensa que arqueei as costas e meu corpo todo pulou no ar, quase caindo da maca. Nesse momento, eles me amarraram e conduziram para fora da sala.

"Fique comigo, mamãe," implorei. "Continue falando comigo".

Eu tive medo de morrer a caminho da sala de cirurgia. Em um minuto eu estava olhando para as luzes fluorescentes no teto, e então tudo ficou preto. Era surreal, como num filme. Será que minha vida estava se desvanecendo? Eu estava com muito medo de fechar meus olhos, temeroso de morrer ou entrar em coma por causa de todo sangue que havia perdido.

Ela sussurrou: "Ore, Nick. Continue orando".

"Continue falando, mamãe. Não me deixe fechar os olhos!"

Eu não estava sendo dramático. Os profissionais médicos também estavam apavorados. Mais tarde, mamãe contou aos outros membros da família: "Naquele momento, pensei que poderíamos perder Nick".

Finalmente, conseguiram aplicar-me uma anestesia e um sonífero. Eles não podiam aplicar a anestesia antes que tivessem um acesso venoso. Dormi no hospital durante dois dias e perdi um terço do volume de meu sangue. Isso não é bom para ninguém, porém, até uma pequena perda de sangue é um problema para mim, pois os glóbulos vermelhos essenciais são produzidos nos maiores ossos de nosso corpo, nas pernas e braços, e eu não tenho esses ossos, o que significa que minha capacidade de reposição de sangue é muito mais limitada do que a da maioria.

Bem quando as coisas começavam a se acomodar, tive outra experiência traumática. As enfermeiras e auxiliares estavam me preparando para um banho quente enquanto me aprontavam para ir para casa. Elas desconectaram meus acessos e a enfermeira saiu do meu quarto para buscar toalhas. Ela havia saído há apenas alguns segundos quando senti como se meu pulmão esquerdo entrasse em colapso, isto é, um pneumotórax. A sensação era como se água gelada estivesse fluindo para dentro do meu pulmão. Então, meu pulmão direito fez a mesma coisa, e eu chamei a enfermeira em pânico.

"Não consigo respirar! Preciso de oxigênio", grasnei.

Em poucos segundos, a equipe de pronto atendimento enxameava pelo meu quarto. Parecia que havia no mínimo vinte deles. Pensei que entraria em choque, e então, de repente, toda dor no meu peito passou e eu me senti bem. Mais tarde, meu médico disse que foi um choque vagal, que é um desmaio causado pela baixa pressão arterial ou por levantar depressa demais depois de estar deitado por um período prolongado.

Aquilo eram notícias muito melhores do que eu esperara; na verdade, tive alta do hospital mais tarde naquele dia. Tive de ficar na cama durante dez dias depois que fui para casa, e meu nível de energia variava entre letárgico e zumbi.

Tive de cancelar vários compromissos de palestras e pregações. Mamãe veio para ajudar. Ela dormiu no meu quarto durante as primeiras noites para ficar de olho em mim de modo que Kanae pudesse cuidar das crianças.

UMA CONVERSA COM DEUS

Durante a primeira noite em casa, sonhei que estava coberto de sangue num campo de batalha, mas não era meu sangue. Tinha braços e pernas e estava vestido como um fuzileiro naval. Eu estava ajudando um amigo a empilhar sacos de areia numa trincheira, e estávamos mergulhados na lama. Havia armas atirando e bombas explodindo. Então, uma nuvem desceu até ficar a alguns centímetros do chão e, entre a nuvem e eu surgiu uma figura que brilhava como uma majestosa rosa dourada que enchia o céu.

Eu sabia que aquele era Deus, o Pai. Ele falou comigo numa voz maravilhosamente convincente: *Preciso que você venha para casa. Preciso de você aqui em cima. Por favor, venha.*

Havia um tom de profunda preocupação e urgência, como o de um pai chamando um filho para casa em razão de uma emergência familiar: "Você precisa vir para casa agora".

No meu sonho, ergui as palmas das mãos e perguntei: "O que o Senhor quer dizer?"

A voz de Deus implorou mais uma vez: *Preciso de você aqui em cima. Por favor, venha.*

Isso tinha de ser um sonho, porque eu parecia um pouco ousado com Deus, o Pai. Não consigo imaginar fazer algo assim na vida real. Apontei para o tumulto no campo de batalha à minha volta e disse: "O Senhor precisa de mim aqui, não lá". Então, me virei e fiz um movimento como se o enxotasse, querendo dizer: "Não me incomode mais. Tenho trabalho a fazer".

Ainda sonhando, voltei para a trincheira e, depois de alguns segundos, houve o som de um tiro e uma bala me atingiu nas costas, saindo pelo peito. Então, acordei com uma respiração pesada e ofegante, e tudo o que pude pensar foi como fora maravilhoso ouvir a voz de Deus, que era tão maravilhosa, e nas cores das nuvens. Então minha mente e meu coração ficaram ansiosos, pensando: *O que esse sonho significa?*

Não sei o que aquele sonho significava. Contei-o para meu pai e meu tio Batta. Um deles disse: "Você acabou de dizer a Deus que quer prosseguir com seu trabalho na terra em vez de ir para casa com ele".

Não sei se você atribui um significado muito grande aos sonhos. Esse foi muito poderoso, o que é compreensível, já que eu acabara de passar por uma experiência traumática e emocional. Talvez Deus estivesse me mandando uma mensagem, talvez ele estivesse me dizendo que também acredita na importância da minha missão de inspirar outros a crerem nele e segui-lo.

Graças ao Senhor, o resultado da biópsia que haviam retirado da minha bexiga foi negativo para câncer. Nossas orações foram respondidas, o que significa que oramos ainda mais para agradecer. Meu tio Batta, que é sempre uma fonte de sabedoria, diz que até um problema pequeno pode se transformar num grande problema se você não estiver cercado de oração. Nós definitivamente formamos uma corrente de oração por esse desafio, e espero que todos continuem a orar. Provavelmente, precisarei de pelo menos mais uma operação para corrigir os problemas causados pelo acúmulo de tecido cicatricial.

Agradeço a Deus por permitir que eu continue fazendo sua obra aqui e peço sua ajuda porque dependo dele, assim como todos nós nesta vida.

FORÇA NA ADVERSIDADE

Quando eu era mais jovem, acreditava que Deus me guiaria por qualquer dificuldade porque meu destino era fazer a sua obra. Nos últimos anos, aprendi que Deus também permite que sejamos provados para testar a nossa fé. Sinto como se tivesse passado por alguns vales e enfrentado vários tipos de fogo pessoal e profissional nos últimos tempos. Com certeza, não gosto de ser testado, mas preciso admitir que estou mais forte na fé do que jamais estive.

A ideia de ficar mais forte com a adversidade me veio à mente pouco depois de uma experiência com um sujeito muito trabalhador que foi contratado para cortar algumas árvores que se inclinavam sobre a casa onde a mãe de Kanae vive no subúrbio de Dallas. Uma das três árvores estava morta e precisava ser totalmente retirada, outra era uma linda árvore, mas tinha alguns galhos grandes que representavam uma ameaça.

Esmeralda estava preocupada com a possibilidade de elas danificarem sua casa se houvesse ventos fortes ou tempestades. Quando a visitamos, eu me ofereci para ajudar a encontrar alguém que retirasse os galhos perigosos.

Amigos nossos recomendaram esse homem; vou chamá-lo de Lorenzo. Era um jardineiro baixo e rijo que dirigia um enorme caminhão com um grande engate cheio de cortadores de grama e equipamentos de poda. Pensamos que ele traria uma equipe de trabalhadores porque aquelas árvores eram muito grandes, mas, em vez de uma equipe, era apenas Lorenzo.

Olhei para a árvore e depois para ele, e me perguntei como ele conseguiria realizar um serviço tão grande sozinho. Pensei que ele só estava ali para dar um orçamento, mas depois que chegamos a um acordo sobre o preço, que era bastante razoável, ele foi até o caminhão e buscou algumas cordas e uma serra elétrica.

Imaginei que usaria a corda para se prender à árvore com segurança, mas, em vez disso, ele a usou para prender a serra elétrica em sua cintura. Então ele começou a escalar a enorme árvore morta como um esquilo humano. Ele atingiu a parte mais alta da árvore, ligou a serra fazendo-a roncar e logo os galhos estavam caindo do céu.

Uaaaaaaa... pá!

Uaaaaaaa... pá!

Lorenzo obviamente sabia o que estava fazendo, pois em menos de meia hora não sobrara nada da árvore morta, exceto um toco. Em volta dele havia uma enorme pilha de toras e galhos. Em seguida, Lorenzo começou a cortar as toras e os galhos e colocou-os em seu engate para tirá-los dali.

O céu foi ficando escuro com nuvens ameaçadoras, por isso pensei que Lorenzo juntaria tudo e voltaria outro dia para podar a outra árvore. Quando olhei pela janela para ver o que fazia, vi-o olhando para o céu e depois para a árvore.

Antes que eu pudesse sair, ele encostou uma escada na casa e subiu ao telhado, mais uma vez com sua serra elétrica balançando da corda em torno da cintura. Sem qualquer movimento desnecessário, ele acionou a serra e cortou um galho depois do outro, garantindo que caíssem no chão, e não sobre a casa.

Uaaaaaa.... uaaaaaaa.

Vinte minutos mais tarde, ele estava no chão, cortando os pedaços para juntá-los à pilha no engate. Quando o gemido da sua serra silenciou, saí para pagá-lo.

"Você é destemido e trabalha muito depressa!" disse eu em espanhol. "Não sei como você fez tudo isso sozinho".

Lorenzo sorriu enquanto secava o suor da sua testa e da nuca com um lenço. "Eu pedi que minha equipe viesse comigo, mas disseram que uma tempestade se aproximava, então, decidi fazer isso sozinho", ele disse.

Contei-lhe que ficamos impressionados com o vigor e a velocidade com que havia trabalhado e ele respondeu com a seguinte história.

"Quando eu tinha seis anos de idade, comecei a trabalhar na fazenda dos meus pais em meu país natal, e minha tarefa era cuidar das cabras. Eu as levava ao pasto, mas havia árvores ali, então, toda vez que vinha uma tempestade, não tínhamos onde nos abrigar. Às vezes, havia granizo e ser atingido por granizo era a pior dor da minha vida. Eu gritava e ficava cheio de manchas roxas pelo corpo, mas, mesmo assim, eu tinha de manter as cabras juntas e protegê-las. Aprendi a lidar com a dor, e isso me deixou forte, por isso não tenho medo de trabalhar em nenhuma situação".

Quando Deus nos faz passar por testes e nos atende quando pedimos força, emergimos mais fortes na fé e no caráter e saímos mais preparados para os desafios que se seguirão. Lorenzo escalou aquela árvore com a confiança de um homem que resistira a muitas tempestades desde sua infância. Ele é fisicamente forte, mas ainda mais forte na fé e no caráter.

Todos nós enfrentamos tempestades, isto é, temos meses bons e meses ruins, anos bons e anos ruins, e é o modo como nos comportamos nas piores situações determina como nos sairemos nas melhores épocas.

Nunca lhe direi que Deus quer que você seja rico, também nunca lhe direi que ele quer que você tenha uma vida confortável. Li evidências demais na Bíblia que nos advertem para nos preparamos para as tempestades e provações, então, devemos encará-las com alegria, pois as tempestades produzem paciência e fé.

Em três ocasiões, o apóstolo Paulo pediu que Deus retirasse um espinho da sua carne. O que Deus disse? "Minha graça é suficiente para você, pois o meu poder se aperfeiçoa na fraqueza". Em resposta, Paulo escreveu: "Portanto, eu me gloriarei ainda mais alegremente em minhas fraquezas, para que o poder de Cristo repouse em mim" (2Coríntios 12:9).

No meu entender, Paulo estava tendo visões e revelações que poderiam levá-lo a se sentir orgulhoso ou convencido, mas o espinho em sua carne era um lembrete para continuar humilde. Muitos cristãos sugeriram que o espinho de Paulo na verdade é uma metáfora para uma doença que Deus usou no intuito de lhe lembrar de que a boa saúde é uma bênção e que todos nós devemos orar pela força de Deus.

Não se sinta uma vítima da doença ou das dificuldades; em vez disso, use esses períodos para desenvolver a sua fé e para orar mais do que nunca. A vantagem adicional será o maravilhoso exemplo que você oferecerá para outras pessoas seguirem como um cristão cuja fé só faz aumentar quando é testada. A graça de Deus é suficiente e seu poder se torna perfeito em nossa fraqueza.

Meu desejo para você, que está terminando a leitura deste livro, é que se sinta mais forte como cristão e que seja inspirado a apoiar-se na sua fé quando for confrontado com os desafios da vida. Espero também que você seja encorajado a compartilhar sua fé com aqueles que ainda irão se juntar a você em sua caminhada com o Senhor Jesus Cristo. Nestas páginas, você leu muitos exemplos de como fazer isso, e espero que alguns deles o tenham incentivado a encontrar sua própria maneira de modo que você também possa passar pelos portões do céu cercado daqueles que recrutou para se juntarem a você numa vida alegre e eterna.

Compartilhando o evangelho

« Notícias atualizadas de Nick »

O ano de 2017 foi muito especial para toda Europa com muitas celebrações pelos quinhentos anos do início da Reforma Protestante. Por causa dessa comemoração histórica, tive a oportunidade de falar em países como Itália, França, Suíça, Belarus e Ucrânia, onde pude aparecer na televisão e transmissões ao vivo pela Internet e compartilhar o evangelho com milhões de pessoas.

Enquanto escrevia as palavras finais para este livro, estava sentindo o *jet-lag* ao me preparar para falar a quatro mil estudantes em Sochi, Rússia. Já havia falado em Kiev, Ucrânia, onde oitocentas mil pessoas se reuniram na Khreshchatyk, a principal rua do centro da cidade, enquanto milhares de outras assistiam pela televisão. A mensagem foi traduzida para vinte línguas de vinte e seis outros países.

No palco em Kiev estava comigo meu querido amigo Joseph Bondarenko, que eu considero parte da família. Joseph contou à enorme multidão por que a Reforma era pessoalmente importante para ele. Décadas antes, ele havia sido um dos "mais procurados" pela KGB por causa de sua fé. Eles o prenderam não muito longe daquele palco e o levaram à prisão. Que desfecho foi aquele para Joseph, meu irmão em

Cristo, que agora proclamava que Jesus é Senhor e contava seu testemunho — perto do próprio lugar em que fora preso.

No final da minha palestra, perguntei se alguém queria iniciar sua jornada de fé com Jesus como seu Senhor e Salvador. Estimamos que quatrocentas mil pessoas em Kiev levantaram suas mãos, indicando que se arrependiam de seus pecados e pediam que Deus cuidasse da vida delas. Além dessa resposta incrível e emocionante, eu me pergunto quantos outros também tomaram essa decisão assistindo à televisão?

Kanae e eu havíamos começado o dia no telefone — ambos chorando, porque não havia nenhuma garantia de que terroristas não tentariam impedir o evento. O palco era cercado por altos edifícios com muitas janelas que me deixavam exposto a possíveis atiradores. Sabemos que sempre há uma chance de sermos chamados para casa inesperadamente; naquele dia, eu definitivamente imaginei alguns dos piores cenários possíveis, mas nós avançamos um passo de cada vez, e Deus sempre nos dá coragem e fé.

Na Ucrânia, fiquei muito honrado por trabalhar com um grupo de organizadores que planejaram o evento com a aprovação do governo. Os mesmos organizadores também me ajudaram a ir até a Ucrânia em 2016, quando me encontrei com autoridades do governo e conduzi uma reunião de oração com todos eles de joelhos. Aquele evento também foi transmitido ao vivo pela TV. Mais tarde, ficamos sabendo por membros da emissora que, entre todos os programas que haviam tido nos cinco anos anteriores, aquele segmento de oito minutos com os membros do governo nacional foi o mais assistido de todos.

Ser capaz de entrar em países em que o governo e a mídia nacional abrem os braços e me recebem para compartilhar minha história é realmente um milagre. Gosto muito de 1Coríntios 1:27, que diz: "Deus escolheu o que para o mundo é loucura para envergonhar os sábios".

Sabemos que Deus pode usar todos nós, e cada um de nós tem uma história. Espero que a minha inspire fé e coragem em você para ver o que Deus é capaz de fazer em você e por meio de você, e veja que ele é de fato o Deus do impossível.

O ÁLBUM

Eu havia visto Tyrone Wells em shows e testemunhei como suas canções tocam a alma dos seus ouvintes. Ele é cristão, mas suas letras descrevem sua fé e esperança em Jesus sem dizer "a palavra que começa com J". Agora Tyrone é um bom amigo. Em 2010, nosso ministério assumiu uma grande empreitada e eu gravei uma de suas canções, *"More"* [Mais].

Fizemos um vídeo para a canção e demos-lhe o nome de *"Something More"* [Algo mais] com a esperança de que muitas pessoas sejam tocadas e inspiradas. Consegui espremer um mini-testemunho no vídeo e até agora mais de seis milhões de pessoas o viram no YouTube. Os comentários positivos fizeram o projeto todo valer a pena.

Como sei que Deus usa histórias para inspirar a fé, nossa equipe reuniu alguns amigos — Jon Phelps, Tyrone Wells, Jordan Frye e Kellen Mills — para escreverem canções juntos, e agora meu sonho de lançar um álbum de estreia é realidade. Saber como canções são criadas me levou a um novo nível de paixão pela música e pelo modo como Deus é capaz de "fazer o download" de canções.

E então, por coincidência, durante um telefonema, meu editor perguntou-me se eu poderia escrever uma canção sobre "ser as mãos e os pés". Ele não tinha ideia de que eu já havia começado a trabalhar num álbum! Fiquei muito animado e respondi: "Com certeza!" E assim, juntamente com Tyrone e Jordan, essa é a letra que criamos:

Mãos e pés

Ele consegue juntar seus cacos
Ele consegue deixá-los bonitos
Se você conseguisse ver apenas o que ele vê

Ele consegue curar um coração que dói
Ele consegue encontrar você na escuridão
Se você conseguisse ver apenas o que ele vê

Deus, tome minhas mãos e meus pés
O Senhor pode ter tudo de mim
Venha ser tudo para mim
Jesus

O Senhor é o Príncipe da Paz
O Senhor livrou os cativos
O Senhor é meu tudo
Jesus

Neste lugar de desespero
Procurando algo real
Existe um amor que transforma tudo

Que minha vida seja um reflexo
Quando o mundo olhar para mim
Seja Jesus o único que vejam
Para amar os que precisam
Do jeito que o Senhor me ama

Esperamos lançar o álbum, chamado *Brighter World* [Um mundo mais brilhante], em 2018, e oramos para que muitas pessoas sejam tocados pelas histórias por trás de cada canção.

Agradecimentos

Não tenho palavras para agradecer ao meu agente literário, Dupree Miller & Associates; minha editora, WaterBrook; e meu *ghostwriter*, Wes Smith, por todos acreditarem em mim me ajudarem a colocar minhas palavras em livros que foram traduzidos para mais de cinquenta e cinco idiomas.

Sou muito grato àqueles que acreditaram em meu ministério no começo, quando comecei a pregar como adolescente na Austrália, e por aqueles que me possibilitaram mudar para os Estados Unidos e ali criar a *Life Without Limbs* (LWL) no sul da Califórnia — George Miksa e Elisabeth Gavrilovic, como colaboradores fundadores, e meu tio Batta Vujicic como membro fundador no conselho. Deus também usou David Price para financiar as operações da LWL no primeiro ano, que em seguida se tornou membro do conselho. Obrigado à equipe da LWL por todo seu apoio e trabalho duro ao longo dos anos de altos e baixos.

Estou maravilhado por termos chegado tão longe como ministério. Deus trouxe a nós essas pessoas essenciais: membros do conselho, conselheiros, uma equipe incrível, o mentor da Aria, aqueles que oram por nós todos os dias, aqueles que sempre nos apoiam financeiramente, os coordenadores globais, e todos os outros.

Quero agradecer a cada pessoa que orou por nosso ministério e acredita que Deus nos chamou para realizá-lo. Somos muito gratos porque Deus continua nos colocando em palcos e caminhos para romper barreiras e construir pontes entre pessoas e lhes dar a esperança e o amor de Jesus Cristo. Somos agradecidos por todas as igrejas que me permitem compartilhar meu testemunho pessoalmente e transmitir essa mensagem para todos os lugares. Agradecemos especialmente às igrejas no sul da Califórnia que nos têm dado apoio corajoso e cheio de fé em nossas novas iniciativas com a tenda.

Também estou muito satisfeito por estarmos produzindo coleções de vídeos com legendas em diferentes idiomas e sou grato pelo ministério em prisões e pelo evangelismo realizado com nossos amigos da *Teen Challenge*. Obrigado à *One Voice Student Missions* e suas parcerias que visam ampliar o número de clubes bíblicos formados em escolas fundamentais e do ensino médio, além de capacitar igrejas para se mobilizarem como missionários nesses campi.

Sou grato pela *Attitude is Altitude* (AIA), que me leva a lugares em que ainda não é possível pregar o evangelho abertamente. Uma grande bênção para mim e minha família é meu irmão Aaron, que ajuda a coordenar essas oportunidades de palestras motivacionais no mundo todo, incluindo treinamentos e *coaching*. Também estamos desenvolvendo uma empresa de recursos educacionais e trabalhamos para nos envolver na indústria do cinema.

Tudo o que faço é plantar sementes de esperança, fé e amor. Seja por meio de filmes e canções, falando a estudantes sobre *bullying* ou a governos sobre a integração de crianças com necessidades especiais na sociedade, faço-o de todo coração e com o objetivo de que em todas as coisas as pessoas sejam atraídas para a verdade de suas vidas cheias de propósito em Deus.

Olho para minha família e sou imensamente grato pelo amor que recebi em minha vida. No entanto, não há ninguém a quem eu seja mais grato do que à minha alma gêmea, Kanae. Meus olhos se enchem de lágrimas toda vez que viajo e penso maravilhado em quem ela é. Não muito tempo atrás, quando o pastor falava sobre a tentação e o fruto do Espírito, eu disse a ela que estou realmente casado com uma mulher santa. Ela riu e disse: "Ah, querido, eu não sou santa". Mas quero que você saiba o quanto sou abençoado por ter casado com um uma mulher que está muito perto de ser santa. Ela é minha rocha e meu tudo, e me leva para mais perto de Deus. Nós nos amamos muito, e sabemos que mal começamos essa incrível viagem juntos, com nossos dois filhos... e mais duas no momento em que você ler essas palavras!

Kanae, eu amo você com todo meu coração. Você é e sempre será minha melhor amiga e o melhor presente que eu jamais poderia imaginar. Sou muito abençoado por viver a vida com você e ver Deus se movendo em nossa vida e por meio dela!

Este livro foi impresso em 2018, pela Assahi,
para a Thomas Nelson Brasil.
A fonte usada no miolo é Chaparral Pro corpo 11.
O papel do miolo é avena 80g/m².